CASE
ANALYSIS
OF
THE CIVIL CODE

# 民法典新规则案例解析

郭伟清／主编

法律出版社 LAW PRESS · CHINA

# 撰 稿 人


| | | |
|---|---|---|
| 郭伟清 | 上海市第二中级人民法院党组书记、院长 | 法学硕士 |
| 张　铮 | 上海市第二中级人民法院党组成员、副院长 | 法学学士 |
| 费　鸣 | 上海市第二中级人民法院民事审判庭庭长 | 法学硕士 |
| 卢薇薇 | 上海市第二中级人民法院民事审判庭副庭长 | 法律硕士 |
| 余　艺 | 上海市第二中级人民法院民事审判庭副庭长 | 法学博士 |
| 玄玉宝 | 上海市第二中级人民法院申诉审查及审判监督庭副庭长 | 法学硕士<br>华东政法大学博士研究生(在读) |
| 徐芙蓉 | 上海市第二中级人民法院研究室副科长 | 法学硕士<br>华东政法大学博士研究生(在读) |
| 李迎昌 | 上海市第二中级人民法院民事审判庭审判团队负责人 | 法学硕士 |
| 王晓梅 | 上海市第二中级人民法院民事审判庭审判团队负责人 | 法律硕士 |
| 汪　毅 | 上海市第二中级人民法院民事审判庭审判长 | 法学学士 |
| 王　伟 | 上海市第二中级人民法院民事审判庭审判员 | 法学硕士 |
| 周　喆 | 上海市第二中级人民法院民事审判庭审判员 | 法律硕士 |
| 梁　芳 | 上海市第二中级人民法院民事审判庭法官助理 | 法律硕士 |
| 徐丹阳 | 上海市第二中级人民法院民事审判庭法官助理 | 法学硕士 |
| 周丽云 | 上海市第二中级人民法院民事审判庭法官助理 | 法学硕士 |
| 姜　翌 | 上海市第二中级人民法院民事审判庭法官助理 | 法学硕士 |
| 高　勇 | 上海市第二中级人民法院民事审判庭法官助理 | 法学硕士 |
| 李博雅 | 上海市第二中级人民法院民事审判庭法官助理 | 法学硕士 |
| 潘　喆 | 上海市第二中级人民法院民事审判庭法官助理 | 法律硕士 |
| 张　曦 | 上海市第二中级人民法院民事审判庭法官助理 | 法学硕士 |
| 沈　宸 | 上海市第二中级人民法院民事审判庭法官助理 | 法律硕士 |

| | | |
|---|---|---|
| 罗　曼 | 上海市第二中级人民法院民事审判庭法官助理 | 法律硕士 |
| 张　煜 | 上海市第二中级人民法院民事审判庭法官助理 | 法律硕士 |
| 张文如 | 上海市第二中级人民法院民事审判庭法官助理 | 法律硕士 |
| 周　晶 | 上海市第二中级人民法院申诉审查及审判监督庭审判员 | 法学硕士 |
| 周加佳 | 上海市第二中级人民法院申诉审查及审判监督庭法官助理 | 法学硕士 |
| 王正阳 | 上海市第二中级人民法院申诉审查及审判监督庭法官助理 | 法学硕士 |
| 谢牝牝 | 上海市第二中级人民法院申诉审查及审判监督庭法官助理 | 法律硕士 |
| 孔　玲 | 上海市杨浦区人民法院民事审判庭审判员 | 法学硕士 |
| 奚　懿 | 上海市杨浦区人民法院民事审判庭审判员 | 法学硕士 |
| 包宇峰 | 上海市杨浦区人民法院民事审判庭法官助理 | 法律硕士 |
| 蒋　洁 | 上海市静安区人民法院民事审判庭法官助理 | 法律硕士 |
| 邓　珍 | 上海市嘉定区人民法院民事审判庭审判员 | 法学硕士 |
| 罗宇驰 | 上海市嘉定区人民法院民事审判庭法官助理 | 法学硕士 |
| 顾　硕 | 上海市崇明区人民法院民事审判庭庭长 | 法学硕士 |
| 马　腾 | 上海市崇明区人民法院民事审判庭法官助理 | 法学硕士 |
| 刘　凯 | 上海市崇明区人民法院执行裁判庭审判员 | 法律硕士 |
| 陈菊芳 | 上海市青浦区人民法院民事审判庭审判团队负责人 | 法学学士 |
| 王媛媛 | 上海市青浦区人民法院民事审判庭审判员 | 法学硕士 |

# 序

## 诠释民法典真意　安放民法典精神

《中华人民共和国民法典》(以下简称《民法典》)是中华人民共和国成立以来第一部以“法典”命名的法律,它在中国特色社会主义法律体系中是一部固根本、稳预期、利长远的基础性法律。它是市民社会的百科全书,市场经济的基本法,保障私权的宣言书。但《民法典》的生命力在于实施,只有全面贯彻实施《民法典》,才能不断推进全面依法治国,坚持和完善中国特色社会主义制度、推进国家治理体系和治理能力现代化,实现人民群众对良法善治的美好期待。

《民法典》的全面贯彻实施是司法机关所要承担的重要任务。习近平总书记强调明确要求,各级司法机关要秉持公正司法,提高民事案件审判水平和效率。上海市第二中级人民法院(以下简称上海二中院)的民事审判工作和案例研究工作一直走在全国前列,具备了从实务角度系统解释和理解《民法典》的良好基础。民法典要实施好,就必须让民法典走到群众身边、走进群众心里。本书成书于《民法典》即将实施之际,为法律理论界和实务界提供了适用范本,为人民群众理解《民法典》提供了司法参考,具有较强的理论研究和实务指导价值。本书突出体现了三个特点:

一是有广度有深度,形成对《民法典》的体系性认识。书中包含法学理论、司法案例和条文要点整理等内容。理论篇对隐私权等问题进行了深度研究和分析,把对法律条文的认识向下深推一层,拓展了认识维度。案例篇涉及《民法典》总则编、物权编、合同编、人格权编和侵权责任编条文的理解与适用。要点整理篇共 135 条,涉及前述五编内容,认识到位,表述清晰准确。全书体例完整,内容翔实,对《民法典》的认识实现了由浅入深、由表及里。

二是有新度有厚度,形成对《民法典》的高质量解读。本书重点编入了《民法典》的新增内容,体现了对法典新内容的敏感性和洞察力,如收录了关于居住权的案例,虽然判决结果是不成立居住权,但其跳脱出案件本身,站在指导日后司法适用的高度,延伸探讨了《民法典》实施后,居住权相关规则在适用过程中可能出现的问题,提供了对解决路径的思考。同时,也不乏对《民法典》热点问题的司法回应,如对《民法典》第406条抵押权追及效力的深度剖析、对《民法典》第545条债权转让效力的分类评判,为下一步统一适用提供了参考。

三是有温度有高度,形成对《民法典》的精准性适用。孟德斯鸠曾言:“在民法慈母般的眼神中,每个人就是整个国家。”我国《民法典》最大的创新和最大的亮点就是人格权的独立成编,从根本上满足了新时代人民群众日益增长的美好幸福生活的需要。本书关于人格权保护的案例,秉持了人文关怀,传递了司法温度,诠释了《民法典》姓“民”的特性。在一则占有排除妨害纠纷案例中,创造性地提出了将小区地下车库的经营权与管理权分离的裁判理念,对于解决普遍存在的小区地下车库权益争议具有重要意义。这种能动适用法律的司法态度,精准契合《民法典》为实现人民美好生活提供法律保障的制度初衷,值得学习和推广。

“法无解释不得适用”,《民法典》的颁布意味着我们要从过去注重立法论研究转向解释论研究,一个解释《民法典》的时代已经到来。“问渠那得清如许,为有源头活水来”,全面贯彻实施《民法典》必须要准确把握其精神,理解其意旨,遵循其要义。而这个过程离不开司法所提供的解释和经验。本书结合《民法典》进行规则分析和阐释,以例示法,以案说法,生动展示了《民法典》的内容,在司法实践与法条规定之间建立了连接纽带,搭建了认知桥梁,也向社会传递了法律条文的准确意蕴和鲜活生命力,必将为贯彻好、实施好、运用好《民法典》起到有力的推动作用。我想上海二中院出版本书的意义正在于此。

是为序。

中国人民大学一级教授

中国法学会副会长、中国法学会民法学研究会会长

王利明

二○二○年十一月

# 前　言

2020年5月28日,《中华人民共和国民法典》由第十三届全国人民代表大会第三次会议审议通过,将自2021年1月1日起施行。民法是民事领域的基础性、综合性法律。编纂民法典,是一个国家法律传统和法治信仰的生动写照,映射出一个民族的不懈奋进。这是中华人民共和国首部以"典"命名的法律,是一部"市民生活的百科全书";同时它又以"民"命名,充分反映人民意愿、保障人民权益、体现人文关怀,将为人民群众实现美好幸福生活提供有力的法律保障。

"以民为本,循法而治",人民法院是国家审判机关,担负着保证国家法律正确实施、保障人民权益实现和发展的重要职责使命,必须扎实做好《民法典》的贯彻实施工作,进一步提高民事审判工作水平。全面修典,不止于立法,更在于法之理解、法之必行。作为《民法典》的主要适用者和公平正义的重要捍卫者,人民法院必须善于将字面上的《民法典》作为具体案件的裁判规范,善于以提高民事案件审判水平和效率来积极回应社会关切、满足人民美好生活需要,努力让人民群众在《民法典》实施中享受到更多获得感、幸福感、安全感。

"缘法求道,道立国坚",上海市第二中级人民法院始终秉承审判与调研并重的工作理念,素有重视调查研究的良好传统。为了准确把握《民法典》立法精神,在今后审判工作中更好地理解适用《民法典》,民事审判庭抽调业务骨干,牵头组织开展涵盖辖区法院在内的《民法典》学习、研究及符合《民法典》精神的案例甄选活动。在两级法院的积极参与下,我们历时5个月对论文、案例进行筛选、编写及修改,对《民法典》新规条文要点进行整理,汇编成《民法典新规则案例解析》一书,与法律界同人分享交流。

本书就《民法典》总则编、物权编、合同编、人格权编、侵权责任编的内容,分理论篇、案例篇、要点整理篇进行编写。其中,理论篇收录《民法典》相关论文 4 篇，对《民法典》时代价值和历史意义、隐私权等进行深入研究。案例篇收录适用《民法典》新规则案例 20 篇，涉及《民法典》实施前后立法精神延续的虚假公章效力、小区车库管理权等问题；《民法典》对之前立法加以完善的协议监护、格式条款、医疗机构告知义务等问题；《民法典》实施前后立法有别的抵押权追及效力等问题；《民法典》新增的居住权、网购合同成立时间、禁止性骚扰、自甘冒险原则等问题。需要说明的是，所选案例并非适用《民法典》新规，而是参照、契合《民法典》新规精神，或者适用《民法典》新规基本法理，或者有助于更好地理解《民法典》新规。要点整理篇则收录了《民法典》新规则要点整理 5 篇，系统梳理了《民法典》相应编目中涉及新增规定，对既有规定进行了实质性修改或进一步完善的重点条文。

鉴于《民法典》施行后新问题仍将不断涌现，加之时间、资料和水平有限，本书的相应观点、建议等难免存在疏漏、不足之处，敬请读者批评指正，以便日后修改完善！

本书编委会

二〇二〇年十一月

# 目　录

## 理论篇



## 案例篇

## 要点整理篇

# 理　论　篇

# 充分认识《民法典》的历史意义和时代价值

郭伟清*

**摘　要**

《民法典》系统整合了我国法治建设实践中形成的民事法律规范，汲取了中华民族悠久的优秀法律文化传统，充分吸收借鉴了人类法治文明建设的成果和智慧，是新时代中国特色社会主义法治建设的重大成果，是我国法制史上的重要里程碑。通过对各国民法法典化历程的回顾和我国民法法典化进程的梳理，可以发现《民法典》有四个方面的意义与价值：一是展示改革成果、昭示法治文明，是制度建设的里程碑；二是增进人民福祉、维护人民权益，是人民权利的宣言书；三是彰显时代精神、弘扬核心价值，是社会价值的航向标；四是统一法律适用、强化司法公信，是民事裁判的总章程。

**关键词**｜民法法典化　历史意义　时代价值

第十三届全国人民代表大会第三次会议表决通过《中华人民共和国民法典》（以下简称《民法典》），并将于2021年1月1日正式施行。《民法典》的颁布标志着我国民法从此进入以《民法典》为轴心的新阶段，充分认识《民法典》的历史意义和时代价值，对于全面理解《民法典》的体系结构、基本理念，进而正确解释和适用《民法典》的具体规定具有重要作用，同时，这也是当前进行民法学习和研究的重大课题。

## 一、民法法典化的历史经验

"法典化"（codification）一词是由英国著名哲学家和法学家边沁首创，一

---

* 作者简介：郭伟清，上海市第二中级人民法院党组书记、院长，一级高级法官。

般是指“对某一法域或者法律部门的规范进行编纂、安排、系统化，以将其纳入一个有秩序的法典的过程”。[①] 作为与社会经济生活联系最为密切的法律规范，许多国家和民族都在不同的历史时期有意识地推动民法法典化的进程。

（一）《民法大全》与规范统一

民法法典化，最早可以追溯至作为大陆法系之历史基础的罗马法时代。起初由个别法学家自发编纂皇帝的敕令，如公元3世纪末形成的《格里哥安法典》和《赫尔莫杰尼安法典》。随后，又出现官方性质的《狄奥多西法典》。[②] 公元528年，即东罗马皇帝查士丁尼即位后的次年，组建了由10人组成的法典编纂委员会，对历代皇帝的敕令进行整理、汇总，并将其中过时和矛盾的内容剔除，形成经过系统编排的《查士丁尼法典》。之后，查士丁尼又下令将罗马历代法学家的著述予以收集、汇编，形成《学说汇纂》；以盖尤斯的同名著作为蓝本，通过删改、增补形成《法学阶梯》，并将其作为官方的罗马法教科书。这三部著作与查士丁尼时期的敕令汇编而成的《查士丁尼新律》，即构成了《民法大全》（Corpus Juris Civilis，包含适用于罗马社会的全部法律，故又译作《国法大全》，但其主要内容仍是关于市民生活的法律）。[③]《民法大全》对简单商品生产基础之上的重要法律关系赋予详细而明确的规定，形成一套自成一体的封闭体系。除《学说汇纂》与《法学阶梯》的内容之外，查士丁尼禁止引用其他法学家的著作，也不允许对法典本身予以评论。[④] 虽然囿于当时法学研究与立法技术的落后，罗马法时代的法典编纂并不是严格意义上的法典化，但这种将法律规范体系化、统一化的努力已经具备了法典化的精髓，是古代法律发展史上的一大壮举，也是罗马法得以流传后世的关键步骤。

（二）《法国民法典》与秩序重建

近代民法法典化最重要的里程碑之一是1804年《法国民法典》的制定。《法国民法典》“不仅仅是法国私法的核心，而且也是整个罗马法系诸私法法典编纂的伟大范例”。[⑤] 18世纪，英国爆发了工业革命，并全面推进了资本主义生

---

① 参见王利明：《民法法典化与法律汇编之异同》，载《社会科学家》2019年第11期。

② 参见何勤华主编：《外国法制史》（第5版），法律出版社2011年版，第65页。

③ 参见［意］朱塞佩·格罗索：《罗马法史》，黄风译，中国政法大学出版社1994年版，第440～453页。

④ 参见高富平：《民法法典化的历史回顾》，载《华东政法学院学报》1999年第2期。

⑤ ［德］K. 茨威格特、［德］H. 克茨：《比较法总论》，潘汉典等译，贵州人民出版社1992年版，第144页。

产方式，而法国却仍处于封建农业社会，保留着最专制的，也是最顽固的政府制度。[①] 而在积弊已深的封建制度之下，启蒙思想的洗礼使法兰西民族“在当时的欧洲已成为内部联系最密、必要时最能团结一致共同活动的民族”。[②] 在这一背景下爆发的法国大革命也成为一场对封建制度的涤荡最为彻底的革命。正如托克维尔所说，在欧洲历史上，“从未有过比法国革命更强劲、更迅猛、更具破坏性、更有创造性的革命”。[③] 经过大革命的洗礼，法兰西民族与垂死的、没落的旧制度、旧社会彻底决裂，迫切需要建立全新的、活力的新制度、新社会。在这样的社会条件下，《法国民法典》应运而生。法兰西民族在革命中大声疾呼：“人生来就是而且始终是自由的，在权利方面一律平等；一切政治结合均旨在维护人类自然的和不受时效约束的权利，这些权利是自由、财产、安全与反抗压迫；法律对于所有的人，无论是施行保护或是惩罚都是一样的。”[④]这些理念也集中体现在《法国民法典》之中。有学者指出，“它决定性地克服了以往一切封建制度的羁绊和限制，并实现了法国大革命最重要的、孕育着未来的需求：市民的权利平等、家庭法的世俗化、土地所有权的自由、经济活动自由和家庭结合体的保护等”。[⑤]

（三）《德国民法典》与民族统一

《德国民法典》是民法法典化历史上又一部伟大而经典的民法典。大约从13世纪开始，德国境内便形成了全面的封建割据状态。“这种政治环境表现为帝国中央集权的不断削弱和地方邦主及城市力量的相应增长。”[⑥]由于国家长期处于分裂割据状态，导致法律的适用极不统一，这一点在民法上体现得尤为明显。19世纪，欧洲全面进入民法法典化时期，德国各邦也开始制定自己的民法典，如《巴伐利亚马克西米利安民法典》、《普鲁士普通邦法》和《萨克森王国民法典》等。“四分五裂的私法阻碍了德意志各地区之间的商业和交易，也阻

---

① ［法］托克维尔：《旧制度与大革命》，冯棠译，商务印书馆1992年版，第297页。

② ［法］托克维尔：《旧制度与大革命》，冯棠译，商务印书馆1992年版，第304页。

③ ［法］托克维尔：《旧制度与大革命》，冯棠译，商务印书馆1992年版，第311页。

④ 参见《人权和公民权宣言》（Declaration of the Rights of Man and of the Citizen）第一条、第二条、第六条。

⑤ ［德］K. 茨威格特、［德］H. 克茨：《比较法总论》，潘汉典等译，贵州人民出版社1992年版，第183页。

⑥ ［德］K. 茨威格特、［德］H. 克茨：《比较法总论》，潘汉典等译，贵州人民出版社1992年版，第249页。

碍了各法律区域的法学家之间的交流。”[①]19世纪后期，随着资本主义的飞速发展和德意志民族的统一，制定一部统一的民法典逐渐被提上日程。对此，在德国学术界曾展开过一场声势浩大的争论。自然法学派的代表蒂堡认为，统一的民法典是国家和民族统一的基础，而编纂德国统一民法典的条件业已成熟，这部法典凭借理性便可制定。[②] 这一观点遭到历史法学派代表萨维尼的反对，他认为：法律是民族精神的产物，是历史自然发展的结果，在当时的德国编纂统一民法典的时机并不成熟。19世纪后期，随着潘德克顿法学的成熟和完善，博大精深的德国民法学体系已然成形，为民法典的编纂奠定了坚实的学术基础。历经二十余年的编纂，《德国民法典》于1896年通过，并于1900年1月1日正式施行。它不仅是德国市民社会的基本法，更是德意志的民族宣言，肩负着维护民族统一的历史使命。

(四)《日本民法典》与变法图强

与法国、德国不同，日本的民法法典化进程并非社会自发孕育的成果，而是政府强力推行的新政。19世纪中叶，德川幕府对内统治危机重重，资产阶级维新派力主推翻幕府的封建统治；对外交往同样四面楚歌，先后与西方列强签订了一系列不平等条约。随着“倒幕运动”的胜利，明治政府取代德川幕府的统治，建立起以天皇为权力中心的中央集权国家制度。同时，为了换取西方列强的认可，明治政府不得不接受幕府时期缔结的一系列不平等条约。明治政府希望修改不平等条约、废除治外法权和协定关税制度，西方列强则要求，日本要形成与西方相同的法律制度方可修改条约。在此背景下，包括民法法典化在内的法典编纂活动全面展开。1879年，日本政府聘请法国教授博瓦索纳德起草民法典中的财产法部分(总则、物权编和债权编)，身份法部分(亲属和继承编)则由日本学者起草。1890年，该法典经审议通过后公布，并定于1893年1月1日施行，史称“旧民法”。然而，因旧民法以西方的家庭、继承制度取代了日本固有的家族、户籍制度，一经公布就遭到了来自传统和守旧力量的强烈反对。以英国法学派为核心的“延期派”认为，传统亲族制度是日本的立国之本，民法典的制定不能脱离现实，主张延期实施旧民法；而以法国法学派为核心的“断行

① [德]卡尔·拉伦茨：《德国民法通论》(上册)，王晓晔等译，法律出版社2013年版，第21页。

② 参见[德]蒂堡、[德]萨维尼：《论统一民法对于德意志的必要性：蒂堡与萨维尼论战文选》，朱虎译，中国法制出版社2009年版，第35页、第53~54页。

派”则认为,要实现立宪必须破除陈规陋习,民法典应当顺应时代潮流,主张坚决实施旧民法。最终,这场激烈的法典论争以“延期派”的胜利告终。1898 年,重新制定的民法典公布并施行,史称“新民法”。在“新民法”的亲属和继承编中,保留了传统的家族、户籍制度。正如谢怀栻先生所言:“民法的内容,民法的变化发展是与社会生活息息相关的。民法如果与社会脱节,就失去了它的价值。”①

## 二、我国民法法典化的进程

作为市民社会的一般私法,民法所涉内容纷繁复杂,因而相较于其他部门法的制定,民法典的编纂往往是更为浩大的立法工程。中华人民共和国成立以来,曾经四次启动民法/民法典的起草工作。② 如果将《民法典》的颁布视为我国民法法典化进程的句点,则此次法典化进程至少应当追溯至 1979 年。

### (一)民事单行法的渐次颁布

1979 年 11 月,第五届全国人民代表大会常务委员会法制委员会成立民法起草中心小组,从全国调集了一批民法学者和实务部门的民法专家,开始第三次民法起草工作。在 1982 年 5 月 1 日《民法草案》(第四稿)完成后,全国人民代表大会常务委员会考虑到经济体制改革刚刚开始,尚不具备制定一部完善的民法典的条件,故决定暂停民法典的起草工作,转而制定民事单行法,待条件具备时再着手制定民法典。随后,立法重心逐步转向《继承法》(1985)、《涉外经济合同法》(1985)等民事单行法。然而,民事法律体系中存在一些基础性内容,如基本原则、权利能力、行为能力、民事责任、时效等,需要进行统一规定以避免单行法之间的重复甚至矛盾。为此,第六届全国人民代表大会常务委员会决定在 1982 年《民法草案》(第四稿)的基础上制定一部概括性的民事基本法律,即 1986 年颁布的《民法通则》。它既不同于一般意义上的民法典,又不同于作为民法典组成部分的民法总则,是我国民法法典化历程中的独特成果。③从主要内容上来看,《民法草案》(第四稿)的内容主要参考了《苏联民事立法纲要》(1962)、《苏俄民法典》(1964)和《匈牙利民法典》(1978)的规定,而立足于

---

① 谢怀栻:《关于日本民法的思考》,载《环球法律评论》2001 年第 3 期。

② 1949 年以来,我国曾于 1954 年、1962 年、1979 年三次启动民法起草工作,于 1998 年启动民法典起草工作。参见梁慧星:《民法总论》(第 4 版),法律出版社 2011 年版,第 20~24 页。

③ 参见张友渔:《为什么制定这部〈民法通则〉》,载《中国法学》1986 年第 4 期。

日益增长的私权保护需要,《民法通则》(1986)中的许多内容已经超越了苏联和东欧民法。[①]

进入20世纪90年代后,社会主义市场经济体制被确立为经济体制改革的目标,民法学者开始广泛参考市场经济发达国家和地区的民法。如1999年《合同法》较多吸收了《国际商事合同通则》(PICC)、《联合国国际货物销售合同公约》(CISG)、《欧洲合同法通则》(PECL)中的规定,以实现与国际社会的接轨;2007年《物权法》关于物权变动模式的规定采法国"债权合意主义"与德国"登记生效主义"之间的折中主义,也继受了包括建筑物区分所有权在内的英美财产法制度;2009年《侵权责任法》的立法模式接近于《欧洲民法典草案》(DCFR)中的"一般条款+特别列举"模式,采过错责任原则与无过错责任原则的二元归责体系,具体规定上也吸纳了惩罚性赔偿等英美侵权法上的先进制度。这一时期的民法法典化进程,呈现出一种继受目标多元化的特点,各部民事单行法广泛借鉴了各国成功的立法经验。

(二)民法典编纂的正式启动

2011年3月10日,全国人民代表大会常务委员会工作报告中提出的"中国特色社会主义法律体系已经形成"时,指向的是以《民法通则》(1986)为统率,以《婚姻法》(1980)、《继承法》(1985)、《收养法》(1991)、《担保法》(1995)、《合同法》(1999)、《物权法》(2007)、《侵权责任法》(2009)等民事单行法为支柱,以其他法律、行政法规中的民法规范为补充的民事法律体系。[②]至此,我国民法法典化进程中的第一阶段,即民事法律规范体系的建立,已经完成。民事立法的重心从此转向第二阶段,即民事法律规范体系的完善。

2014年10月,《中共中央关于全面推进依法治国若干重大问题的决定》提出"完善以宪法为核心的中国特色社会主义法律体系",民法典编纂工作再次被提上日程。随后,中共中央办公厅、国务院办公厅印发了《中央有关部门贯彻实施党的十八届四中全会〈决定〉重要举措分工方案》,授权全国人大常委会法制工作委员会协调民法典编纂任务。随后,全国人大常委会法制工作委员会牵头组成由五家单位参加的民法典编纂工作协调小组和民法典编纂工作专班。这一轮民法典编纂工作首先明确了"两步走"的思路,即先编纂民法典总则编,

---

① 参见梁慧星:《民法总论》(第4版),法律出版社2011年版,第20~24页。

② 参见朱广新:《民法法典化的历程与特色》,载《中国法律评论》2020年第3期。

再编纂物权编、合同编、侵权责任编、婚姻家庭编和继承编等各分编，形成完整的民法典草案后，于2020年提请全国人民代表大会审议。按照这一思路，以制定法律的规格和程序制定一部独立的民法总则，成为2015年至2017年最重要的民事立法任务。这一任务于2017年3月15日如期完成。与此同时，民法典编纂工作协调小组的成员单位自2016年下半年即开始以民事单行法为基础，就既有的民事法律规范提出问题清单，并提供民法典各分编草案专家建议稿，在此基础上形成民法典各分编草案。自2018年起，全国人大常委会开始对民法典各分编草案进行审议。2019年12月24日，第十三届全国人大常委会第十五次会议对《民法典（草案）》进行了审议。同时，全国人大常委会委员长会议作出提请第十三届全国人民代表大会第三次会议审议《民法典（草案）》的决定，并通过中国人大网向社会公开征求意见。2020年5月28日，《民法典》经全国人民代表大会正式表决通过。

（三）《民法典》承担的历史使命

就民法典编纂的基础条件而言，既有的民事单行法在保障民事主体权利、规范市场交易秩序、维护社会公平正义、促进市场经济发展等方面发挥了巨大作用，大体能够适应现实生活的需要。因此，民法典编纂的主要任务并不是大规模地创制民事法律规范，而是对现有的民事法律规定进行汇编、整理、修纂，实现既有民事法律规范的体系化，具体体现为以下两个方面：

一是形式上的体系化，即民法典内部不同部分的条文之间在形式上不存在冲突、矛盾之处，整个法典构成一个和谐的整体。① 约翰·亨利·梅利曼指出："民法典'科学化'的程度，决定着在实体法、一般法理以及关于民法总则或一般原理课程中所使用的概念和原则统一的程度。"②1980年《婚姻法》颁布起至2009年《侵权责任法》通过，我国既有的民事法律规范体系历时20余年的建立和完善，各部民事单行法贯彻了不同时期的政策导向，各种基本概念之间存在一定交叉甚至冲突的现象。例如，在我国既有民事单行法中，存在"民事行为""民事活动""民事法律行为"等诸多概念，这些概念的内涵与外延需要通过民法典进行厘清。③ 又如，合同、债、法律行为等概念之间的上下位阶关系及相应

---

① 王利明：《中国民事立法体系化之路径》，载《法学研究》2008年第6期。

② ［美］约翰·亨利·梅利曼：《大陆法系》（第2版），顾培东等译，法律出版社2004年版，第73页。

③ 王利明：《民法法典化与法律汇编之异同》，载《社会科学家》2019年第11期。

的规则适用也需要民法典在民事法律体系的整体框架内予以明确。

二是实质上的体系化,即指民法典要尽量实现各项基本价值之间的兼顾、和谐和统一。如前所述,我国的民事单行法继受了不同国家和地区的先进经验。这些既有的法律规则需要彼此协调、融合,形成一个逻辑严密、价值自洽的规范群,这样才能有效地规范社会生活。例如,《合同法》大量吸收了国际商事规则,这些源自英美法系的国际商事规则如何与大陆法系的合同规则相融合一直是立法和实务上的难题,司法实践中长期存在的违约责任认定是否应当适用过失相抵规则的疑问,究其本质,是英美法系严格责任原则与大陆法系过错责任原则之间难以兼容的问题。又如,对无权处分合同效力的理解不能仅立足于合同法的考量,而应当站在民事法律体系的整体框架下,考虑其与《物权法》上善意取得制度之间的衔接问题。如果欠缺整体的价值考量,将会导致规范冲突的结果——如果认为无权处分合同无效,则权利人可以行使原物返还请求权,而如果适用善意取得制度,则第三人取得所有权,原权利人不能再请求返还原物。

## 三、《民法典》的意义与价值

作为中华人民共和国第一部以“法典”命名的法律,《民法典》的颁行将是我国法制史上最重要的里程碑之一。它是新时代中国特色社会主义制度建设、法治建设的重大成果,也是国家治理体系和治理能力现代化建设的标志性成就,更为人类法治文明的发展进步贡献了中国智慧和中国方案。

### (一)《民法典》是展示改革成果、昭示法治文明的丰碑

历史表明,民法典往往是国家民族走向繁荣昌盛的象征和标志。《法国民法典》是法国大革命的成果,《德国民法典》是德国统一的象征。中华人民共和国成立 70 年多年以来,特别是改革开放 40 多年的时间里,我国创造了经济快速发展和社会长期稳定“两大奇迹”,中华民族实现了从“站起来”、“富起来”到“强起来”的伟大飞跃,中国特色社会主义制度展现出强大生命力和显著优越性。随着改革开放和现代化建设的历史进程,我国各项民事法律制度逐步发展健全,社会主义市场经济运行所必需的法律制度日益完备,各方面条件越来越成熟,编纂一部具有中国特色、体现时代特点的民法典的呼声越来越高。在这一背景下,2014 年 10 月,党的十八届四中全会提出了“编纂民法典”的重大历史任务。经过总则与分编两步推进之后,承载着几代中国人的期盼、凝聚着

几代法律人心血的《民法典》终于瓜熟蒂落。《民法典》在对现行民事法律规范进行编纂、修订的基础上，对制度改革成果和法治建设经验进行了全面总结，夯实了民事主体、民事权利、民事法律行为、民事责任等基础制度，完善了物权、合同、人格权、婚姻家庭、继承、侵权责任等专门制度，构建起了较为完善的权利保障体系、市场规则体系，也划定了国家机关及其工作人员履职活动的范围和界限。特别是在我国全面建成小康社会的收官之年，《民法典》的出台更加蕴含了展现建设成就、总结发展成果、昭示制度文明的重要意义，也必将成为中华民族法律制度史上的丰碑。

（二）《民法典》是增进人民福祉、维护人民权益的宣言

马克思认为："法典是人民自由的圣经。"①权利平等、意思自治、契约自由、自己责任等近代法律理念和原则，即是《法国民法典》的历史贡献。改革开放以来，我国民事法律制度不断发展完善，民事权利持续巩固充实。2004 年，"公民的合法的私有财产不受侵犯""国家尊重和保障人权"等写入《宪法》；2007 年，"尊重和保障人权"写入《中国共产党党章》。近年来，随着我国经济社会的发展和人民生活水平的提高，人民群众的物质文化生活需求逐渐得到满足，而在法治、公平、正义、安全、环境等方面的期望和要求日益增长，对权利保护更充分、权利救济更有效的期待日益迫切。《民法典》的出台及时回应了新时代人民群众的新需求。一方面，《民法典》秉持了"权利法"的传统，以民事权利的确认与保障为线索构筑制度体系，在充实民事权利体系、优化权利变动规则、健全权利保护机制、完善权利救济方式等方面取得了重要成果，为保障人民权益、增进人民福祉筑牢了坚实的制度基础。另一方面，《民法典》还回应了信息技术蓬勃发展的时代需求，对数据、网络虚拟财产的保护进行了原则性规定，完善了电子合同的订立规则、个人信息保护和网络侵权责任的有关规定，在大数据、人工智能的现代社会背景下，为人民群众利用网络信息技术开展民事活动确立了基本规则、划定了权利边界，将发端于 19 世纪的民法典"权利清单"打上了 21 世纪的烙印。

（三）《民法典》是彰显时代精神、弘扬核心价值的旗帜

民法典既是理论逻辑的深刻提炼，也是社会价值的法律表达。在德国、日本制定民法典过程中分别发生的理性主义与民族精神、"断行派"与"延期派"

---

① 《马克思恩格斯全集》（第 1 卷），人民出版社 1995 年版，第 176 页。

的论争，即反映了对本民族文化传统和社会价值追求的合理关照。《民法典》的制定和编纂过程同样伴随着论争，大到人格权编的独立与否、债法总则的存废，小到居住权的去留，都反映出不同价值取向之间的冲突与选择。《民法典》也正是在一次次论争中得到洗礼、淬炼和升华，不断走向成熟，致力成为回应社会关切、凝聚社会共识、引领社会价值的模范法典。第一，《民法典》规定了实施紧急救助的行为人对受助人的损害不承担民事责任，侵害英雄烈士的姓名、肖像、名誉、荣誉应承担相应责任，树立了见义勇为、崇尚英雄的价值导向和行为规范。第二，根据新冠肺炎疫情防控工作的经验，《民法典》规定在发生突发事件等紧急情况时，基层自治组织或民政部门对被监护人负有临时监护义务；物业服务企业应当执行政府实施的应急管理措施，业主应当依法配合；因疫情防控等紧急需要国家可以实施征用、下达订货任务，相关民事主体应依法履行相关义务。第三，针对离婚率上升带来的有关社会问题，《民法典》设置了离婚冷静期制度，规定了不满两周岁的子女由母亲直接抚养为原则，明确了承担较多家庭义务的配偶在离婚时有权要求对方予以补偿，将"有其他重大过错"增加规定为离婚损害赔偿的适用情形。正是通过这些制度设计和规则创造，《民法典》将优秀传统文化和社会核心价值融入民事法律规范之中，营造了全社会讲求诚信、弘扬正气、传播大爱、信仰法治的良好风气。

### (四)《民法典》是统一法律适用、强化司法公信的宝典

《民法典》的条文内容既是社会成员开展民事活动的行为规范，也是司法人员办理民事案件的裁判规范。借助潘德克顿学派的法典化技术，众多民事单行法律经过系统化提炼和逻辑化编排而形成《民法典》，不同单行法之间原有的冲突、龃龉之处得以消解，这必将提高我国法律统一适用的水平。与此同时，集约化、体系化的法典规范可以使司法人员学法更系统、找法更方便、用法更科学，从而有利于法律的统一理解和适用。对于法院工作来说，《民法典》带来的影响是多方面的。一方面，《民法典》中有近九十处提及"人民法院"，这些规定或赋予了民事主体寻求司法救济的权利(如民事主体"有权依法向人民法院申请采取责令行为人停止有关行为的措施")，或明确了人民法院审理案件时应遵循的有关规则(如"经人民法院判决不准离婚后，双方又分居满一年，一方再次提起离婚诉讼的，应当准予离婚")。这些直接涉及司法裁判的条款，对审判工作提出了新的要求。另一方面，《民法典》对以往民事单行法中已经过时或不再符合实际需要的条款进行了删改(如删除了耕地使用权不得抵押的规

定），增设了一系列新的制度规范（如增加了“当事人以虚构租赁物方式订立的融资租赁合同无效”的规定），这些调整使当事人的请求权基础和案件的裁判依据发生重大变化，将给司法裁判带来直接影响。由此可见，《民法典》的颁行将对法院审判工作带来深远而重大的影响。深入学习、研究《民法典》的立法精神、核心要义和重点问题，将促进办案质量和司法公信力的不断提升。

正如习近平总书记所指出的，《民法典》在中国特色社会主义法律体系中具有重要地位，是一部固根本、稳预期、利长远的基础性法律。人民法院作为司法机关，要深入学习贯彻习近平总书记关于“切实推进民法典实施”的重要讲话精神，全面认识《民法典》颁布实施的重大意义，全面增强保障《民法典》实施的司法本领，准确适用法律以维护《民法典》权威，积极推动《民法典》“走到群众身边、走进群众心里”，以高度的责任感和使命感努力推动《民法典》的实施，让“以人民为中心”的《民法典》在保障人民权利、保证市场经济发展、维护国家长治久安中发挥重大作用。

# 《民法典》隐私权保护实践应用

张　铮　周丽云*

**摘　要**

自《侵权责任法》确立隐私权始，隐私权纠纷案件的数量逐年递增。进入大数据时代后，个人的私密空间、私密活动、私密信息更易被他人知晓、获取及侵扰，侵权行为方式也更加隐秘。一方面导致侵权认定难度增加，另一方面导致产生隐私权保护的扩大化、最大化隐忧。本书选取公开的已生效判决，以文字、数据和图表相结合的方式，分析哪些因素影响司法裁判对侵害隐私权的认定。在此基础上，探寻《民法典》时代隐私权纠纷司法裁判的法律依据，并结合当前法律规定对影响司法裁判的重点因素作出回应，以期在司法实践中实现隐私保护的价值平衡。

**关键词**｜隐私　司法裁判　隐私权　侵权

## 一、隐私权纠纷的司法裁判梳理

笔者在中国裁判文书网以案由“隐私权纠纷”检索 2016 年 1 月 1 日至 2019 年 12 月 31 日的民事判决书，共计 553 份，其中北京市、上海市、广州市及深圳市的判决书共计 223 份，约占全国各地该类判决总数的 40%。以案由“隐私权纠纷”检索所有民事判决书，共计 659 份，即 2016 年、2017 年、2018 年、2019 年四年隐私权纠纷案件的判决书数量占所有隐私权纠纷案件判决书数量的 84%。足以见得，隐私权纠纷案件在近四年中数量大幅上涨，且以北、上、

---

* 作者简介：张铮，上海市第二中级人民法院党组成员、副院长，二级高级法官；周丽云，上海市第二中级人民法院民事审判庭法官助理。

广、深四市尤为显著。笔者拟选取该四市 2016 年 1 月 1 日至 2019 年 12 月 31 日所有公开的 130 份生效判决书，分析当前隐私权纠纷案件中影响司法裁判的重要因素。

(一)侵权行为与裁判结果

根据权利人主张的侵权行为的不同，可以将 130 份判决书分为四类。类别一为行为人窃取、泄露或散布私密信息，诉称的私密信息主要包括身份信息(年龄、籍贯、身份证号码、职业等)、联系方式(通讯号码、工作地址、家庭住址等)、社会关系(家庭成员、婚姻状况、婚外情、联系人名单等)、财务状况(银行账号、工作收入、征信记录、房产或贷款情况等)、健康信息(病情、病历、手术经历等)、通讯信息(信件往来、网络社交工具聊天记录等)、涉诉情况，该类型案件数量达 82 件，占比 63%，其中仅 35.4%的案件经法院判决认定构成侵害隐私权。类别二为房屋相邻方在其住所门前或公共空间安装监控设备侵犯私人居住空间，该类型案件数量达 21 件，占比 16%，其中 10 件获法院支持。类别三为行为人以跟踪、持续性电话、短信或邮件等方式扰乱私人生活安宁，该类型案件数量为 5 件，其中 3 件经法院判决认定构成侵害隐私权。类别四为行为人窥看、偷拍、偷录或散布身体私密部位或性交、如厕等私密活动，该类型案件数量为 5 件，均获得法院支持(见图 1)。

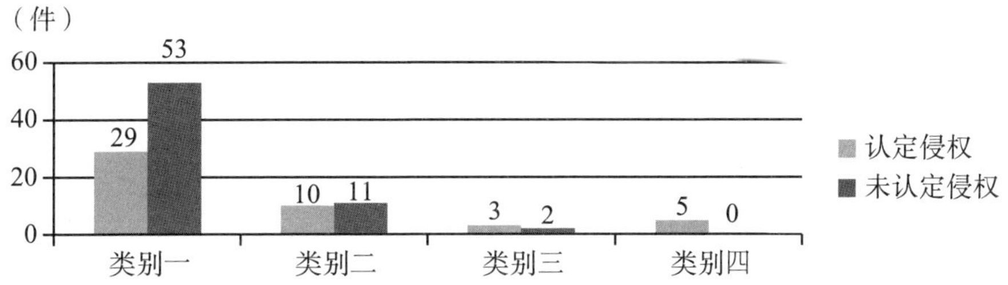


**图 1　四类别隐私侵权行为获法院支持比例**

权利人主张不同类型的侵权行为与各法院对隐私权纠纷的裁判结果密切相关。类别一虽然目前数量最多，但经法院判决认定构成侵害隐私权的比例却最低；而类别四全部获法院支持。究其原因，对于类别一的裁判，需要首先解决哪些信息属于“私密”，从而被纳入隐私权的保护范畴，如对于姓名、年龄、身份证号码抑或通讯号码、家庭地址、涉诉情况这些已经在一定范围内向公众公开的信息是否属于个人隐私，各法院对此有不同的认识。与此对比，类别四中权利人主张受到侵害的客体具有明显的私密性,应当纳入隐私权的保护范畴已经在司法实践中达成共识。

(二)主观过错与裁判结果

130 份判决书对于行为人过错的认定存在很大分歧,分歧点有二:一是行为人的过错是否系隐私权侵权责任的构成要件之一,二是行为人的过错是否仅指故意,或仅指故意或重大过失。在各法院驳回权利人诉请的裁判理由中,行为人不具有侵权的主观构成要件是重要因素之一,81 件被法院判决驳回的案件中有 30 件的裁判理由之一系行为人不具有主观过错。可见,对主观过错要件的过严把握很大程度上限制了对隐私权的有效保护。但值得注意的是,权利人胜诉的案件判决中,有 5 件法院的裁判理由为行为事实上形成对隐私权的威胁或侵犯,无论是否存在窥视他人隐私的主观故意,仍构成对隐私权的侵权。就此判决而言,似有不将主观过错纳入侵权责任构成要件之意。

(三)损害后果与裁判结果

就损害后果而言,目前法院有两种不同的认定:其一认为私密信息等被窃取、泄露或散布,私密空间被侵入或窥视,私密活动被窃听、拍摄或公开,私生活安宁被打扰即是损害后果;其二则认为在此之外还需由权利人证明存在客观的心理或财产损害方能认定产生了损害后果,否则不能认定侵害隐私权。同时,如果行为人及时止损并停止侵害的,法院也倾向认定不构成隐私权侵权。

此外,损害后果除影响判定是否构成隐私权侵权外,还与行为人后续是否需要承担精神损害赔偿密切相关。就选取的该 130 份判决来看,认定侵害隐私权的判决中共计 25 件权利人主张了精神损害赔偿,法院支持了 13 件,驳回了 12 件。目前司法裁判中支持精神损害赔偿的情形主要包括两类:一是私密信息或私密活动被窥探、披露的范围较广、时间较长,给权利人造成的负面影响大,此类情形一般需由权利人举证证明其遭受了严重的精神损害;二是被窥看、偷拍、偷录或散布身体私密部位或性交、如厕等私密活动,这类高度私密的敏感隐私被窥视、披露,本身就极易造成精神创伤,因此一般无须另行举证证明受有严重的精神损害。另外,精神损害赔偿的数额大多由法院依据侵权行为的情节、行为人的过错程度、侵权后果及行为人的获利情况等进行裁量,数额从 500 元至 30,000 元不等,浮动较大。

## 二、《民法典》下隐私权保护的法律依据

《侵权责任法》第二条规定了隐私权作为受保护的民事权益类型后,[①]隐私权才正式成为一项独立于名誉权等其他民事权利的具体人格权。《侵权责任法》作为救济法,在《民法典》公布并施行前是关于隐私权纠纷案件的主要裁判依据,但《侵权责任法》对隐私权规定的局限性十分明显,该法仅在条文中对隐私权作了权利宣誓性规定,对于隐私权的定义、权能、权利的行使与限制等均未明确。此后,2014 年施行的《最高人民法院关于审理利用信息网络侵害人身权益民事纠纷案件适用法律若干问题的规定》中,对隐私的界定作了进一步尝试,列举了基因信息、病历资料等六项具体隐私内容,可以说为隐私权在《民法典》中的细化规定提供了一定的借鉴。2017 年《民法总则》中再次明确隐私权。[②]《民法典》施行后,《侵权责任法》《民法总则》都将废止,《民法典》将成为最重要的隐私权纠纷裁判依据。

### (一)《民法典》人格权编

《民法典》中人格权独立成编,明确并细化了包括隐私权在内的多项民事主体的具体人格权,该编与侵权责任编相结合,形成了我国对隐私权"消极保护+积极确权"的保护模式。此次《民法典》人格权编的施行,解决了以往隐私权纠纷司法裁判的困境,即仅通过《侵权责任法》难以确定隐私权的内容与边界,也难以确定具体的免责或减责事由,这些在一定程度上都导致了司法裁判的不统一。

具体而言,人格权编采"总—分模式",第一章系对各项具体人格权的一般规定,主要是人格权权利行使的限制(第九百九十二条、第九百九十三条)、对人格权进行特殊保护的规则(第九百九十五条、第九百九十六条、第九百九十七条)以及特殊的责任减轻和免除规则(第九百九十八条、第九百九十九条、第一千条)。人格权编第六章则是对隐私权的具体细化规定,第一千零三十二条首次在法律中明确定义了何为隐私,并在第一千零三十三条中通过列举方式详

---

① 《侵权责任法》第二条规定:"侵害民事权益,应当依照本法承担侵权责任。本法所称民事权益,包括生命权、健康权、姓名权、名誉权、荣誉权、肖像权、隐私权、婚姻自主权、监护权、所有权、用益物权、担保物权、著作权、专利权、商标专用权、发现权、股权、继承权等人身、财产权益。"

② 《民法总则》第一百一十条规定:"自然人享有生命权、身体权、健康权、姓名权、肖像权、名誉权、荣誉权、隐私权、婚姻自主权等权利。"

细列明了侵害民事主体隐私权的六种具体方式。人格权编中对隐私权的界定、行使规则、侵权内容等作出的细化规定，虽属不完全条文，缺乏必要的构成要件，也无具体法律效果，无法单独适用，但为侵犯隐私权责任的认定提供了明确的前提和标准。[①] 从法律适用层面来看，如果人格权编没有对侵害人格权的责任作出特别规定，则可以适用侵权责任编关于侵权责任的一般规则。侵权责任编设置的侵权责任规则在性质上应当属于一般规范，而人格权编中关于侵害人格权的侵权责任规则应当属于特别规范，其应当优先适用。[②]

（二）《民法典》侵权责任编

侵权责任编基本是在《侵权责任法》的基础上进行相应的修改完善而成的，其总体结构和内容与《侵权责任法》大体相当，系对侵害民事权利的行为作出侵权责任认定的系统规定。侵权责任编仍然沿用总分结构，第一章、第二章规定侵权责任的共通性规则，第三章至第十章主要规定各特殊主体、特殊归责原则。侵权责任编中并未就隐私权作任何特别规定，而是通过现有法律框架下适用侵权责任的一般构成要件来进行隐私权侵权的司法认定，即认定隐私权侵权的构成要件应包括行为、过错、损害后果及行为与损害后果之间的因果关系。侵权责任编（第一千一百七十三条至第一千一百七十六条）虽对责任的减轻和免除规则作出了规定，但无法适用于所有隐私权侵权情形，因为隐私权关涉的利益不同，决定了其责任限制规则需要另行在人格权编中作出规定，而无法一概适用侵权责任一般的责任减轻和限制规则。故侵权责任编第一千一百七十八条明确规定："本法和其他法律对不承担责任或者减轻责任的情形另有规定的，依照其规定。"

（三）侵权行为认定相关司法解释

《最高人民法院关于审理利用信息网络侵害人身权益民事纠纷案件适用法律若干问题的规定》系按照《侵权责任法》精神、针对利用信息网络实施的侵害人身权益行为作出的司法解释，部分条文已经被《民法典》侵权责任编所吸收。当前大量的隐私权纠纷案件系侵权人利用网络侵害他人隐私权引发，《民法典》施行后，该规定仍将提供重要的裁判指引，如明确网络服务提供者是否"知道"侵权的认定（第九条）、转载网络信息行为的过错及程度的认定（第十

---

① 参见黄忠：《人格权法独立成编的体系效应之辨识》，载《现代法学》2013 年第 1 期。
② 参见王利明：《论人格权编与侵权责任编的区分与衔接》，载《比较法研究》2018 年第 2 期。

条)、敏感隐私信息以信息网络方式被公开的责任认定(第十二条)等。另外,隐私权纠纷也大量涉及精神损害赔偿诉请的处理,《最高人民法院关于确定民事侵权精神损害赔偿责任若干问题的解释》对于精神损害赔偿的认定与数额酌定的原则具有重要的司法指引作用。

## 三、隐私权纠纷的司法裁判应对

《民法典》颁布前,大量的隐私权纠纷案件尚需法官依据《侵权责任法》的基本精神与原则的指引进行裁判。《民法典》施行后,第四编与第七编将成为我国隐私权纠纷案件最重要的裁判依据。笔者以前述对已选取判决的评析为基础,分析《民法典》施行后隐私权纠纷司法裁判的重点考量因素。

### (一)侵犯隐私行为的认定

判定是否构成隐私权侵权的首要难题就是权利人诉称的隐私究竟应包括哪些内容?关于隐私的概念,相关的学说与研究层出不穷,随着科技的发展,隐私的边界必将不断膨胀。即将施行的《民法典》仍力图提炼出隐私的核心内容,以期减少司法的任意性与不安定性。

#### 1. 隐私权客体——隐私的认定

《民法典》第一千零三十二条规定:"隐私是自然人的私人生活安宁和不愿为他人知晓的私密空间、私密活动、私密信息。"从主观上来说,隐私含有权利人希望保持个人私密不被他人或社会打扰的主观意愿;从客观上来说,隐私主要包括信息隐私、空间隐私及私人活动与私生活安宁。私生活安宁,是指自然人的生活安宁和宁静的权利,有权排斥他人对其正常生活的骚扰;私密活动即一切与公共利益无关的个人活动;信息隐私即关涉个人生活各方面的未予公开的私密信息;空间隐私即私人生活空间,既包括有形的住宅、居所、更衣间、酒店房间等,也包括属私人支配的虚拟空间。

值得探讨的是,是否所有不愿予以公开之私密信息或不愿被打扰之私生活空间均属于隐私权客体"隐私"的范畴?首先,自然人对于"私密"有不同的主观感受,即每个人的隐私期待是不一样的。总体来说,相同的社会历史文化背景易于形成较为趋同的判断。具体个案中,权利人诉称的隐私是否属于隐私权保护之隐私范畴,不宜完全采主观标准,而应结合当下的社会文化环境,通过一个理性人是否认为这些信息或空间、活动属于隐私来予以衡量。比如,手机号码在一定范围内虽属公开,部分人不再将其视为私密信息,但就当下社会环境而言,权利人对其手机号码许可公开的范围显然是有限的,除非明确同意公布为社会任意第三人获知,则不宜将其完全排除于隐私的范畴。

其次,隐私之私密可能成为衍生违法犯罪行为的沃土,此时是否还属于隐私权保护之客体?隐私权保护的隐私只能是与社会公共领域无涉的私人领域,如果所谓私人信息或私人活动与社会公共利益高度相关,则不再属于隐私权保护客体,但公共利益并无明确边界,为了不对隐私权造成不当的限制,排除保护须限于特定情形。对隐私权受保护范围的限制可以分为以下层次分析:第一,对于犯罪,如果系正在实施或即将实施的犯罪行为,无论是发生于公众场所还是私人居所,如家庭暴力、住宅内私藏毒品等,均严重侵害了他人诸如生命权、健康权等法定权利并严重危及社会公共安全与秩序,与社会公共利益高度相关,不具备隐私的"私"属性,不是隐私权所保护的隐私范畴。如果是犯罪已经受到处罚后形成的犯罪记录,《最高人民法院关于审理利用信息网络侵害人身权益民事纠纷案件适用法律若干问题的规定》第十二条明确自然人犯罪记录属于个人隐私。如果任何人得查询、披露或公开他人的犯罪记录,将不利于犯罪行为人重新回归正常生活,也可能导致在社会舆论上对其形成二次处罚。第二,对于违法行为,不同于犯罪,其与社会公共利益的关联有待于具体案件具体分析。如卖淫嫖娼和婚内通奸,都属于违背法律的行为,但将其完全排除在隐私之外,任何人得向社会公开,值得商榷。该二者之上并不存在迫切的社会公共利益关联。第三,纯粹违背道德之秘密信息或私人活动,不应以公共利益为由排除在隐私之外。假若所有不合社会规范的行为皆被揭露,势必面临各种制裁、限制或惩罚。隐私犹如"安全瓣",容许个人得有机会对他人发泄其怒气,在关闭的房间对他人作可能不公正、轻率、愚蠢、具有诽谤性的评论。①

2. 侵害隐私行为类型

《民法典》第一千零三十三条规定:"除法律另有规定或者权利人明确同意外,任何组织或者个人不得实施下列行为:(一)以电话、短信、即时通讯工具、电子邮件、传单等方式侵扰他人的私人生活安宁;(二)进入、拍摄、窥视他人的住宅、宾馆房间等私密空间;(三)拍摄、窥视、窃听、公开他人的私密活动;(四)拍摄、窥视他人身体的私密部位;(五)处理他人的私密信息;(六)以其他方式侵害他人的隐私权。"从行为方式来看,所谓"处理私密信息",不仅应包括

① 王泽鉴:《人格权的具体化及其保护范围·隐私权篇》(上),载《比较法研究》2008年第6期。

未经同意泄露、散布或公布私密信息的行为,还应包含未经同意窥看、窃取、搜集或毁弃私密信息的行为。侵害他人隐私权的行为,并不以在公开场合进行为必要,有些情形即使在非公开场合作出,无第三人知晓,也没有传播行为,但只要能证明侵害行为的存在,就可以认定为是侵害隐私权的行为。①

从侵害内容来看,前述选取的130份判决书显示,其中有一类侵害隐私行为胜诉率显著高于其他侵害隐私行为胜诉率,即行为人窥看、偷拍、偷录或散布身体私密部位或性交、如厕等私密活动。原因在于,自然人的部分隐私,如裸体、性交、如厕等,“属于人类高度原始的特征,一旦被披露会引起人们的尴尬和羞耻感”。② 这一类对于敏感隐私信息的侵害行为,极易贬损人之尊严,造成权利人的精神创伤。此外,值得关注的是,对于另外一些敏感隐私信息的侵害,虽不致引发强烈的负面情绪,但如医疗记录、基因信息、财务信息等具有高度私密性、对其公开或利用会对个人造成重大影响的秘密信息被泄露、公开,对自然人的人身与财产安全极易造成威胁,且相对更易造成客观的财产损失。对于这一类敏感隐私信息的保护,尤需注意与个人信息保护的区分。

(二)过错责任原则的把握

1. 确定过错的标准

过错责任原则是我国《民法典》侵权责任编的一般归责原则,隐私权侵权应适用过错责任原则。所谓过错,是指行为人在实施加害行为时的某种应受非难的主观状态,此种状态是通过行为人所实施的不正当的、违法的行为所表现出来的。③ 过错包含了故意和过失,事实上民事侵权行为大多为过失行为。而笔者选取的隐私权纠纷案件中,大约62%的案件原告诉称的隐私权侵权均得不到法院支持,重要原因之一就是对于过错原则过于严苛的把握,要求原告证明行为人存在侵权的故意。

在隐私权纠纷案件中,对“故意”进行判断并不困难,行为人故意侵害隐私权的行为往往对权利人的私人生活具有高度冒犯性,通常容易获得法院的支持,而对过失的判断相对复杂得多。过失是指行为人未尽合理的注意义务,应当预见自己行为可能发生的损害后果而没有预见或已经预见而轻信能够避免。

① 参见张新宝:《侵权责任法原理》,中国人民大学出版社2006年版,第194页。

② Anita L. Allen, “Lying to Protect Privacy”, 44 *VILL. L. Rev.* 161, 177 (1999).

③ 王利明、周友军、高圣平:《侵权责任法疑难问题研究》,中国法制出版社2012年版,第139页。

在判断行为人是否过失侵害隐私权时,主观上行为人需具有可责难的心理状态的来源是多样的,可来源于法律法规的直接规定,也可以来源于法律的基本原则与精神,或者行业标准等。此种主观上可责难的标准逐渐呈现客观化趋势,即依据客观标准判断行为人是否应当预见或可以避免,该客观标准为一个"正常人""合理的人"在相同情况下应当具备的通常审慎心理状态;客观上行为人是否违反了合理的注意义务等。综合来说,行为人是否过失侵害他人的隐私权,以相同情况下行为人是否尽到了一个社会中"合理的人""中等预见水平的人"应当尽到的对他人隐私权的注意义务为判断标准。

那么部分判决将侵害隐私权的过错限定为故意或重大过失是否妥当?因隐私权的性质决定了其极易与其他权利发生冲突,隐私权固然对人之尊严与人格独立发展等具有重要意义,但当案件中行为人仅存在轻微过失、主观恶性较小时,法院进行相冲突的利益衡量,导向并非将个人隐私权最大化,而是在相冲突的权利或利益之间取得平衡,这与过错责任原则并不冲突。过错责任原则,不仅以过错确定责任,还以过错程度确定责任范围,行为人过错越重则责任越重,过错越轻则责任越轻。同时,受害人的故意或过失都可能导致行为人责任的免除或减轻。利益衡量过程中,对于过错程度的考虑是一个重要的因素。①《民法典》第九百九十八条规定:"认定行为人承担侵害除生命权、身体权和健康权外的人格权的民事责任,应当考虑行为人和受害人的职业、影响范围、过错程度,以及行为的目的、方式、后果等因素。"因此,过错责任原则的适用实际上赋予了法官一定的自由裁量权,这对于在隐私权个案中公平合理地确定责任具有重要意义。

2. 关于"权利人明确同意"

现有法律框架下,隐私权侵权责任依然采过错责任原则,要求由权利人举证证明行为人存在过错。然而进入大数据时代以来,"互联网已然成为监视经济",②大数据和社交网络的运营将可预见地导致侵犯隐私权法律救济的艰难。特别是当隐私权的权利人起诉网络运营商,往往会由于双方诉讼能力的悬殊差距而败诉。这种双方之间在专业技术知识、信息优势、诉讼能力的失衡,会加剧对隐私权保护的难度。除了考虑将网络隐私侵权纳入特殊侵权类型从

---

① 参见[奥]海尔穆特·库奇奥:《损害赔偿法的重新构建:欧洲经验与欧洲趋势》,朱岩译,载《法学家》2009年第3期。

② 参见[美]莱斯利·琼:《未知情同意》,载《哈佛商业评论》2019年第2期。

而适用特殊归责原则外（目前法律及司法解释尚无相关规定），强化隐私保护的另一个选项就是提高对权利主体同意的要求，充分保护权利人对其隐私利用的选择权。《民法典》第一千零三十三条表述为“权利人明确同意”，此“明确同意”，应理解为不承认默示同意的效力，而必须在权利人获得足够告知的基础上作出积极的、明确无误的意思表示，即“明确同意”的前提乃行为人的预先告知与说明义务。针对权利人明确同意公开的隐私内容，如果传播者超越了权利人明确同意的范围，也可构成隐私侵权。

（三）损害后果的界定

隐私权主要为防御性权利，权利主体得通过隐私权主张他人及公共权力对个人生活保持必要的克制。侵害隐私权系对秘密信息、秘密空间、私密活动及私生活安宁的侵犯，这种侵害主要造成的是无形的损害，隐私侵权获得救济的主要障碍之一是难以证明损害结果。笔者认为，在认定隐私权侵权时，不能局限于客观的心理或财产损失，应对下列不同的损害后果予以承认：

1. 无形损害后果

自然人不愿予以公开的秘密信息他人不得公开，自然人仅愿意有限公开的秘密信息他人不得向社会公开，归根结底，信息隐私与我们选取听众的权利有关。[①] 而空间隐私也在于排除他人和社会对私人空间的过度打扰和介入。从此意义上来讲，一旦处于私密状态的信息或活动被窃取、泄露、披露或公开，或者私人生活和交往空间被介入、打扰，此种违背权利人意愿的状态已经构成了侵害隐私权的无形损害后果。只有承认该种损害后果，据此认定存在隐私权侵权，权利人对正在进行中的侵害隐私行为或有侵害之虞时请求停止侵害、排除妨碍、消除危险才能获得法院支持。

2. 现实损害后果

隐私被侵害，除无形损害外，还可能在客观上造成权利人的精神损害或财产损失。第一，关于精神损害，隐私特别是敏感隐私信息的泄露，往往会引起权利人的羞耻、尴尬、抑郁等精神创伤，这种精神创伤并不以达到精神疾病症状的程度为要求。绝大多数的隐私权纠纷案件，权利人均就此主张了精神损害赔偿金，但司法实践中对于精神损害很难量化分析，权利人对主张的精神损害赔偿数额的合理性也很难举证证明。《民法典》第一千一百八十三条规定：“侵害自

---

① Paul Gewirtz, “Privacy and Speech”, *The Supreme Court Review* (2001), pp. 139-199.

然人人身权益造成严重精神损害的,被侵权人有权请求精神损害赔偿。”对此笔者认为,有无造成“严重精神损害”,可从侵害的隐私内容以及侵害行为的方式两个角度予以分析:从侵害的隐私内容来看,如果侵害的是敏感隐私信息,则可倾向于考虑认定造成了严重精神损害;从侵害行为的方式来看,主要结合行为对隐私侵害的广度和深度,如网络侵权中根据公开的秘密信息被点击或转载的持续时间及受众,以此来推定是否造成严重精神损害,正因如此,网络“人肉搜索”从侵权的广度与深度两方面都较易被认定为对权利人造成了严重精神损害。至于精神损害赔偿的数额,法院可根据《最高人民法院关于确定民事侵权精神损害赔偿责任若干问题的解释》第十条予以酌定。第二,关于财产损失,这在网络侵害隐私权中越来越容易产生。自然人的身份信息、联系方式或地理位置等秘密信息一旦被泄露,可能被他人冒用从事经济活动或被他人利用而受到诈骗,或是利用私密信息、私密活动对不同主体加以区别对待以致个别权利主体福利受损,这些均可能由侵害隐私行为造成财产损失。对此,《民法典》第一千一百八十二条规定:“侵害他人人身权益造成财产损失的,按照被侵权人因此受到的损失或者侵权人因此获得的利益赔偿;被侵权人因此受到的损失以及侵权人因此获得的利益难以确定,被侵权人和侵权人就赔偿数额协商不一致,向人民法院提起诉讼的,由人民法院根据实际情况确定赔偿数额。”另外,为了制止侵权行为所支出的合理费用,特别是在网络侵害隐私权案件中,权利人为调查、取证、进行公证等所必要支出的费用,均可作为因侵害隐私所致的财产损失请求行为人予以赔偿。《最高人民法院关于审理利用信息网络侵害人身权益民事纠纷案件适用法律若干问题的规定》第十八条规定:“被侵权人为制止侵权行为所支付的合理开支,可以认定为侵权责任法第二十条规定的财产损失。合理开支包括被侵权人或者委托代理人对侵权行为进行调查、取证的合理费用。人民法院根据当事人的请求和具体案情,可以将符合国家有关部门规定的律师费用计算在赔偿范围内。”

# 中国《民法典》时间效力问题初探

玄玉宝　谢牝牝*

**摘　要**

《民法典》将于2021年1月1日起施行,其与先前民事法律规范如何协调衔接、时间效力规则如何设置,是当前做好《民法典》施行准备工作需要研究解决的重要问题之一。《民法典》采取了对既往法律进行“编订纂修”的立法方式,加之民事活动具有多样性、复杂性的特点,这使《民法典》的时间效力规则难以划一界定。在“尊重当事人行为预期”和“法不溯及既往”原则指导下,结合“行为时法主义”和“裁判时法主义”的现实操作,可以探索针对不同情况构建较为精细化、类型化的时间效力问题解决方案。具体来说,《民法典》新规则对其施行之前发生的民事行为原则上没有溯及力,2020年12月31日之前发生的民事行为原则上适用当时的法律规定,不适用《民法典》新规则;在新旧法规定不一致的情况,根据“有利溯及”的法理,在处理《民法典》施行后发生的纠纷案件时,特定条件下可以将《民法典》新规则适用于其施行之前的民事行为,特别是《民法典》增设的补充确定性规定、程序救济性规定、整合细化性规定、解禁赋权性规定,可根据案件情况溯及适用。

**关键词**｜时间效力　法不溯及既往　有利溯及

《民法典》经第十三届全国人民代表大会第三次会议审议通过,于2020年5月28日公布,并将于2021年1月1日起施行。在全国深入学习宣传《民法

---

* 作者简介:玄玉宝,上海市第二中级人民法院申诉审查及审判监督庭副庭长,四级高级法官;谢牝牝,上海市第二中级人民法院申诉审查及审判监督庭法官助理。

典》的背景下,《民法典》与《民法通则》《合同法》《物权法》等民事法律规范如何协调衔接,《民法典》对发生于其施行之前的行为能否适用,成为法律界同人普遍关注的重要课题,也是当前学习领会《民法典》制度规则、做好施行准备工作需要研究解决的重要问题之一。为此,笔者结合有关法理和学说,参考《全国法院民商事审判工作会议纪要》(法〔2019〕254 号)、《最高人民法院关于适用〈中华人民共和国合同法〉若干问题的解释(一)》①等制度规范中关于法律衔接适用的方案和思路,对《民法典》时间效力问题作初步探讨,以期对促进《民法典》的理解与适用略尽绵薄之力。

## 一、法律时间效力的一般规则

法律的时间效力是确定法律的适用范围时必须考虑的问题,它与法律的对人效力、对事效力、空间效力共同构成法理学中"法的效力"的研究范畴。法律的时间效力问题主要讨论法律何时生效、何时失效以及法律对其生效之前的行为是否有溯及力。②

按照一般的立法实践和法理,法律原则上是在公布之日或者公布之后的某个确定日期生效,我国《立法法》第五十七条也要求"法律应当明确规定施行日期"。其中包含了时间效力的两层内涵:一是法律只有经过公布之后才能生效。法律是用来调整社会行为和社会关系的规范,未经公布就无法被社会公众知悉和了解,也就无法用来指引和规范人们的行为。换句话说,如果法律不公布,人们就不知道法律的要求是什么,也无从受其约束、为其负责。因此,公布是法律生效的前提条件。二是法律在原则上只向后发生效力而不能追溯适用

---

① 比如,《全国法院民商事审判工作会议纪要》(法〔2019〕254 号)第四条关于"民法总则的时间效力"规定:"根据'法不溯及既往'的原则,民法总则原则上没有溯及力,故只能适用于施行后发生的法律事实;民法总则施行前发生的法律事实,适用当时的法律;某一法律事实发生在民法总则施行前,其行为延续至民法总则施行后的,适用民法总则的规定。但要注意有例外情形,如虽然法律事实发生在民法总则施行前,但当时的法律对此没有规定而民法总则有规定的,例如,对于虚伪意思表示、第三人实施欺诈行为,合同法均无规定,发生纠纷后,基于'法官不得拒绝裁判'规则,可以将民法总则的相关规定作为裁判依据。又如,民法总则施行前成立的合同,根据当时的法律应当认定无效,而根据民法总则应当认定有效或者可撤销的,应当适用民法总则的规定。在民法总则无溯及力的场合,人民法院应当依据法律事实发生时的法律进行裁判,但如果法律事实发生时的法律虽有规定,但内容不具体、不明确的,如关于无权代理在被代理人不予追认时的法律后果,民法通则和合同法均规定由行为人承担民事责任,但对民事责任的性质和方式没有规定,而民法总则对此有明确且详细的规定,人民法院在审理案件时,就可以在裁判文书的说理部分将民法总则规定的内容作为解释法律事实发生时法律规定的参考。"

② 参见沈宗灵主编:《法理学》(第 3 版),北京大学出版社 2009 年版,第 307 页。

于其生效之前的行为。这是因为人们往往按照当时的规则或习惯行事,无法预测事后可能出现的法律约束或义务。如果法律溯及既往则无异于“以今日之命令指示昨日之行为”,不仅违背“法律的道德性”,更会使法律调整流于恣意,社会公众无所适从。①

当然,法不溯及既往只是法律时间效力的一般规则,并不绝对,实践中为解决新法与旧法的衔接问题,有利于行为人的溯及既往通常会得到法律认可,并为公众所接受。比如,我国《刑法》第十二条所确认的“从旧兼从轻原则”,如果行为时法律认为是犯罪,而现行法律不认为是犯罪的或处刑较轻的,应适用现行法律,此种情况下即确认现行法律对既往行为具有溯及力。② 我国《立法法》第九十三条也规定,“法律、行政法规、地方性法规、自治条例和单行条例、规章不溯及既往,但为了更好地保护公民、法人和其他组织的权利和利益而作的特别规定除外”。由此,“有利溯及”可以视为法律时间效力上的一项例外规则。

## 二、《民法典》时间效力问题的复杂性

《民法典》是中华人民共和国立法史上的一部鸿篇巨制,一方面,它相对完整地保留了民事法律条文的稳定性和延续性,避免了新法律实施对司法实践带来过大的冲击;另一方面,又将制定颁行于不同时期的《婚姻法》(1980)、《继承法》(1985)、《民法通则》(1986)、《收养法》(1991)、《担保法》(1995)、《合同法》(1999)、《物权法》(2007)、《侵权责任法》(2009)、《民法总则》(2017)九部法律熔于一炉。《民法典》并不是简单的法律汇编,而是对既往法律予以“编订纂修”,对不适应现实情况的规定予以修改完善,对经济社会生活中出现的新情况、新问题作出有针对性的新规定,③这种立法方式使《民法典》在时间效力上呈现出了相当程度的复杂性。

首先,《民法典》不是一部全新的民事立法,在《民法典》1260 个条文中,约有 70%的条文来源于前述九部法律及相关司法解释,其中保留条文占 36.3%,

---

① 参见[美]朗·L. 富勒:《法律的道德性》,郑戈译,商务印书馆 2007 年版,第 71 页。

② 《刑法》第十二条规定:“中华人民共和国成立以后本法施行以前的行为,如果当时的法律不认为是犯罪的,适用当时的法律;如果当时的法律认为是犯罪的,依本法总则第四章第八节的规定应当追诉的,按照当时的法律追究刑事责任,但是如果本法不认为是犯罪或处刑较轻的,适用本法。本法施行以前,依照当时的法律已经作出的生效判决,继续有效。”

③ 参见全国人大常委会副委员长王晨 2020 年 5 月 22 日在第十三届全国人民代表大会第三次会议上所作的《关于〈中华人民共和国民法典(草案)〉的说明》。

非实质性修改条文占 32.5%。[①] 这些占据法典主体部分的“守成性”规则从原有的民事单行法整合转移至《民法典》中,其间只发生了“空间位置”上的“物理变化”,法律条文所蕴含的行为模式、权利义务责任等“化学成分”均保留原状。针对这部分内容,《民法典》第一千二百六十条关于“本法自 2021 年 1 月 1 日起施行”及前述九部法律同时废止的规定,在时间效力上只具有形式意义,相关法律规则的实际运行能够在新旧法之间实现自动切换、无缝衔接。

其次,除了保留下来继续适用的旧法条款之外,《民法典》的制定还运用了“增、删、改”等多种编纂方式,其中新增条文占 11.7%,实质性修改条文占 19.5%,使现行民事法律规则发生了一系列新的调整变化,从而对具体行为人的权利义务配置和交易预期带来重大影响。对于此类新条款是否赋予溯及力以及如何赋予溯及力,需要结合具体的法律条款、行为类型和案件情况进行具体分析。

最后,从民事活动的多样性来看,对于实施于《民法典》生效前的即时性行为比较容易判断,对于跨越新旧法交替时点的持续性行为则往往需要仔细论证,而司法实践中“行为时法主义”与“裁判时法主义”的现实操作也增加了《民法典》时间效力问题的复杂性。

## 三、《民法典》时间效力的分类探讨

对于《民法典》时间效力问题的研究解决,一方面要“简单处理”:遵循《立法法》精神和相关法学理论的指引,努力形成清晰明确的原则;另一方面也要“精细调整”:紧扣《民法典》“社会百科全书”式的条文内容和实际的调整范围,针对不同情况形成精确化、类型化的解决方案,着力增强法律适用的预期性和可操作性。

首先,《民法典》自 2021 年 1 月 1 日起施行,《婚姻法》《继承法》《民法通则》《收养法》《担保法》《合同法》《物权法》《侵权责任法》《民法总则》九部法律同时废止。这是《民法典》附则部分法律条款针对该法时间效力和新旧法衔接所作的规定,前文对此已有所述及。《民法典》施行后,上述民事法律规范将被《民法典》替代,故上述民事法律规范施行至 2020 年 12 月 31 日,2021 年 1

---

① 参见王栋:《正确处理民法典颁布后的新旧法衔接问题》,载《检察日报》2020 年 9 月 23 日,第 7 版。

月1日以后发生的民事行为由《民法典》规范和调整。此处，现行民事法律规范的“废止”仅指2021年1月1日以后不再施行，其对之前施行期间发生的民事行为仍可适用，并具有法律效力。同时，有的民事行为属于持续性行为，其实施过程跨越了新旧法的衔接节点，根据“适用行为发生时法律”的原则，可能存在部分适用旧法、部分适用新法的情形。比如，有的合同订立于《民法典》施行之前，而合同履行延续到《民法典》施行之后。如果合同当事人之间发生纠纷，则关于合同成立方面的争议应适用合同订立时的法律即旧规则，而关于合同履行方面的争议，因其持续至《民法典》施行之后，故可以适用《民法典》新规则，如《民法典》第五百八十条第二款规定的所谓“违约方解除权”规则即有适用的空间。①

其次，《民法典》新规则对其施行之前发生的民事行为原则上没有溯及力，2020年12月31日之前发生的民事行为原则上适用当时的法律规定，不适用《民法典》新规则。基于尊重当事人意思表示、行为预期的法理，对于《民法典》施行前发生的民事行为，当时法律有明确规定的，原则上应适用行为发生时的法律。比如，《民法典》第六百八十六条第二款规定当事人在保证合同中对保证方式没有约定或者约定不明确的，按照一般保证承担保证责任，从而改变了《担保法》第十九条确立的“对保证方式没有约定或约定不明则推定为连带责任保证”的规则。对此，如果当事人系在《民法典》施行之前订立的保证合同，即便纠纷发生在2021年1月1日之后，仍应适用民事行为发生时的法律，即《担保法》所规定的旧规则，而不应适用《民法典》新规则。再如，《继承法》第二十条第三款规定自书、代书、录音、口头遗嘱，不得撤销、变更公证遗嘱，赋予了公证遗嘱较其他形式遗嘱的优先效力。《民法典》第一千一百四十二条则删除了这一规定，将公证遗嘱亦纳入以时间先后为标准的效力规则适用范围，不再以遗嘱形式为标准赋予公证遗嘱优先效力。② 针对这一变化，关于公证遗嘱

---

① 《民法典》第五百八十条规定：“当事人一方不履行非金钱债务或者履行非金钱债务不符合约定的，对方可以请求履行，但是有下列情形之一的除外：（一）法律上或者事实上不能履行；（二）债务的标的不适于强制履行或者履行费用过高；（三）债权人在合理期限内未请求履行。有前款规定的除外情形之一，致使不能实现合同目的的，人民法院或者仲裁机构可以根据当事人的请求终止合同权利义务关系，但是不影响违约责任的承担。”

② 《民法典》第一千一百四十二条规定：“遗嘱人可以撤回、变更自己所立的遗嘱。立遗嘱后，遗嘱人实施与遗嘱内容相反的民事法律行为的，视为对遗嘱相关内容的撤回。立有数份遗嘱，内容相抵触的，以最后的遗嘱为准。”

及与之相冲突的后续遗嘱的效力关系问题，亦可以根据“适用行为发生时法律”的原则加以分析判断。若公证遗嘱及后续遗嘱均于《民法典》施行前作出，则可按旧规则认定公证遗嘱具有优先效力；若后续遗嘱于《民法典》施行后作出，则应按《民法典》新规则以最新作出的后续遗嘱为准。

最后，新旧法规定不一致的，根据“有利溯及”原则，在处理《民法典》施行后发生的纠纷案件中，特定条件下可以将《民法典》新规则适用于其施行之前的民事行为。主要包括以下几种情形：

第一，行为发生时法律没有规定，《民法典》作出了补充性或确认性规定，则可以适用《民法典》新规则，但以不违背《民法典》基本原则和行为时当事人基本预期为前提。此时，《民法典》新规则具有填补之前法律空白或漏洞的性质，其适用一般不会违背当事人的行为预期，有利于民事纠纷的解决。比如，《民法典》第五百二十条规定了连带债务的涉他效力规则，某一连带债务人实施的履行、抵销、提存、免除、混同等行为，对全体连带债务人均发生债务清偿的效力。[①] 这一规则源于连带之债的法理，以往司法实务中也多有运用，但《民法通则》《合同法》等对此均无规定。《民法典》的施行使这一规则取得了正式法律渊源的地位，将之溯及适用不会违背当事人行为时的基本预期。但值得一提的是，民事诉讼是平等民事主体之间的博弈，无论适用哪种裁判标准，都必然会造成一方得利，一方损失，因此，为了维护双方当事人的合法权益，避免给一方当事人造成显著不公的结果，当《民法典》新规则超过当事人基本预期时，不应溯及既往。例如，《民法典》第一千一百二十八条规定，被继承人的兄弟姐妹先于被继承人死亡的，由被继承人的兄弟姐妹的子女代位继承，将第二顺位继承人中被继承人兄弟姐妹之子女纳入代位继承的适用范围。这一规定将对法定继承时第二顺位继承人针对遗产的分配方式和份额带来重大影响，与相关法律事实发生时当事人的利益预期不符。因此，对《民法典》施行前已经开始但尚未分配遗产的法定继承纠纷，涉及第二顺位继承人进行继承的，应适用《继承法》的旧规则，不宜将《民法典》新规则予以溯及适用。

---

① 《民法典》第五百二十条规定：“部分连带债务人履行、抵销债务或者提存标的物的，其他债务人对债权人的债务在相应范围内消灭；该债务人可以依据前条规定向其他债务人追偿。部分连带债务人的债务被债权人免除的，在该连带债务人应当承担的份额范围内，其他债务人对债权人的债务消灭。部分连带债务人的债务与债权人的债权同归于一人的，在扣除该债务人应当承担的份额后，债权人对其他债务人的债权继续存在。债权人对部分连带债务人的给付受领迟延的，对其他连带债务人发生效力。”

第二，行为发生时法律没有规定，《民法典》增设了具有纠纷解决性质或程序救济性质的规定，则可以适用《民法典》新规则。此类规范多涉及当事人诉请人民法院予以保护或救济，或对当事人的某些争议直接确定裁判尺度和标准，应按"适用裁判时法律"的原则适用《民法典》新规则，不以涉案事实发生在《民法典》施行之前而予以豁免。比如，《民法典》第一千零八十八条新规定了家务劳动补偿制度，夫妻一方因抚育子女、照料老人、协助另一方工作等负担较多义务的，离婚时有权向另一方请求补偿，另一方应当给予补偿。据此，如果离婚纠纷案件发生在《民法典》施行之后，当事人即可援引上述条款主张家务劳动补偿，不因家务劳动行为发生在《民法典》施行之前而适用当时法律，此可以视为将裁判时法律予以溯及适用的条文。

第三，行为发生时相关法律或司法解释已有规定，《民法典》在对原有规定进行整合、吸收、借鉴的基础上作出细化性规定，则可以适用《民法典》新规则。比如，《民法典》通过第四百六十九条、第四百九十一条、第五百一十二条[①]等条款，对电子合同的形式、成立、交付等进行了细化规定。这些条款虽可视为《民法典》中的新规则，但与先前已经颁行的《合同法》《电子商务法》《电子签名法》等已有规定一脉相承，符合既定市场交易惯例和行为人预期。因此，可以将上述规定溯及适用。再如，对现行司法解释的吸收借鉴，《民法典》第一千零六十四条关于夫妻共同债务的认定规则源自 2018 年 1 月 18 日施行的《最高人民法院关于审理涉及夫妻债务纠纷案件适用法律有关问题的解释》，该条款溯及适用并没有改变和影响司法裁判标准，反而更有利于保持夫妻共同债务纠纷解决规则的稳定性。更典型的还有《民法典》第四编中关于人格权的规定，虽然人格权编属于创设性条文，但在《民法通则》、《民法总则》以及最高人民法院

① 《民法典》第四百六十九条规定："当事人订立合同，可以采用书面形式、口头形式或者其他形式。书面形式是合同书、信件、电报、电传、传真等可以有形地表现所载内容的形式。以电子数据交换、电子邮件等方式能够有形地表现所载内容，并可以随时调取查用的数据电文，视为书面形式。"第四百九十一条规定："当事人采用信件、数据电文等形式订立合同要求签订确认书的，签订确认书时合同成立。当事人一方通过互联网等信息网络发布的商品或者服务信息符合要约条件的，对方选择该商品或者服务并提交订单成功时合同成立，但是当事人另有约定的除外。"第五百一十二条规定："通过互联网等信息网络订立的电子合同的标的为交付商品并采用快递物流方式交付的，收货人的签收时间为交付时间。电子合同的标的为提供服务的，生成的电子凭证或者实物凭证中载明的时间为提供服务时间；前述凭证没有载明时间或者载明时间与实际提供服务时间不一致的，以实际提供服务的时间为准。电子合同的标的物采用在线传输方式交付的，合同标的物进入对方当事人指定的特定系统且能够检索识别的时间为交付时间。电子合同当事人对交付商品或者提供服务的方式、时间另有约定的，按照其约定。"

的司法解释中都有关于人格权的相关规定,此次《民法典》人格权编是对原有规定的细化和扩展,进一步明确了保护范围、行为界限和裁判标准,更加有利于人格权及其他人格权益的行使和保障,因此,《民法典》中的人格权编条款原则上可以溯及适用。

第四,行为发生时法律有禁止性或管制性规定,《民法典》通过修改原规定对行为人进行"解禁"或"赋权",则可以适用《民法典》新规则。比如,《物权法》第一百八十四条第二项规定,耕地使用权原则上不得抵押,而《民法典》第三百九十九条删除了《物权法》的上述规定内容。[①] 据此,《民法典》施行后国家不再禁止以耕地使用权为标的物的抵押担保行为。如果耕地使用权抵押合同成立于《民法典》施行之前,而纠纷案件审理时《民法典》已经施行,则应适用《民法典》新规则认定抵押合同有效。

## 四、结语

合理设置《民法典》的时间效力规则,是妥善处理民事法律新旧衔接、促进《民法典》新规则有效实施的重要前提,对维护人民群众正当权益、稳定社会预期和市场秩序亦具有重要价值。根据《民法典》对现行民事法律规范予以"编订纂修"的特点,结合法律时间效力的一般法理,笔者对《民法典》施行后相关法律规范如何衔接适用作了初步探讨,对《民法典》的时间效力问题进行了分类研判,对新旧法规定不一致时《民法典》新规则溯及适用的基本情形进行了类型化梳理。这只是一个初步的研究,相关思路和方案是否准确、可行,还有待同行的指教和实践的检验。

---

① 《物权法》第一百八十四条规定:"下列财产不得抵押:(一)土地所有权;(二)耕地、宅基地、自留地、自留山等集体所有的土地使用权,但法律规定可以抵押的除外;(三)学校、幼儿园、医院等以公益为目的的事业单位、社会团体的教育设施、医疗卫生设施和其他社会公益设施;(四)所有权、使用权不明或者有争议的财产;(五)依法被查封、扣押、监管的财产;(六)法律、行政法规规定不得抵押的其他财产。"而《民法典》第三百九十九条规定:"下列财产不得抵押:(一)土地所有权;(二)宅基地、自留地、自留山等集体所有土地的使用权,但是法律规定可以抵押的除外;(三)学校、幼儿园、医疗机构等为公益目的成立的非营利法人的教育设施、医疗卫生设施和其他社会公益设施;(四)所有权、使用权不明或者有争议的财产;(五)依法被查封、扣押、监管的财产;(六)法律、行政法规规定不得抵押的其他财产。"

# 论《民法典》背景下基础合同效力对债权转让合同效力的影响

顾　硕　马　腾*

**摘　要**

《合同法》对债权转让合同的性质和效力仅作出了概要式规定，但基础合同无效时，债权转让合同效力是否受到影响，对此缺乏明确规定。《民法典》出台后，在基础合同构成《民法典》第一百四十六条、第一百五十四条的情形归于无效时，债权转让合同原则上应属无效，但应参照《民法典》第七百六十三条的情形保护善意债权受让人；在基础合同构成《民法典》第一百五十三条的情形归于无效时，相应的债权转让合同原则上亦应属无效，但在法律或者司法解释有特殊规定的情况下，债权转让合同的效力不受基础合同效力的影响。

**关键词**｜债权基础合同　债权转让合同　效力认定

## 一、债权转让合同的一般规定及法律性质

债权转让，在民法体系上隶属于合同的变更和转让。[①] 债权转让合同，系指不改变债权的内容而将其移转于他人的合同，即在保持债权同一性的前提下以移转该债权为目的的转让人与受让人之间的诺成、不要式合同。[②]

---

* 作者简介：顾硕，上海市崇明区人民法院民事审判庭庭长，四级高级法官；马腾，上海市崇明区人民法院民事审判庭法官助理。

① “债权转让”，学理通常称为“债权让与”。由于现行《合同法》及《民法典》均以“转让”为名，且民事案由亦规定“债权转让合同纠纷”，故笔者统称为“债权转让”。

② 参见韩世远：《合同法总论》（第3版），法律出版社2011年版，第457页。

(一)债权转让合同的一般规定

我国法律对债权转让合同的概念、构成和限制有明文规定。《合同法》第七十九条规定:“债权人可以将合同的权利全部或者部分转让给第三人,但有下列情形之一的除外:(一)根据合同性质不得转让;(二)按照当事人约定不得转让;(三)依照法律规定不得转让。”《民法典》第五百四十五条规定:“债权人可以将债权的全部或者部分转让给第三人,但是有下列情形之一的除外:(一)根据债权性质不得转让;(二)按照当事人约定不得转让;(三)依照法律规定不得转让。当事人约定非金钱债权不得转让的,不得对抗善意第三人。当事人约定金钱债权不得转让的,不得对抗第三人。”

《合同法》第七十九条并未就禁止债权转让特殊约定是否对受让人发生效力作出明确规定,因而理论和实务界对此争议颇多。对此,《民法典》第五百四十五条就禁止债权转让特殊约定的效力予以明确:如果被转让的债权是非金钱债权,在受让人为善意时,受让人取得债权,债务人不能对受让人主张债权禁止转让的抗辩,以保护善意的受让人并保障债权的流通价值;在受让人为恶意时,受让人仍然取得债权,但债务人有权向受让人主张债权禁止转让的抗辩。如果被转让的债权是金钱债权,其转让对债务人所造成的影响较小,而金钱债权的流通性价值在实践中非常重要,其与融资之间的关系更为密切,故无论受让人为善意或者恶意,均可以取得债权,债务人不能对受让人主张债权禁止转让的抗辩,债务人因此所遭受的损失,有权请求转让人承担违约损害赔偿责任。①

(二)债权转让合同的法律性质

关于债权转让合同的性质是处分行为还是负担行为,各有争议。所谓处分行为,是指直接转让权利、变更权利内容、设定权利负担或者废止权利的法律行为。② 处分行为的处分标的为物权的,称为物权行为;处分行为的处分标的为债权、著作财产权等权利的,称为准物权行为。负担行为与处分行为的区分标准核心在于其引起的法律效果的差异,一方当事人因负担行为而负有给付义务,对方当事人因此享有请求履行之债权;一方当事人因处分行为而直接引起权利变动,对方当事人直接承受该权利变动的效果,处分行为本身并不存在履

---

① 参见黄薇:《中华人民共和国民法典合同编解读》(上),中国法制出版社 2020 年版,第 269 页。需要注意,此处禁止债权转让特殊约定仅涉及债务人是否有权向受让人主张抗辩(权),并不涉及基础合同效力问题,故并非笔者讨论重点。

② 参见朱庆育:《民法总论》(第 2 版),北京大学出版社 2016 年版,第 156 页。

行问题。

有观点认为,债权转让合同与买卖合同、赠与合同等性质相同,属于负担行为,该合同并不必然发生债权转让的效果。而主流观点认为,债权转让合同直接发生债权移转的效果,将债权作为一项特殊的财产通过转让而处分,其与买卖合同、赠与合同等性质有所区别,属于处分行为。[①] 而所谓的"处分",亦应当包括对于债权的处分。[②] 债权转让引起了债权新的归属,即受让人获得债权。因此,债权转让作为处分行为,需要债权人享有处分权限。同时,债权转让又是基于合同发生,应适用法律规定的一般生效要件。[③]

从《民法典》的规定来看,债权转让合同应当属于处分行为。第一,债权作为一项无形的、特殊的标的物,不存在实际交付的可能性。如果认为债权转让合同属于负担行为,则仅赋予受让人一项主张转让人"交付"标的债权的债权请求权,此种"对于债权的债权",实属叠床架屋,在法律上不仅无法成立,而且毫无必要。第二,《民法典》第五百四十五条使用"债权人可以将债权的全部或者部分转让给第三人"的表述,可知该合同发生直接转让权利的效果,产生新的债权人,符合处分行为的特征。第三,《民法典》第五百四十五条被置于《民法典》合同编通则框架下,作为合同的变更和转让一章的组成部分,其与《民法典》合同编典型合同框架下的买卖合同、赠与合同等有名合同在体例结构上有所区别,不能简单予以类比。[④] 因此,债权转让合同一经生效,即发生受让人取得所转让债权的效果,其性质为处分行为应无异议。[⑤]

## 二、基础合同无效对债权转让合同效力的影响

根据法律规定,债权转让包含三种法律关系:一为债权转让人与债务人之间的债权债务关系(基础合同关系),二为债权转让人与受让人之间的债权转让关系,三为债权受让人基于债权转让关系与债务人之间形成的债权债务关

---

① 参见韩世远:《合同法总论》(第3版),法律出版社2011年版,第460页。

② 参见崔建远主编:《合同法》(第4版),法律出版社2007年版,第201页。

③ 参见庄加园:《〈合同法〉第79条(债权让与)评注》,载《法学家》2017年第3期。

④ 参见韩世远:《合同法总论》(第3版),法律出版社2011年版,第462页。

⑤ 参见张谷:《论债权让与契约与债务人保护原则》,载《中外法学》2003年第1期。此外,股权转让性质与债权转让类似,亦属于处分行为,参见张双根:《论股权让与的意思主义构成》,载《中外法学》2019年第6期。

系,债权受让人因债权转让行为,享有对债务人的债权请求权。[1] 其中,基础合同与债权转让合同并非主从合同关系,二者之间虽有联系,但其性质有所区别:基础合同发生的是当事人之间的债权债务关系,其性质属于负担行为;债权转让合同则直接变动基础合同所发生的债权,其性质属于处分行为。因此,在逻辑上不应以基础合同无效便推导出债权转让合同无效的结论。对于债权转让合同的效力认定,应当回归《民法典》关于处分行为效力认定的基本原则。[2]

导致基础合同无效的情形在《民法典》中由不同条款予以规定,应当根据不同条款规定的情形分类确定债权转让合同的效力。

（一）基础合同构成《民法典》第一百四十六条、第一百五十四条规定的情形

《民法典》第一百四十六条规定:"行为人与相对人以虚假的意思表示实施的民事法律行为无效。以虚假的意思表示隐藏的民事法律行为的效力,依照有关法律规定处理。"该条情形源于德国民法,即双方当事人均知晓自己所表示的意思并非真实意思,而通谋作出与真意不一致的意思表示,该意思表示并非当事人的内心真意,双方对此互相知晓,故不应认定其有效。[3]《民法典》第一百五十四条规定:"行为人与相对人恶意串通,损害他人合法权益的民事法律行为无效。"该条所称的恶意串通,即双方当事人互相勾结损害他人合法权益的行为。上述两种情形具有相似性,其无效的原因均在于当事人内部存在"通谋"或者"串通"行为,并非债权本身构成违反强制性规定的情形。

1. 债权转让合同效力认定不应适用《民法典》第五百九十七条

有观点认为,《民法典》未就债权转让合同规定特殊的生效要件或者公示要求,故债权转让合同应当适用合同生效的一般规则。[4] 在基础合同因通谋虚伪表示、恶意串通损害他人合法权益等情形无效时,债权转让合同效力的认定可适用《民法典》第五百九十七条第一款:"因出卖人未取得处分权致使标的物所有权不能转移的,买受人可以解除合同并请求出卖人承担违约责任。"据此,债权转让合同的效力不受基础合同无效的影响。对此,笔者不予认同。

---

① 参见韩世远:《合同法总论》(第3版),法律出版社2011年版,第457页。

② 参见沪高法民二〔2006〕13号:《关于审理涉及债权转让纠纷案件若干问题的解答》。

③ 笔者认为,双方实际上并未作出真实的意思表示,应当认定该民事法律行为不成立,而非认定其无效。

④ 参见江必新、何东宁等:《最高人民法院指导性案例裁判规则理解与适用·合同卷二》(第2版),中国法制出版社2018年版,第297页。

《合同法》第五十一条规定："无处分权的人处分他人财产，经权利人追认或者无处分权的人订立合同后取得处分权的，该合同有效。"本次《民法典》将其删去，并增加第五百九十七条，明确了买卖合同不因出卖人欠缺处分权而归于无效。按照主流观点，承认无权处分合同的效力，只是使无权处分人对受让人负担交付标的物并移转标的物所有权的义务，并不当然导致标的物所有权发生变动。[①] 换言之，《民法典》第五百九十七条仅适用于负担行为效力的认定，未涉及直接发生权利变动的处分行为效力。因此，适用或者参照适用《民法典》第五百九十七条的前提在于当事人之间成立买卖合同或者类似的债权合同，其性质应属负担行为，此时当事人欠缺处分权不影响负担行为的效力。然而综上所述，债权转让合同与买卖合同或者类似的债权合同性质不同，其本身即属于处分行为，不应适用或者参照适用《民法典》第五百九十七条认定其效力。

2. 债权转让合同原则上应属无效

笔者认为，基础合同构成《民法典》第一百四十六条、第一百五十四条情形的，相应的债权转让合同应属无效。

第一，基础合同构成《民法典》第一百四十六条通谋虚伪表示的，法律规定该合同应属无效。但严守意思表示解释的规则，通谋虚伪表示应属不成立而非无效，理由有二：其一，从民法原理上来看，通谋虚伪表示的双方当事人虽然有意思表示的外观，但不具有意思表示中的效果意思。换言之，双方当事人不具有使法律行为发生预期效果的真实意思。从法律行为的概念来看，意思表示是其成立的核心要素，而从意思表示的构成来看，效果意思是意思表示不可或缺的因素，而通谋虚伪表示中恰恰就缺少效果意思，当事人不追求这种表示出来的效果，因此，不成立真正的意思表示，即当事人之间根本不成立法律行为。[②] 其二，从条文规定上来看，《合同法》第十二条规定："合同的内容由当事人约定，一般包括以下条款：(一)当事人的名称或者姓名和住所；(二)标的……"对此，《最高人民法院关于适用〈中华人民共和国合同法〉若干问题的解释(二)》规定："当事人对合同是否成立存在争议，人民法院能够确定当事人名称或者

---

① 参见王利明：《民法典合同编通则中的重大疑难问题研究》，载《云南社会科学》2020 年第 1 期。

② 参见李永军：《虚假意思表示之法律行为刍议——对于〈民法总则〉第 146 条及第 154 条的讨论》，载《中国政法大学学报》2017 年第 4 期。

姓名、标的和数量的,一般应当认定合同成立。但法律另有规定或者当事人另有约定的除外。"《民法典》第四百七十条对上述条款内容予以保留:"合同的内容由当事人约定,一般包括下列条款:(一)当事人的姓名或者名称和住所;(二)标的……"可见,原则上,合同成立应具备"名称或姓名、标的、数量"三个条款,标的不成立则合同本身亦不成立。在通谋虚伪表示中,当事人表面约定的合同标的实际并不存在,故根据上述法律及司法解释的精神,该通谋虚伪表示的合同严格意义上应属不成立。[①]

第二,基础合同构成《民法典》第一百五十四条恶意串通损害他人合法权益的,法律规定该合同应属无效。该条行为与《民法典》第一百四十六条的通谋虚伪表示在构成上具有相似性,即二者均具有"通谋性",只是"通谋"的内容不同:通谋虚伪表示本身的"通谋性"在于双方都同意法律行为不发生表面行为的效力,即不具有效果意思;而恶意串通行为效果意思是真实的,而且也在追求这种意思的发生,但其目的在于让这种法律行为的效果损害第三人利益。[②]

在基础合同构成《民法典》第一百四十六条、第一百五十四条规定的情形而无效时,基础合同约定的债权理论上应属无效,债权转让合同约定转让的债权亦属无效。转让人转让该无效债权的行为,在法律上如何评价,目前尚无明确规定。笔者认为,对此可以参照适用无权处分的有关规则。根据《合同法》第五十一条规定,无权处分通常是指无处分权之人实施"处分他人财产"的行为。[③] 然而根据负担行为与处分行为的区分理论,无权处分的本质并非无处分权人处分他人财产,而是处分人无处分权或者处分权受到限制实施处分行为而不发生权利变动。[④] 换言之,无权处分因欠缺处分权而不发生当事人意欲引起的权利变动效果。而在债权转让合同中,转让人转让无效债权,其亦不会发生转让人意欲引起的将债权转让给受让人的权利变动效果,故作为处分行为的债权转让合同欠缺"权利变动"这一核心要素,对其效力评价可以参照适用无权

---

① 当然,法律条文应予严守。现行法律条文规定通谋虚伪表示无效,笔者对此予以尊重。

② 参见李永军:《虚假意思表示之法律行为刍议——对于〈民法总则〉第146条及第154条的讨论》,载《中国政法大学学报》2017年第4期。

③ 参见王利明:《善意取得制度的构成——以我国物权法草案第111条为分析对象》,载《中国法学》2006年第4期。

④ 参见周清林:《无权处分的重新定义和定位——对我国〈合同法〉无权处分定义和定位的反思》,载《西南民族大学学报》(人文社会科学版)2017年第2期。

处分的处分行为效力规则，依法应属无效。[1]

3. 债权转让合同不得对抗善意债权受让人

无论是《民法典》第一百四十六条规定的通谋虚伪表示的情形，还是《民法典》第一百五十四条规定的恶意串通损害他人合法权益的情形，其与《民法典》第一百五十三条的违反强制性规定、违背公序良俗的情形均有重大区别，前两者主要涉及无效合同当事人内部意思表示的瑕疵，侧重于其“通谋性”，并未涉及该行为在公法上的强制性评价；后者则是因当事人意思表示突破了法律的禁区，绝对地损害了国家利益或者社会公共利益导致无效。[2] 区分该两种情形对于保护善意第三人而言具有重大意义。

为了保护善意第三人的利益，对基础合同无效的法律效果施加一定限制，引入合同相对无效理论即具有必要性。所谓合同相对无效，是指特定情形下的合同无效仅对合同当事人以及合同当事人以外的恶意第三人具有对抗力，通常不能对抗善意第三人。[3] 史尚宽先生认为，通谋虚伪表示，不得以其无效对抗善意第三人。其无效不可对特定人主张，或唯得由特定人主张。[4] 实际上，对于通谋虚伪表示行为，大陆法系许多立法例均有类似规定。《德国民法典》第四百零五条规定：“债务人出具关于债务之文书者，如于文书提出时而为债权让与，债务人不得对新债权人主张债之关系之成立或者承认系出于虚伪，或者与原债权人曾有债权不得让与之约定。但新债权人于债权让与时明知或者可得而知其情事者，不在此限。”《日本民法典》第九十四条规定：“与相对人通谋而进行虚伪意思表示者，其意思表示为无效。前款意思表示的无效，不得以之对抗善意第三人。”《韩国民法典》第一百零八条规定：“与相对人通谋而作出的

---

① 尽管《民法典》第五百九十七条实质上取代了《合同法》第五十一条的规定，但《民法典》并未涉及处分行为的效力。对此，仍应当区分负担行为与处分行为的性质，分析处分行为有效、无效及效力待定的情形。因基础合同无效，使当事人并不存在追认的机会，故处分行为只能走向无效这一种可能性。当然，崔建远先生提出，债权转让合同约定转让的债权并不存在，该债权转让合同因欠缺必备条款而根本无法成立。笔者对此予以认同，尤其是在债权转让合同构成《民法典》第一百四十六条通谋虚伪表示情形下，该债权本质上并不成立（并非无效），据此而发生的债权转让合同应属不成立。但因现行法律明确规定其无效的后果，笔者对此不再详述。参见崔建远：《无权处分再辨》，载《中外法学》2020 年第 4 期。

② 2009 年发布的《最高人民法院关于当前形势下审理民商事合同纠纷案件若干问题的指导意见》第 16 条规定：“……如果强制性规范规制的是合同行为本身即只要该合同行为发生即绝对地损害国家利益或者社会公共利益的，人民法院应当认定合同无效……”

③ 参见高桂林、郭晓明：《我国相对无效合同的重新定位与类型化区分》，载《广西社会科学》2012 年第 3 期。

④ 参见史尚宽：《民法总论》，中国政法大学出版社 2000 年版，第 575 页。

虚伪意思表示无效。前项的意思表示无效,不得对抗善意第三人。”①

其实,2016 年 6 月全国人民代表大会常务委员会公布的《民法总则(草案)》第一百二十四条对合同相对无效及其对抗效力有所规定:“行为人与相对人串通,以虚假的意思表示实施的民事法律行为无效,但是双方均不得以此对抗善意第三人。行为人以虚假的意思表示隐藏的民事法律行为,依照有关法律规定处理。”梁慧星先生认为,第三人知道当事人之间的意思表示为虚伪表示的,即属于恶意第三人,则双方可以该虚伪表示的无效对抗该恶意第三人;第三人不知道当事人之间的意思表示为虚伪表示的,即属于善意第三人,则双方不得以该虚伪表示的无效对抗该善意第三人。② 但最终通过的《民法总则》取消了不可对抗善意第三人的规定。立法机构并非否定该立场,只因具体情形较为复杂,不宜一概在总则编作出规定。动产、不动产物权,可由物权法等规定处理;债权缺乏类似物权的权利外观,其对外效力可由合同法等具体分编分情况处理。

上述《民法总则(草案)》中的规定,在《民法典》第七百六十三条中得到了回应,该条规定:“应收账款债权人与债务人虚构应收账款作为转让标的,与保理人订立保理合同的,应收账款债务人不得以应收账款不存在为由对抗保理人,但是保理人明知虚构的除外。”根据该条规定,应收账款债权人与债务人通谋以虚伪意思表示制造了虚假应收账款外观的,属于《民法典》第一百四十六条所规定的情形,但保理人对于应收账款的存在产生了合理信赖的,应收账款债务人不得以应收账款不存在为由对抗该善意的保理人,保理人仍然有权请求债务人履行如同债权存在时相对应的债务。③

尽管《民法典》仅在保理合同中对上述问题作出明确规定,但其基本原理可以推及一般的债权转让合同。④ 而且,因债权缺乏公示公信力,故不能适用

---

① 参见黄薇:《中华人民共和国民法典总则编解读》,中国法制出版社 2020 年版,第 440 页。

② 参见梁慧星:《〈中华人民共和国民法总则(草案)〉:解读、评论和修改建议》,载《华东政法大学学报》2016 年第 5 期。

③ 参见黄薇:《中华人民共和国民法典合同编解读》(下),中国法制出版社 2020 年版,第 859 页。

④ 早在《民法典》出台前,最高人民法院已就类似的合同效力作出首例判决。在该案中,最高人民法院并未局限于保理业务,而是以一般原理的形式对通谋虚伪表示及其对抗效力作出了分析:“根据民法基本原理,双方当事人通谋所为的虚伪意思表示,在当事人之间发生绝对无效的法律后果。但在虚伪表示的当事人与第三人之间,则应视该第三人是否知道或者应当知道该虚伪意思表示而发生不同的法律后果:当第三人知道该当事人之间的虚伪意思表示时,虚伪表示的无效可以对抗该第三人;当第三人不知道当事人之间的虚伪意思表示时,该虚伪意思表示的无效不得对抗善意第三人。”参见(2017)最高法民再 164 号民事判决书。

善意取得制度。正因如此,《民法典》第七百六十三条便具有重大意义,其为善意的债权受让人设置了独立于善意取得制度之外主张权利的特殊路径。而且,无论基础合同为不成立、不生效或者无效等,在信赖保护所要面对的同一法律行为效力评价的"矛盾"上,并无区别。①

综上所述,基础合同构成《民法典》第一百四十六条、第一百五十四条规定的情形,债权转让合同原则上应属无效,但善意债权受让人有权主张债权转让合同独立于基础合同而发生法律效果。

(二)基础合同构成《民法典》第一百五十三条规定的情形

《民法典》第一百五十三条规定:"违反法律、行政法规的强制性规定的民事法律行为无效。但是,该强制性规定不导致该民事法律行为无效的除外。违背公序良俗的民事法律行为无效。"该条第一款第一句与《合同法》第五十二条第(五)项规定类似,《最高人民法院关于适用〈中华人民共和国合同法〉若干问题的解释(二)》第十四条规定:"合同法第五十二条第(五)项规定的'强制性规定',是指效力性强制性规定。"②基础合同构成《民法典》第一百五十三条规定的情形,即违反法律、行政法规的强制性规定而无效的,相应的债权转让合同效力是否受到影响,须根据不同情形加以分析。

1. 债权转让合同原则上应属无效

所谓"效力性强制性规定"的具体认定,实践中长时间处于较为混乱的状态。2019 年 11 月 8 日,最高人民法院发布《全国法院民商事审判工作会议纪要》,其中第三十条对导致民事法律行为无效的强制性规定的识别予以明确,"下列强制性规定,应当认定为'效力性强制性规定':强制性规定涉及金融安全、市场秩序、国家宏观政策等公序良俗的;交易标的禁止买卖的,如禁止人体器官、毒品、枪支等买卖;违反特许经营规定的,如场外配资合同;交易方式严重违法的,如违反招投标等竞争性缔约方式订立的合同;交易场所违法的,如在批准的交易场所之外进行期货交易"。由此可知,基础合同违反上述五种情形之一的,应属无效。而且,因该行为突破了法律的禁区,绝对地损害了国家利益或者社会公共利益,与前述通谋虚伪表示、恶意串通损害他人合法权益等行为在

① 正因如此,构成通谋虚伪表示的基础合同在法律上不成立或者无效,对债权转让合同中的债权善意受让人而言并无区别,善意受让人均有权主张债权转让合同对其发生法律效果。

② 参见杨代雄:《〈民法典〉第 153 条第 1 款评注》,载《法治研究》2020 年第 5 期。

性质上有明显区别。例如,毒品、枪支交易货款债权转让行为,会导致公共安全及社会秩序受到严重而急迫的损害,此时法律对公共利益的保护应当置于优先地位,无论债权受让人是否为善意,其利益保护均应当让位于公共利益保护,故应当认定相应的债权转让合同原则上亦属无效。

对此,最高人民法院亦认为:"经审理认为原债权人与债务人之间所签订的合同因违反法律、行政法规的强制性规定或者违反社会公共利益等原因而无效,并且当事人就该合同被确认无效后仍然不能享有请求返还财产或者赔偿损失的请求权的,如导致双方取得或者约定取得的财产应当收归国有等情形,则债权人所转让的权利是不存在的权利,债权转让也应当认定无效,受让人对债务人的请求应当予以驳回。"①

司法实践中已有案例支持上述观点。在"冯某诉中国银行股份有限公司海南省分行、海南兴华房地产开发有限公司、海口东方旅业发展有限公司等财产损害赔偿纠纷案"中,②最高人民法院再审认为,债权人与债务人签订的合同因违反法律规定而无效,因此相应的债权转让合同亦属无效。冯某的债权是继受取得的,系受让的东方旅业对兴华公司享有的债权。从其权利来源来看,东方旅业与兴华公司签订的借款合同因违反了企业间禁止借贷的法律规定而归于无效,因此,冯某与东方旅业之间的债权转让合同亦为无效合同。在"中国华融资产管理公司海口办事处等诉海南大学金融不良债权转让合同无效纠纷案"中,③海南省高级人民法院二审认为,不良债权转让合同,债务人或者担保人为国家机关的,合同无效。最高人民法院发布的《关于审理涉及金融不良债权转让案件工作座谈会纪要》中,其基本原则是保障国家经济安全,其重要目的是保护国有资产不流失。海南大学是国家全额拨款的事业单位,是国有资产的管理者,负有防止国有资产流失的职责;同时也是为社会提供教书育人服务的特殊公益类行业单位。徐某以较低的价格(5,670,000元)购买到包括涉案债权在内的债权包之后,申请执行海南大学的债权达14,000,000余元,存在损害社会公共利益的情形。故原审法院将海南大学比照为国家机关,依照前述《关于审理涉及金融不良债权转让案件工作座谈会纪要》第六条第(一)项、第

① 参见刘德权、王松主编:《最高人民法院司法观点集成·民事卷②》(第2版),人民法院出版社2014年版,第997页。

② 参见(2013)民申字第1303号民事裁定书。

③ 参见(2012)琼民二终字第193号民事判决书。

(十一)项的规定,判决确认徐某从中国华融资产管理公司海口办事处受让的海南大学14,868,200元债权无效,符合前述《关于审理涉及金融不良债权转让案件工作座谈会纪要》的精神。

2. 债权转让合同效力因法律特殊规定应予独立评价

原则上,转让无效合同权利的债权转让合同亦属无效。但是,基于法律或者司法解释的特殊规定,在部分民事活动中,债权转让合同的效力不受基础合同效力的影响。此种情形不仅是合同无效理论的例外,同时是对于处分行为理论的突破,对此应予严格把握。

债权转让合同效力的独立性主要体现在建设工程领域,即建设工程施工合同无效的,相应工程款债权转让合同效力不受影响。

《最高人民法院关于审理建设工程施工合同纠纷案件适用法律问题的解释》第二条规定:“建设工程施工合同无效,但建设工程经竣工验收合格,承包人请求参照合同约定支付工程价款的,应予支持。”因此,在建设工程施工合同无效情形下,承包人仍然有权主张相应工程款债权。对于该债权的性质,在“黄某与诉汕头经济特区保税区管理委员会、汕头振侨(集团)公司建设工程施工合同纠纷案”中,[①]最高人民法院再审明确认定:振侨集团未取得建筑施工企业资质而承包保税区海关大楼工程,黄某亦在不具备施工资质的情况下实际参与工程施工,案涉《建安合同》应为无效合同。振侨集团作为承包人,仍可请求保税区参照合同约定支付工程价款。但此工程价款偿付之债务,非根据合同原因,而是直接基于法律规定。因此,虽然建设工程施工合同无效,但相应的工程款债权仍基于法律规定而独立生效。

既然该债权可由承包人依法享有,则其将该债权对外转让的行为亦不应加以限制。在“四川省泸州市第三建筑工程公司诉四川青神新久源实业有限公司、石某、青神县青竹建筑工程公司债权转让合同纠纷案”中,[②]石某既因挂靠青竹公司建设3万吨酒精生产技改土建工程而成为新久源公司的债权人,亦因挂靠泸州市第三建筑工程公司建设康定跑马山项目工程而成为泸州市第三建筑工程公司的债务人,系争建设工程施工合同因挂靠施工依法无效。此后,石某将其对新久源公司享有的债权转让给泸州市第三建筑工程公司以抵销清偿

---

① 参见(2013)民提字第96号民事判决书。

② 参见(2016)最高法民再200号民事判决书。

部分债务。最高人民法院认为,二审判决认定债权转让合法有效,并无不当。

与建设工程领域类似,房屋租赁合同无效的,相应租金(使用费)债权转让合同效力亦不受影响。《最高人民法院关于审理城镇房屋租赁合同纠纷案件具体应用法律若干问题的解释》第二条规定:“出租人就未取得建设工程规划许可证或者未按照建设工程规划许可证的规定建设的房屋,与承租人订立的租赁合同无效。但在一审法庭辩论终结前取得建设工程规划许可证或者经主管部门批准建设的,人民法院应当认定有效。”第五条第一款规定:“房屋租赁合同无效,当事人请求参照合同约定的租金标准支付房屋占有使用费的,人民法院一般应予支持。”与《最高人民法院关于审理建设工程施工合同纠纷案件适用法律问题的解释》类似,《最高人民法院关于审理城镇房屋租赁合同纠纷案件具体应用法律若干问题的解释》同样支持出租人在房屋租赁合同无效情形下主张房屋占有使用费,故对于债权人就该租金(使用费)债权对外转让的行为亦应当独立评价。

**三、结语**

《民法典》的出台,对债权转让合同的性质及效力评价带来了新的认定思路,尤其是第七百六十三条关于保理合同虚构应收账款情形的规定,为合同相对无效理论的司法适用打开了一扇窗口。但《民法典》以第五百九十七条取代《合同法》第五十一条的同时,并未就处分行为的效力予以明确,容易引发债权转让合同效力认定方面的混乱,笔者试图对此加以梳理,并根据不同情形确定债权转让合同效力认定的裁判思路,以供理论与实践参考。

# 案 例 篇

# 上海丽兴房地产有限公司诉上海领先餐饮管理有限公司房屋租赁合同纠纷案

## ——履约瑕疵之合同解除权的认定标准

**关键词** | 房屋租赁　履约瑕疵　合同解除　轻微违约

**裁判要旨**

当承租人的违约行为显著轻微且不影响出租人合同目的实现时，为鼓励交易，改善营商法治环境，法院应审慎适用合同解除制度。法院在认定约定解除条件是否成就时，应从违约方的过错程度、违约行为的形态及违约行为的后果等方面综合考虑，根据诚实信用原则以及鼓励交易原则，对解除条件较为宽泛的约定解除权作出限制。

**法条链接**

《民法典》第七条

《民法总则》第七条

《合同法》第九十三条、第九十七条

**案例索引**

一审：上海市黄浦区人民法院（2017）沪 0101 民初 31431 号（2019 年 5 月 13 日）

二审：上海市第二中级人民法院（2019）沪 02 民终 6546 号（2019 年 9 月 17 日）

**基本案情**

原告上海丽兴房地产有限公司（以下简称丽兴公司）诉称：2010 年 5 月，丽兴公司与被告上海领先餐饮管理有限公司（以下简称领先公司）签订《香港广场房屋租赁合同》,将位于上海市淮海中路 283 号香港广场地下一层的 SBL-01、02、03 室房屋(以下简称系争房屋)出租给领先公司使用,租期 8 年。租赁期间,自 2015 年年底起,领先公司擅自将部分承租面积改变经营范围违反了合同约定,丽兴公司就此书面通知领先公司解除所签租约。现请求:(1)确认双方所签租约于 2017 年 10 月 31 日予以解除;(2)领先公司支付房屋空置期之租金、物业管理费、推广费、免租期租金等。

领先公司辩称并提起反诉称:其承租期间并无丽兴公司所述可构成解约事由之违约行为,丽兴公司书面通知解约时并未取得合同解除权,故对丽兴公司所称合同解除日期不予认可。即使部分租赁面积超范围属于违约,面积也较小,属于轻微违约,不属于根本违约。在履约期间实际支付租赁费用至 2017 年 11 月 30 日止,但期间丽兴公司于 2017 年 11 月 8 日擅自对系争房屋停水停电,导致领先公司无法继续承租并致租约于该日实际解除。领先公司就此提起反诉要求:(1)确认双方所签租约于 2017 年 11 月 8 日解除;(2)丽兴公司返还领先公司预付租金、物业费,返还租赁保证金,赔偿装修损失、因提前终止劳动合同向员工所支付之经济补偿金损失等。

上海市黄浦区人民法院经审理查明事实如下:

2010 年 5 月 8 日,丽兴公司与领先公司签订《香港广场房屋租赁合同》,将系争房屋出租给领先公司,约定:(1)系争房屋面积为 1802 平方米;(2)租期自 2010 年 9 月 18 日至 2018 年 9 月 17 日;(3)装修期内免租金,自 2010 年 5 月 18 日至 2010 年 9 月 17 日;(4)系争房屋仅限用作“日式美食广场”品牌下之商品经营用途;(5)系争房屋禁止领先公司进行转租、转包、出借、与他人交换或共同使用等非领先公司独立自用之行为;(6)如领先公司未按合同附件三所规定商品名称进行经营或在系争房屋内经营之主要产品或提供之主要服务或其类型不符合合同附件三所作规定,丽兴公司有权终止合同并要求领先公司交还房屋,合同自丽兴公司将终止合同通知书送达领先公司之日起即行终止;(7)当发生上述第 5 点、第 6 点所涉情形或领先公司提前解约时,丽兴公司有权没收领先公司缴付之全部保证金,领先公司在系争房屋之装修、装潢全部无偿归丽兴公司所有,并应付清本合同项下一切应付款项,包括已享用之装修期租金,且丽兴公司有权向领先公司追偿因领先公司违约导致的房屋闲置期之租金、物业管理费、推广费及其他费用;(8)合同附件三明确系争房屋所涉商品服务之商品名称为“日式餐饮”。

上海市黄浦区人民法院经审理查明，领先公司承租期间曾在系争房屋以“A& M Bakery”品牌售卖蛋糕甜品，丽兴公司就此明确告知领先公司该行为已违反房屋经营用途之限制规定，并要求领先公司立即停止“A& M Bakery”品牌经营。2016 年 2 月 29 日，领先公司回函称“A& M Bakery”系其特创品牌，主营美式主题蛋糕甜品。此后，领先公司仍继续以“A& M Bakery”品牌进行甜品经营。2017 年 9 月 29 日，丽兴公司向领先公司发出解除函，主张自 2017 年 11 月 1 日起解除租赁合同。2017 年 10 月 10 日，领先公司复函称丽兴公司解约行为缺乏合同和法律依据，如丽兴公司擅自解约，则须承担违约责任。2017 年 11 月 5 日，丽兴公司致领先公司《关于停止水电供应及收回房屋场地之通知》，告知领先公司最迟应于 2017 年 11 月 7 日 17 时清空并交还房屋。2017 年 11 月 8 日，因领先公司未予交还系争房屋，丽兴公司对系争房屋停止供应水电。因无法经营，领先公司搬离系争房屋。

上海市第二中级人民法院审理期间，领先公司提交“东京食尚”餐牌，主张其在经营期间一直存在中式、韩式菜系，丽兴公司从未提出异议，用以证明“东京食尚”中的日式风格是以日式为主的风格。二审中，双方当事人一致确认，“A& M Bakery”蛋糕店的经营面积约 30 平方米，其前身亦是蛋糕店；领先公司在系争房屋的经营以“东京食尚”统一名称对外推广经营。丽兴公司陈述其运营部负责租户的日常运营管理，会派员日常在现场巡楼查看，针对卫生、经营、管理等各项问题与租户沟通。

**裁判结果**

上海市黄浦区人民法院于 2019 年 5 月 13 日作出（2017）沪 0101 民初 31431 号民事判决，支持了丽兴公司有关合同解除及要求领先公司承担违约责任的本诉请求；支持了领先公司有关退还超付租金、物业管理费的反诉请求。一审审判后，领先公司依法提起上诉。

上海市第二中级人民法院于 2019 年 9 月 17 日作出（2019）沪 02 民终 6546 号民事判决，改判驳回了丽兴公司的诉请，支持了领先公司有关合同解除及赔偿损失的反诉请求。

**裁判理由**

法院生效判决认为，合同解除权系形成权，合同一旦解除对双方当事人权利义务影响巨大,法院应对合同解除权成就与否进行审慎审查。本案中,丽兴公司作为出租方主张行使合同解除权的理由难以成立,原因如下:

一是合同中虽有“日式美食广场”“日式餐饮”等约定,但其违约条款中亦有“或在该房屋内经营的主要产品或提供的主要服务或其类型不符合本合同附件三的规定”的约定,从“主要产品”“主要服务”的表述中,无法得出经营活动必须保证“纯日式”的结论。

二是根据领先公司在二审中提供的“东京食尚”餐牌以及双方当事人对“东京食尚”业态的描述可知,丽兴公司有专门工作人员对租户的卫生、经营、管理进行巡查,对领先公司在租赁期间的经营范围应推定为其知晓,且并无证据证明丽兴公司对此提出过异议。

三是“A& M Bakery”蛋糕店面积仅为 30 平方米,在 1800 平方米的整体租赁面积中占比极小,其前身亦是蛋糕店,品类并未更改,属于领先公司履约瑕疵,并非根本违约。丽兴公司在 2016 年 2 月发现领先公司经营美式蛋糕,直至 2017 年 9 月才行使解除权,其在长达一年多的时间内照常收租,其主要合同目的未受到影响。故丽兴公司的主张均缺乏依据,法院不予支持。丽兴公司于 2017 年 11 月 8 日擅自停止供应水电,致使领先公司无法按照租赁目的使用系争房屋,合同目的无法实现,领先公司主张租赁合同于该日解除,丽兴公司退还超付的租金、物业管理费及租赁保证金,符合法律规定,法院予以支持。

因丽兴公司的原因以致领先公司无法按照合同约定期限使用房屋,房屋的装修价值无法用尽,由此造成的损失领先公司要求照价赔偿具有事实及法律依据,法院予以支持。关于领先公司主张丽兴公司赔偿因提前终止劳动合同向员工所支付的经济补偿金,法院结合领先公司承租的面积及用工规模酌定支持 30,000 元。

## 案例注解

本案争议焦点是领先公司经营“A& M Bakery”品牌这一行为是否违反了合同约定?丽兴公司能否据此主张约定解除权?领先公司能否运用法定解除权维护自身权益?只有明确了这些前置问题,才能判断涉案租赁合同的具体解除日期,继而决定租赁保证金、装修残值损失、经济补偿金以及空置期和免租期租金的给付问题。根据《合同法》第九十三条、第九十四条之规定,合同解除权分为约定解除权和法定解除权,本案亦可从这两个维度并结合诚实信用原则展开分析。

## 一、丽兴公司主张的约定解除权不成就

### （一）对合同约定的合理解释

在个案审判中，要判断合同双方约定的解除条件是否成就，不能完全根据合同文本机械地确定合同是否解除，而应根据诚实信用原则先对合同争议条款的具体内容作出公平合理的解释，对当事人之间的利益进行权衡，实现实质上的公平正义。[①] 双方在合同中约定，“如领先公司未能按合同附件三所规定商品名称进行经营或在系争房屋内经营之主要产品或提供之主要服务或其类型不符合合同附件三所作规定，出现上述情形之一，丽兴公司有权终止合同并要求领先公司交还房屋，合同自丽兴公司将终止合同通知书送达领先公司之日起即行终止”，合同附件三约定领先公司承租该场地用于经营“日式餐饮”，能否通过这些条款得出领先公司经营活动必须保证“纯日式”的结论？根据《合同法》第一百二十五条之规定，[②]法律解释方法的位阶顺序应遵循文义解释、体系解释、目的解释的顺序。

首先是文义解释，即按照合同文本的字面意义进行的一种法律解释。合同约定，“主要产品或提供的主要服务符合本合同附件三的规定”，从“主要产品”“主要服务”的字面表述可知领先公司提供的主要商品服务为日式餐饮即可，且合同附件三约定的“日式餐饮”与“纯日式餐饮”这两个概念从字面来看显然非全等关系。其次是体系解释，即联系上下文、系统全面地分析某一文本的含义。[③] 领先公司提供的“东京食尚”餐牌显示，在该餐牌中除日式餐饮外还出现中式、韩式菜系，丽兴公司对此知晓，却未提出过异议，由此可进一步否定“纯日式”结论。最后是目的解释，即从现实需要的角度出发，以合理的目的所进行的解释。系争房屋地处综合性商业广场的地下一层，无论从经营面积、餐饮

---

① 最高人民法院民事审判第二庭编著：《〈全国法院民商事审判工作会议纪要〉理解与适用》，人民法院出版社 2020 年版，第 314~315 页。

② 《合同法》第一百二十五条规定：“当事人对合同条款的理解有争议的，应当按照合同所使用的词句、合同的有关条款、合同的目的、交易习惯以及诚实信用原则，确定该条款的真实意思。合同文本采用两种以上文字订立并约定具有同等效力的，对各文本使用的词句推定具有相同含义。各文本使用的词句不一致的，应当根据合同的目的予以解释。”《民法典》第一百四十二条第一款规定：“有相对人的意思表示的解释，应当按照所使用的词句，结合相关条款、行为的性质和目的、习惯以及诚信原则，确定意思表示的含义。”

③ 张志铭：《法律解释学》，中国人民大学出版社 2015 年版，第 105 页。

档次还是商业租赁合同的交易习惯来看,将“日式餐饮”解读为“纯日式”都不符合正常的商业逻辑。综上,将合同中“日式餐饮”解读为“纯日式”严格限制了领先公司的经营范围,不符合领先公司对合同内容的内心信赖,未能很好地维持双方当事人在租赁关系中的利益平衡,有违实质正义,不符合诚实信用原则的要求。

(二)履约瑕疵不能成就约定解除条件

通过上述对合同条款的解读可知,领先公司经营“A& M Bakery”品牌甜品并未违反合同约定,至多可能构成履约瑕疵。在这种情形下丽兴公司能否主张合同解除权?换言之,履约瑕疵能否成就约定解除条件?合同解除权设置的目的在于合同有效成立后,当出现主观或客观情况致使合同目的无法实现时,避免因固守合同拘束力而损害合同当事人一方或双方利益,乃至损害社会整体利益。[①]《合同法》第九十三条[②]赋予了当事人约定任意解除权的自由,但如果约定的解除条件过于宽泛,法院应依据诚实信用原则和鼓励交易原则,审慎判断解除条件是否成就,避免造成交易不稳定和社会资源的浪费。

诚实信用原则作为贯穿整个民商事交易的基本原则,在合同义务上应该有所体现。法院在解释合同条款、决定合同应否解除、确定违约责任时,应该根据诚实信用原则合理确定当事人的权利义务,加大对守约者的保护力度,强化对违约行为的制裁。是故,在判断约定解除条件是否成就时,不应完全根据合同条文机械地确定合同是否解除,可依据诚实信用原则综合考量以下三方面因素:

第一,违约方的过错程度。在坚持严格责任原则的背景下,过错因素在合同法的适用中也并非无用武之地。违约方的过错程度甚至能成为认定解除条件是否成就的决定因素。领先公司将仅占租用面积 1/60 的原本就经营蛋糕店的档口改造为美式蛋糕店,其变更面积较小、经营品类并未发生变化,过错程度显然较为轻微。

第二,违约行为形态。如果是非基于人身信赖关系订立的合同,尤其约定的内容针对类似违反附随义务这样的轻微违约行为时,法官在认定解除条件是

---

① 高丰美、丁光宇:《合同解除权行使“合理期限”之司法认定——基于 36 份裁判文书的分析》,载《法律适用》2019 年第 22 期。

② 《合同法》第九十三条规定:“当事人协商一致,可以解除合同。当事人可以约定一方解除合同的条件。解除合同的条件成就时,解除权人可以解除合同。”

否成就时应更加谨慎。履约瑕疵是典型的轻微违约行为,如果以此为由随意解除合同,不仅会破坏法律关系的稳定,更不利于当事人缔约目的的实现。

第三,违约行为的后果。如果合同一方已经履行了合同的主要义务,即便有显著轻微的违约行为,只要不影响合同主要目的的实现,就不宜根据合同文本机械地认定合同具备解除条件。本案中,领先公司每月按时支付租金,其经营业态也以日式餐饮为主,丽兴公司如期收取租金的合同目的亦未受影响,可视作领先公司已履行主要合同义务。

综上所述,领先公司的行为属于履行合同有轻微瑕疵,不影响丽兴公司的合同权利,为实现诚实信用原则衡平利益的功能,丽兴公司不能以领先公司存在履约瑕疵为由主张合同约定解除权。

## 二、丽兴公司擅自停止供应水电的行为构成根本违约

本案中,丽兴公司在发出合同解除函,要求解除合同并收回系争房屋被拒绝后,采取了停供水电的措施。领先公司主张丽兴公司擅自停止供应水电构成根本违约而要求解除合同,赔偿损失。法院支持了领先公司的主张,认为丽兴公司构成根本违约,领先公司因此具有法定解除权。法定解除权指由法律预先加以规定,当特定违约事由发生时,一方当事人享有直接解除合同的权利。我国《合同法》深受国际上近年来立法统一化潮流的影响,充分吸收两大法系及国际公约的立法经验,对法定合同解除条件作了较为严格的限制。《合同法》第九十四条明确规定了可行使合同法定解除权的五种情形,每种情形都以"不能实现合同目的"为限,即达到根本违约的程度方可行使法定解除权。

### (一)如何把握根本违约的判定标准

#### 1. 域外相关规定概览

"根本违约"一说最早起源于英国法。一开始英国法粗略地将合同条款划分为条件条款和担保条款,前者是指重要的根本性条款,后者则指次要的附属性条款,对前者的违反构成根本性违约,守约方享有要求解除合同的权利,而对后者的违反只能使守约方享有获取赔偿的权利。此种划分虽然简单明了,具有很强的可操作性,但却落入了形式主义的窠臼。正如阿蒂亚所言:"违反某些条款的后果取决于违约所产生的后果,其理由是,一方因违约而取消合同的权利,实际上是根据违约的严重性后果决定的,而不是由被违背的条款的类别决定的。"因此,英国法新增了一种条款——中间性条款,判断违反此类条款是否

构成根本违约时主要考虑违约的性质以及后果的严重性,并在司法实践中不断扩大此类条款的范畴。美国法将违约形态分为重大违约和轻微违约,对重大违约的判定有五方面的考虑因素,[①]其中有三种是从受损害方的角度出发的,主要考虑客观上违约后果的严重程度。德国法中虽没有"根本违约"这一概念,但根据《德国民法典》第三百二十六条[②]之规定,在决定债权人是否有权解除合同时,违约行为是否导致严重性后果,亦是其重要的判断标准。

2. 我国对根本违约制度的规定

在判断何为根本违约时,我国《合同法》吸收了两大法系的经验,尤为重视违约后果的严重性。《合同法》第九十四条明确将"合同目的落空"作为认定根本违约的唯一标准,[③]当事人一方违约行为严重影响到另一方根据合同有权期待的经济利益,而致使其订立合同目的落空时,方可构成根本违约。若要准确界定合同目的是否落空,首先需明确何为法律意义上的"合同目的"。换言之,什么样的"合同目的"才能受到法律保护,根据学界的一般理解,"合同目的"是指当事人意欲通过合同的签订和履行达致的某种结果,在实践中往往表现为各种经济利益。合同目的有时候以条款形式外化于合同之中,有时候则内含于意思表示之中,可以说,合同目的主要依靠合同条款来展现,又高于合同条款本身。在个案裁判中,当合同条款没有对某种目的进行书面约定时,裁判者应结合常理和交易习惯客观分析双方当事人能否达成对价,就合同目的进行判断。

(二)丽兴公司停供水电的行为是否导致合同目的落空

根据《合同法》第二百一十六条规定,出租人应当按照约定将租赁物交付承租人,并在租赁期间保持租赁物符合约定的用途。租赁合同的目的是承租人能够获得使用租赁物的权利,出租人应当依照合同约定向承租人交付租赁物,并且在租赁关系存续期间保持租赁物符合约定用途。如果出租方一直未能及

---

① 《美国合同法重述(第二次)》第二百四十一条规定的五种考虑因素:(1)受损害方在多大程度上失去了他所合理预期的从合同中应得的利益;(2)受损害方的损失在多大程度上是可以适当补救的;(3)如果受损害一方终止履行,有过失一方在多大程度上会遭受侵害;(4)有过失一方弥补过失的可信度;(5)有过失一方的行为在多大程度上符合"善意"与"公平交易"准则。

② 《德国民法典》第三百二十六条规定:"因迟延致契约的履行于对方无利益时,对方不需指定期限即可请求损害赔偿或解除全部契约。"

③ 《合同法》第九十四条规定:"有下列情形之一的,当事人可以解除合同:(一)因不可抗力致使不能实现合同目的;(二)在履行期限届满之前,当事人一方明确表示或者以自己的行为表明不履行主要债务;(三)当事人一方迟延履行主要债务,经催告后在合理期限内仍未履行;(四)当事人一方迟延履行债务或者有其他违约行为致使不能实现合同目的;(五)法律规定的其他情形。"

时履约，影响了承租人正常活动，可以认为合同目的落空。审判实践中，出租人停供水电的行为引发的纠纷较多，对于这种行为的法律评价，在实践中也会根据案情加以具体判断。如果合同中对出租人可以采取停供水电措施的情形加以明确约定，可以按照约定处理。一般而言，如果双方已经合意解除、租期已经到期而承租人拒不交还房屋的，在出租人已经提前告知的情形下采取停供水电的措施，不应承担赔偿责任。而本案中，虽然丽兴公司发出合同解除函并明确告知将采取停供水电的时间，但因领先公司对于解约行为提出异议，双方并未达成解约合意，其擅自停供水电的行为是违约行为。就领先公司的履行行为是否构成违约、是否符合解除条件的裁量权属于法院，丽兴公司应通过诉讼解决。

涉案合同系商业租赁合同，领先公司作为承租方，其签订合同的目的在于利用系争房屋进行商业活动以获取经济利益，丽兴公司作为出租方，其合同目的则是利用系争房屋收取租金。在合同履行过程中，领先公司如约按时缴纳租金，满足了丽兴公司出租房屋的合同目的，而丽兴公司于 2017 年 11 月 8 日擅自停止供应水电，使系争房屋失去了适租性，领先公司无法正常提供商品服务、获取经济利益，其合同目的因丽兴公司的违约行为落空。根据《合同法》第九十四条之规定，如果当事人一方有其他违约行为致使不能实现合同目的，对方当事人可以单方解除合同。因此，领先公司主张租赁合同于 2017 年 11 月 8 日解除，符合法律规定，依法应予支持，法院亦对丽兴公司的违约所致的后果及所应赔偿的损失依法进行了处理。

一审审判组织成员：严　奇　李　慧　单秀琴
二审审判组织成员：卢薇薇　王晓梅　王　珍
编写人：上海市第二中级人民法院　王晓梅　高　勇

# 上海市崇明区新村乡新浜村村民委员会诉徐某土地承包经营权出租合同纠纷案

## ——民事习惯的司法证成及适用

**关键词** | 习惯　证成　适用习惯

**裁判要旨**

《民法典》第十条沿袭了《民法总则》第十条的规定,处理民事纠纷,在法律没有明确规定且不违背公序良俗的情况下,可以将习惯作为裁判依据。作为裁判依据的习惯应当符合合法性、合理性、明确性特征,否则不能作为裁判依据。同时,民事习惯的证成应当全面、准确,说理论证应当充分。

**法条链接**

《民法典》第十条

《合同法》第六十一条

**案例索引**

上海市崇明区人民法院(2020)沪 0151 民初 1502 号(2020 年 5 月 20 日)

**基本案情**

原告上海市崇明区新村乡新浜村村民委员会(以下简称新浜村委会)诉称:2016 年 11 月 30 日,新浜村委会与徐某自愿订立了流转合同,约定徐某承租位于新浜村 1 组、2 组土地 309.59 亩,期限自 2016 年 11 月 30 日至 2023 年 11 月 30 日。合同签订后,新浜村委会即按约将土地交付给徐某使用。根据流转合同约定,徐某应于 2019 年 11 月 30 日前将 2020 年度土地流转租金 386,987.5 元付清,但徐某未付。现新浜村委会请求:徐某支付 2020 年度土地流转租金 386,987.5 元并要求解除合同。

被告徐某辩称:合同约定的租赁土地面积是 309.59 亩,但自己测量出来的是264亩,差距过大,不符合流转合同约定的面积。同时,田灌、道路等农田基础设施,应当由新浜村委会维修却未维修,从而影响生产。故不同意新浜村委会的诉讼请求。

上海市崇明区人民法院审理查明如下事实:2016年11月30日,新浜村委会与徐某自愿订立了流转合同,约定徐某承租位于上海市崇明区新村乡新浜村1组、2组309.59亩土地,期限自2016年11月30日至2023年11月30日。流转合同第三条载明:“该土地以农户委托村委流转方式流转给乙方经营,具体项目为:种植粮食蔬菜……”第六条第1款载明:“先付款后使用一次性支付:于每年11月30日前全部支付完毕。”

根据徐某申请,法院于2020年5月11日委托上海市瀛测测绘服务有限公司对争议土地面积进行测量,并在2020年5月13日出具了工程测量技术报告(TDQT-20-009),鉴定结论为:根据出租人(新浜村委会)指界面积是316.87亩、根据承租人(徐某)指界面积是290.27亩。针对双方指界测量的结果不一致,该测绘公司出具了情况说明:“……双方(新浜村委会与徐某)对土地界址范围的认定不一致,主要为土地出租方(新浜村委会)的界址位置以现场道路、沟、渠、树木等主要地形、地物为参照,同时将部分田垄纳入测量面积。土地承租方(徐某)的界址位置是以实际耕种面积为准,未将田垄纳入测量面积。”同时载明:“按照土地面积测量惯例,通常应当将耕种土地范围内的田垄纳入测量面积……”

**裁判结果**

上海市崇明区人民法院于2020年5月20日作出(2020)沪0151民初1502号民事判决:(1)新浜村委会与徐某于2016年11月30日签订的《上海市农村土地承包经营权流转合同》于2020年5月20日解除;(2)徐某于判决生效之日起七日内将位于上海市崇明区新村乡新浜村1组、2组土地316.87亩(新浜村委会与徐某签订的《上海市农村土地承包经营权流转合同》约定土地面积为309.59亩,具体四至界址以判决书所附航拍标示图蓝线内区域为准)腾退返还给新浜村委会;(3)徐某于判决生效之日起七日内支付新浜村委会土地租金182,361.23元(2019年12月1日起至2020年5月20日止)及相应的土地占有使用费(2020年5月21日起至实际腾退返还之日止,按照每年每亩1250元计算)。

判决作出后，双方当事人服判息诉，徐某在规定期限内自动腾退返还了涉案土地。

**裁判理由**

法院生效判决认为：本案争议焦点是租赁土地面积的四址界定。新浜村委会与徐某的分歧是：新浜村委会的界址范围以现场道路、沟、渠、树木等主要地形、地物为参照，同时将部分田垄纳入测量面积，实际测量面积为 316.87 亩；徐某将全部田垄排除在外，仅测量实际种植面积，实际测量面积为 290.27 亩，两者相差 26.6 亩。田垄是分开田亩的土埂或田间种植作物的垄，有辅助灌溉、区分地块、通行等作用，其本身也可种植作物。田垄是否属于可耕种面积，法律没有明确规定，但是土地承包人、承租人有排他性管理、使用田垄的权利，实践中没有争议。本案田垄实际上一直由徐某管理、使用。经实地调查，测量农用地的习惯做法是将耕种土地范围内的田垄纳入可耕种面积。测绘公司也认为，将耕种土地范围内的田垄纳入测量面积，符合土地面积测量习惯。

依法成立的合同，对当事人具有法律约束力，当事人应当按照约定全面履行自己的义务。新浜村委会将土地交付徐某使用，徐某作为承租人，应当按约于 2019 年 11 月 30 日支付 2020 年度租金 386,987.5 元，然而徐某未依约支付租金，显属违约。徐某辩称承租流转土地面积为 264 亩，与合同约定的 309.59 亩相差较大，但根据专业测绘机构实地测量和出具的情况说明，土地面积实际是 316.87 亩，已超过合同约定的面积 309.59 亩，即新浜村委会向徐某交付的土地符合合同约定，故徐某以土地面积不符合约定为由拒付租金的答辩意见，不符合本案实际，法院不予采信。另外，根据双方流转合同约定，涉案土地用于种植粮食、蔬菜，但根据法院现场勘查发现，涉案土地目前全部处于荒置状态，与合同约定的土地用途明显不符，造成了土地资源的严重浪费，也对土壤环境造成一定影响。合理利用土地和切实保护耕地是我国的一项基本国策。徐某作为土地承租人，理应按照约定方式合理使用土地。现徐某对涉案土地弃耕抛荒，严重违反合同约定，且未按约及时支付土地租金，故新浜村委会要求解除双方之间土地流转合同的诉请，法院予以支持。合同解除后，徐某不再享有涉案土地的占有、使用权，应将涉案土地及时腾退返还给新浜村委会。土地租赁合同存续期间，徐某作为承租人及时足额支付租金是其主要合同义务，故新浜村委会要求其支付租赁期间土地租金的诉请，法院亦予以支持，但租金金额应以法院确认的金额为准。

**案例注解**

《民法总则》第十条规定："处理民事纠纷，应当依照法律；法律没有规定的，可以适用习惯，但是不得违背公序良俗。"司法实践中，适用习惯解决民事纠纷的情形大量存在。相对于显性的法律规定而言，习惯作为补充性的法律渊源，其实质是隐性的行为规则。在法律规定阙如的情况下，适用习惯调整社会关系，具有正当性、合理性、可期待性，所以《民法典》第十条沿袭了《民法总则》第十条的规定，明确法官可以适用习惯处理民事纠纷，确定了习惯的补充法源地位。适用习惯解决纠纷的情况虽然存在，但目前缺少实务上的操作指引，笔者拟通过对习惯的分析，初步建立一个操作流程指引，以期对司法实务有所裨益。

## 一、习惯的界定与特点

### （一）习惯的界定

何为习惯？从词源上来看，"习惯"一词源于西汉末《大戴礼记·保傅》中的"少成若性，习贯之为常"。① 所谓"习惯"，也作"习贯"，即"习于旧贯"，也就是逐渐养成而又不易改变的生活方式，包括逻辑思维和行为模式，如今泛指一般地方的风俗、社会习俗和道德传统等。② 参照法律的部门划分，习惯可以分为民事习惯、刑事习惯和行政习惯。其中，民事习惯按照《中国民事习惯大全》解释为"人们在处理债权、物权、亲属、婚姻和继承等方面约定俗成的行为"。③ 此处所称习惯，仅指民事习惯。

从历史上来看，我国对民事习惯的调查有两次。清末维新变法运动的内容之一是开展大规模的民商事习惯调查。清末光绪年间至民国时期民法典颁布，先后搜集各地民事习惯资料汇总至宪政编查馆和修订法律馆等机构。1924 年出版了《中国民事习惯大全》，之后国民政府编纂了《民事习惯调查报告录》。这两次民事习惯调查运动为日后民事习惯入法积累了丰富的成果。④

① 高明：《大戴礼记今注今译》，台北，商务印书馆 1977 年版，第 112 页。
② 金秀丽：《论习惯的司法适用问题》，载《学术交流》2017 年第 11 期。
③ 施沛生：《中国民事习惯大全》，上海书店出版社 2002 年版，第 5 页。
④ 金秀丽：《论习惯的司法适用问题》，载《学术交流》2017 年第 11 期。

从理论层面上来看，专家学者对习惯的定义有所不同，主要有以下几种观点：其一，习惯是指在一定地域、行业范围内长期为一般人确信并普遍遵守的民间习惯或者商业惯例。[①] 民事习惯是指在某区域范围内，基于长期的生产生活实践而为社会公众所知悉并普遍遵守的生活和交易习惯。其二，习惯是人们长期生活经验的总结，它既是人与人正常交往关系的规范，也是生产生活实践中的一种惯性。[②] 其三，习惯是指一定地域内的社会成员，在长期共同的生产生活中自发形成并知悉认同、理性接受、反复沿袭，但尚未被国家法律认可的不成文行为方式和规则。[③] 通常作为民法渊源的习惯，限于习惯法，即国家认可的民事习惯。[④]

从立法和司法解释层面上来看，《宪法》《民法通则》《婚姻法》《收养法》《民事诉讼法》等多部法律均规定了习惯（法）的法律地位，适用民事习惯有着明确的法律依据。典型条款如下：《民法总则》及《民法典》第十条规定，"处理民事纠纷，应当依照法律；法律没有规定的，可以适用习惯，但是不得违背公序良俗"。《合同法》第六十一条规定，"合同生效后，当事人就质量、价款或者报酬、履行地点等内容没有约定或者约定不明确的，可以协议补充；不能达成补充协议的，按照合同有关条款或者交易习惯确定"。《物权法》第八十五条规定，"法律、法规对处理相邻关系有规定的，依照其规定；法律、法规没有规定的，可以适用习惯"。《最高人民法院关于适用〈中华人民共和国合同法〉若干问题的解释（二）》第七条规定了对"交易习惯"的认定，"下列情形，不违反法律、行政法规强制性规定的，人民法院可以认定为合同法所称'交易习惯'：（一）在交易行为当地或者某一领域、某一行业通常采用并为交易对方订立合同时所知道或者应当知道的做法；（二）当事人双方经常使用的习惯做法。对于交易习惯，由提出主张的一方当事人承担举证责任"。

综上，笔者认为，在民法范畴内，调整民事纠纷的习惯应当是民事意义上的习惯，或称民事习惯，而非其他习惯。习惯，是指针对同一事项，在某一群体、地域、时期、行业、领域内由一般社会成员所确信并遵守的观念及行为方式。

---

① 黄薇：《中华人民共和国民法典释义》，法律出版社 2020 年版，第 29 页。

② 王利明：《论习惯作为民法渊源》，载《法学杂志》2016 年第 11 期。

③ 王伯文：《民商事习惯的适用规则——重庆五中院判决重庆市信心农牧科技有限公司诉重庆两江包装有限公司买卖合同纠纷抗诉案》，载《人民法院报》2009 年 2 月 6 日，第 5 版。

④ 佟荣：《中国民法》，法律出版社 1990 年版，第 17 页。

（二）习惯的特点

从以上内容可知，作为处理民事纠纷的习惯，应当具有以下特点：

1. 合法性，即习惯不违反法律规定，不违背公序良俗。

2. 合理性，即该习惯已经长期存在，符合社会公众的日常生活、经验认知，符合社会主流价值观。

3. 明确性，即习惯的内容被一般社会公众在社会实践中所知悉、认同、遵守并反复沿袭，且对违反该习惯的后果作否定性评价，不存在歧义性认识。

## 二、习惯的法源补充作用

德国民法学家卡尔·拉伦茨认为，现今各国法制，在民事方面，无论其法典本身有无明文规定，几无不承认习惯为法源之一种，成文法自足至上的观念，再无存在的可能了。① 成文法不可能完美地囊括包罗万象的社会生活，这一点已成基本共识。成文法具有滞后性等特点，用习惯弥补成文法及合同条款"词不达意"的不足成为必要，主要表现为解释、补充当事人约定，补充法律规定，作为裁判依据三个方面。具体而言：

（一）解释、补充当事人约定

《合同法》第六十一条规定："合同生效后，当事人就质量、价款或者报酬、履行地点等内容没有约定或者约定不明确的，可以协议补充；不能达成补充协议的，按照有关条款或者交易习惯确定。"在以上土地租赁案件中，是否将田垄纳入租赁耕种土地面积内，合同条文没有明确，导致新浜村委会与徐某对此产生争议。根据测绘公司出具的情况说明以及农村土地承包中的习惯做法，应将部分与直接耕种面积配套使用，且由徐某管理、利用的田垄纳入合同的租赁面积，以达到合同目的。最高人民法院 2013 年发布的公报案例"陆永芳诉中国人寿保险股份有限公司太仓支公司保险合同纠纷案"中，二审法院认为该案原、被告双方已经就缴纳保费形成了"一定的交易习惯"，根据交易习惯，应由被告承担催缴义务。该案即按照当事人之间的交易习惯，补充了应由合同约定的被告的催缴义务。② 可见，用习惯填补合同漏洞是司法实践中的常见做法。

---

① ［德］卡尔·拉伦茨：《德国民法通论》（上册），王晓晔、邵建东、程建英、徐国建、谢怀栻译，法律出版社 2013 年版，第 18 页。

② 最高人民法院办公厅编：《中华人民共和国最高人民法院公报》（2013 年卷），人民法院出版社 2014 年版，第 528～530 页。

(二)补充法律规定

《物权法》第八十五条规定:"法律、法规对处理相邻关系有规定的,依照其规定;法律、法规没有规定,可以按照当地习惯。"针对相邻关系纠纷的处理,《物权法》明确可以适用当地习惯。《婚姻法》第二十二条规定:"子女可以随父姓,也可以随母姓。"但在少数民族地区,存在不随父或母姓的姓氏传统。《全国人大常务委员会关于〈中华人民共和国民法通则〉第九十九条第一款、〈中华人民共和国婚姻法〉第二十二条的解释》规定:"少数民族公民的姓氏可以从本民族的文化传统和风俗习惯。"可以看出,处理相邻关系的习惯和民族地区的姓氏习惯可以补充法律规定,取得了与成文法同等的适用效力。

(三)作为裁判依据

习惯可以为"无法可依"的社会矛盾提供裁判依据。典型的案件是"顶盆继承案"。该案原告持一份赠与公证文书起诉要求被告搬出其受赠与的房屋。原告称其兄长在生前将房屋赠与自己,被告是非法侵占。被告辩称,按照青岛市李沧区的习俗,其通过为死者戴丧发孝("顶盆"发丧)继承了房子。法院审理后认为,"顶盆"发丧虽然是一种民间风俗,但并不违反法律的强制性规定,所以法律不应当强制干涉而破坏已经形成的社会秩序,故判决驳回原告诉讼请求。[①]

## 三、民事案件中习惯之适用

习惯深嵌于社会生活,内化于人们的观念当中,有时很难举证。如果当事人在诉讼中主张适用习惯并进行了举证,那么法官有审查义务。在"法无规定"的情况下,法官的审查必须格外慎重:习惯是否存在?习惯的内容能否明确?习惯对当事人权利义务有何影响?如何在判决书中进行充分的论证?凡此种种。《民法总则》第十条及《民法典》第十条仅提供了一个找法规范,并不属于具体操作规范。法官更不能以"法无规定"为由拒绝裁判。处理该类案件,缺少相对统一、明确的操作规范。针对该问题,笔者拟将习惯的适用分为两个步骤来搭建操作流程指引:

第一步,有法律规定或者当事人约定,排除适用习惯。

---

① 龙微:《民事习惯论证的逻辑结构与可能——兼论民事习惯文本的引证》,载《山东法官培训学院学报》2018 年第 5 期。

如果存在法律规定,则不能适用习惯。比如,《合同法》第五十二条规定了一方以欺诈、胁迫的手段订立合同损害国家利益导致合同无效等情形。如果符合以上情形,应当直接认定合同无效,不得以习惯对抗法律规定。这里的法律是指广义上的法律,即依照《立法法》规定的享有立法权的国家机关制定的法律规范的总称,并非仅指享有国家立法权的全国人民代表大会及其常务委员会制定的法律、立法解释。

当事人约定排除适用习惯,存在两种情形:一是合同条款明确约定了相关内容,意思表示明确、具体,即使可能与习惯不一致,也应当尊重当事人意思自治,排除适用习惯;二是若合同条款约定不明确,但根据合同解释可以确定当事人意思表示的,则仍属于当事人约定的范畴,可以排除适用习惯。如依照体系解释方法,结合合同整体,推知当事人没有约定或者约定不明条款的真实意图。通过解释无法推知的情况下,才能考虑适用习惯。

第二步,若未发现排除适用习惯的情形,则要发现是否存在对应适用的习惯。这一步又细分为三个部分,分别是习惯的举证、习惯的证成、习惯的选择。

(一)习惯的举证

适用习惯的前提是存在习惯并予证明。证明习惯存在是举证责任的重要内容。按照民事证据规则,应当是"谁主张,谁举证",此为当事人的举证范畴。同时,如果需要依照习惯填补法律规定、解释或补充当事人的约定,或作为裁判依据,那么对习惯的调查就属于法官的职责范畴,法官需要依职权进行调查。"无论是习惯法还是习惯,由于其为非成文法法源,在诉讼中都应当作为一项事实由当事人承担举证证明责任。同时,习惯法作为一项法源,亦属于法官依法进行调查取证的事项。"①

(二)习惯的证成

习惯的证成需围绕习惯的三个特点进行,即分别进行合法性、合理性、明确性的证成。

1.合法性证成

习惯的合法性是论证的首要前提,违反法律规定、违背公序良俗的习惯不能适用。如《婚姻法》第七条规定三代以内的旁系血亲禁止结婚。三代以外的

① 沈德咏主编:《〈中华人民共和国民法总则〉条文理解与适用》,人民法院出版社2017年版,第166页。

旁系血亲结婚不违反《婚姻法》规定。有的地区至今存在不允许同宗结婚甚至“同姓不婚”的传统习惯，但该传统习惯与婚姻法规定相悖，不能适用。

2. 合理性证成

(1)符合长期性。习惯必须是长期存在或者在一定时期内存在，而非偶尔出现或在纠纷发生以后出现的。

(2)符合社会公众的日常生活、经验认知，即符合经验法则。所谓经验法则，是指符合人们从生活经验中归纳获得的关于事物因果关系或属性状态的法则或知识。[①] 习惯属于社会生活的一部分，内化于人的观念之中。

(3)符合社会主义核心价值观。《民法典》第一条将弘扬社会主义核心价值观作为民法典的立法目的。社会主义核心价值观是民族精神的高度凝练，融入法律后转化为规范性要求。能够用于处理民事纠纷的习惯，应当符合社会主义核心价值观的要求。

3. 明确性证成

(1)习惯的内容被社会公众在社会实践中所知悉。习惯可以被知悉。“习惯法作为人们生产生活中实际遵守的行为规则，相关内容应当是预先明确的，行为的界限是清晰的。”[②]若不能被公众所知悉、了解，则不可能成为行动指引。相应的内化于人们思维中的习惯表现于外部，体现在人们的行为中，所以习惯也是可以被证明的。

(2)习惯应当被社会公众所认同。若习惯虽然存在，并被公众知悉，但不能被一般社会成员认同，则不能适用，除非该习惯被当事人所明确认可。有观点称为“法的确信”。所谓法的确信，是指一般人所认为的，某一规则是众所遵从的，如不遵从，其所处的一定共同体的生活秩序将不能维续的信念。[③] 同时，法的确信并非指信其为制定法，而是指信其为一种规则，身处一定群体、一定地域、一定行业中的人都会遵守，从而在行为主体间产生一种规则的预期。对违反该习惯的后果引起的否定性评价，不存在歧义性认识。

(3)习惯必须被遵守。习惯的约束力必须得到社会公众的认可，并内化于心、自觉遵守。例如，在某些地方建造粪坑、汪溏、灰堆等，不能正对邻居家的门

---

① [日]新堂幸司：《新民事诉讼法》，林剑锋译，法律出版社2008年版，第375页。

② 王利明：《论习惯作为民法渊源》，载《法学》2016年第11期。

③ 王洪平、房绍坤：《民事习惯的动态法典化——民事习惯之司法导入机制研究》，载《法治与社会发展》2007年第1期。

窗;烟囱的安置不得正对邻居家的大门;航行中,装有粪便等污秽物的船只应当避让其他船只等,这些习惯都是人们在生产、生活过程中自发形成的,[①]并被共同遵守。

(4)习惯必须被反复沿袭。针对同一事项,习惯可以被反复沿袭,并对该事项予以调整。反复沿袭是客观要件,即构成习惯之事实的外在表现。只有反复沿袭的习惯才能被适用于裁判中解决民事纠纷。正如有的学者所言,法律之最根源,乃习尚,由习尚演变为惯例,再由惯例经法的意识,遂成习惯法。[②]

(三)习惯的选择

根据不同标准,习惯可以分为不同类型,如一般习惯和特殊习惯、当事人习惯和行业习惯、生活习惯和交易习惯、普通习惯和地域习惯等。

多种习惯的存在可能引起冲突。在同一案件中存在不同的民事习惯时,应当如何适用?借鉴域外经验,可以参照《美国统一商法典》的规定,处理规则是:当事人之间民商事习惯效力大于其他所有民商事习惯的效力;特殊民商事习惯的效力大于地区民商事习惯的效力;地区民商事习惯效力大于行业民商事习惯的效力;行业民商事习惯的效力大于一般民商事习惯的效力。[③] 在最高人民法院指导性案例"重庆市信心农牧科技有限公司诉重庆两江包装有限公司买卖合同纠纷抗诉案"中,一审法院认为,按照商业交易习惯,发票是结算凭据,卖方将发票交与买方持有,就意味着买方已经向卖方交付其货款。二审法院则认为,按照双方当事人的付款习惯,卖方先开发票,买方次月再付款,有别于一般商业习惯,买方持有发票并不意味着已经支付货款,所以对一审判决予以改判。[④] 该案存在行业习惯和当事人习惯的冲突,两级法院对习惯冲突的处理规则不同,判决结果截然不同。二审判决选择当事人习惯优先于行业习惯予以适用,更符合当事人意思自治的合同法精神。

---

① 汤建国、高其才主编:《习惯在民事审判中的运用——江苏省姜堰市人民法院的实践》,人民法院出版社 2008 年版,第 61~62 页。

② 林诚二:《民法理论与问题研究》,中国政法大学出版社 2000 年版。转引自王洪平、房绍坤:《民事习惯的动态法典化——民事习惯之司法导入机制研究》,载《法治与社会发展》2007 年第 1 期。

③ 王伯文:《民商事习惯的适用规则——重庆五中院判决重庆市信心农牧科技有限公司诉重庆两江包装有限公司买卖合同纠纷抗诉案》,载《人民法院报》2009 年 2 月 6 日,第 5 版。

④ 王伯文:《民商事习惯的适用规则——重庆五中院判决重庆市信心农牧科技有限公司诉重庆两江包装有限公司买卖合同纠纷抗诉案》,载《人民法院报》2009 年 2 月 6 日,第 5 版。

## 四、适用习惯应当注意的其他问题

1. 对适用习惯的说理论证务必充分

法官有义务对习惯进行说理论证。囿于部分习惯的模糊性，易使人们对习惯产生不同的理解。由于对习惯的查明和审核都需要法官的自由裁量，因此法官应当对习惯的查明、证成、冲突以及是否违背当事人意思自治、公序良俗等情况，结合有关法律规定、公平正义理念进行充分的说理论证。但实践中，判决主文的说理往往以“根据交易习惯”“根据惯例”等笼统性的语言予以表述，这样的说理往往达不到其应有的效果。

2. 对习惯应当进行全面调查，而不能仅局限于当事人举证的材料

不仅要查明有文字记载的习惯，更要查明没有文字记载却相沿成习的习惯。① 在对习惯的调查中，特别要注意不能轻视在非法律人士之中的细致调查，非法律人士虽然缺乏科学素养，但是常常会得到对法律关系之本质最为清晰的认识。②

3. 强化习惯在调解和执行中的作用

调解是司法实践中解决纠纷的一种重要方式，是构建多元化司法机制的重要内容。通过调解，法官居中斡旋，重组当事人的权利义务，以达成双方利益最大化，从而实现相互谅解，此种方式既节约了司法资源，又提高了办案效率。民事习惯根植于现实，其中体现的行为预期、合作方式、价值信念，有时与诉讼程序并不一致，甚至会产生矛盾，但与调解程序却较为投契。司法现状也表明，法官更愿意在调解程序中适用民事习惯。③ 同时，在生效的民事判决、裁定的执行过程中，应注意习惯的遵守和运用，结合民风民俗，妥善执行，以免引起当事人的反感、抵触情绪。如尽量避免在张贴执行通知书或公告时覆盖对联、福字等。

## 五、适用操作流程指引分析本案

第一步，审查是否有法律规定或合同约定致排除适用习惯的情形。首先，

---

① 景光强：《论民事习惯的司法适用》，载《山东审判》2017 年第 6 期。

② [德]萨维尼：《当代罗马法体系Ⅰ》，朱虎译，中国法制出版社 2010 年版，第 124 页。

③ 金秀丽：《论习惯的司法适用问题》，载《学术交流》2017 年第 11 期。

与耕种面积配套使用的田埂是否包括在土地流转面积之内,没有对应适用的明确的法律规范。其次,根据新浜村委会与徐某签订的流转合同,约定土地面积309.59亩,但与可耕种面积配套使用的田埂是否包括在内,合同未予明确。根据体系解释、目的解释等解释方法,也无法确定。

第二步,审查是否存在可适用的习惯。农村土地流转活动长期存在,有许多约定俗成的做法,本案存在适用习惯解决争议的可能。首先,习惯的举证。新浜村委会认为包括田埂并进行了举证:新浜村委会提供了以前的土地承包合同、租赁合同,证明农村土地承包、出租的习惯做法是将与耕种面积配套使用的田埂包括在流转面积内。其次,习惯的审查。为查明该习惯是否存在,法官实地走访了争议土地附近的承租人、村民,对流转面积是否包括配套使用的田埂,被调查对象表示,“田埂(埂)是在自己的地里,当然要一起租了”“承包土地约定了四至,四至内的都算自己的”“包括田埂在内村里都是这样做的,否则是没有道理的”。同时,向专业测绘公司咨询,其表示:“按照土地面积测量惯例,通常应当将耕种土地范围内的田埂纳入测量面积。”根据以上调查的事实,确认将配套使用的田埂包括在流转面积之内的习惯是存在的。最后,习惯的证成。该习惯没有违反法律规定,没有违背公序良俗,并且是长期以来农村土地承包、租赁活动中自发形成的通常做法,符合人们日常经验认知。同时,在农村土地承包、租赁等土地流转活动中均会遵守,已然形成内心确信,无须言明。如果不遵守,则会被给予否定性评价。该习惯符合了合法性、合理性、明确性特征。故该习惯可以用于补充新浜村委会与徐某合同约定,即配套使用田埂包括在309.59亩流转土地之内。

第三步,充分释法明理。经过对习惯的充分论证和调查,法官确认了习惯存在并可以适用本案,故在审理过程中充分向当事人释法明理。判决后,双方当事人服判息诉,徐某在规定期限内自动腾退返还了涉案土地。

审判组织成员:刘　凯

编写人:上海市崇明区人民法院　刘　凯

# 周某、沈某申请确定监护人案

## ——协议监护的相关问题探讨

**关键词**｜监护制度　协议监护　意思自治　有利于被监护人

### 裁判要旨

具有监护资格的人之间可以通过协议方式确定监护人。当未成年被监护人的父母已经死亡或者无法履行监护职责时，其他顺位的具有监护资格的人可以协商确定未成年人的监护人。但该协议行为必须遵循两大原则，即最有利于被监护人原则和尊重被监护人真实意愿原则。

### 法条链接

《民法典》第三十条

### 案例索引

上海市青浦区人民法院（2019）沪 0118 民特 1139 号（2019 年 12 月 10 日）

### 基本案情

申请人周某、沈某称，两申请人系夫妻关系，共同生育一女取名周某 2，周某 2 与俞某于 2017 年 10 月 2 日生育周某 3，周某 2 与俞某未办理婚姻登记。2018 年 8 月 1 日，周某 2 被俞某故意谋杀。现俞某被关押在看守所，周某 3 随两申请人共同生活。俞某母亲朱某于 2019 年 4 月 19 日与两申请人签订监护协议，同意由两申请人作为周某 3 的监护人。故两申请人向法院提出申请，要求确定两申请人作为周某 3 的共同监护人。

上海市青浦区人民法院经审理查明：申请人周某、沈某系夫妻关系，两人共同生育周某 2。朱某与俞某 2 原系夫妻关系，两人共同生育俞某。周某 2 与俞某于 2017 年 10 月 2 日生育一子，取名周某 3，周某 2 与俞某未办理婚姻登记手续。2018 年 8 月 1 日，周某 2 死亡。2018 年 8 月 2 日，俞某因涉嫌故意杀人罪被公安机关刑事拘留,现羁押在看守所。2019 年 4 月 19 日,两申请人与朱某签订监护协议,约定由两申请人获得周某 3 的监护权。

朱某到庭表示,监护协议是其本人签字,内容是其真实意思表示。俞某 2 到庭表示,对周某、沈某申请作为周某 3 的共同监护人没有异议。法官至看守所向俞某做谈话笔录,其表示对周某、沈某申请做周某 3 的共同监护人没有异议。

## 裁判结果

上海市青浦区人民法院于 2019 年 12 月 10 日作出(2019)沪 0118 民特 1139 号民事判决:指定周某、沈某为周某 3 的共同监护人。

## 裁判理由

法院生效判决认为,周某 3 的母亲周某 2 已经死亡,父亲俞某因涉嫌故意杀人罪被羁押,目前不具备监护能力。周某、沈某作为周某 3 的外祖父母申请作为周某 3 的共同监护人符合法律规定,且周某 3 的祖父母对两申请人的申请均无异议,故法院对申请人周某、沈某申请作为周某 3 共同监护人的申请,予以支持。

## 案例注解

本案确定未成年人监护人的方式称为协议监护,协议监护是我国《民法典》设立的众多监护制度中的一种。综观《民法典》的监护制度条文,我国的监护制度是“以家庭监护为基础,以社会监护为补充,以国家监护为兜底”[①]的具有中国特色的监护体系。以家庭监护为基础,是我国步入老龄化社会的发展需求,也是保护未成年人合法权益的基本要求。以社会监护为补充,是在父母及其他近亲属无法进行监护或者被监护人无具有监护资格的监护人时,由相应的社会组织履行监护职责。在家庭监护和社会监护都无法进行时,由国家监护进行兜底保障。

---

① 李建国:《关于〈中华人民共和国民法总则(草案)〉的说明——2017 年 3 月 8 日在第十二届全国人民代表大会第五次会议上的讲话》,载《民法总则立法背景与观点全集》编写组编:《民法总则立法背景与观点全集》,法律出版社 2017 年版,第 8 页。

## 一、我国《民法典》监护制度的基本内涵和类型

法学语境下的监护，起源于罗马法。罗马法中的监护是指由市民法赋予的、对那些因年龄原因不能自我保护的自由人给予保护的一种权利。监护人的含义来源于他们对被监护人的保护，他们犹如看守寺庙的人被称为寺庙保护人一样。[①] 我国民法上的监护是指对无民事行为能力人和限制民事行为能力人的人身、财产及其他合法民事权益进行监督和保护的法律制度。履行监护职责的人称为监护人，受到监督和保护的人称为被监护人。关于监护的性质，从监护人有资格对被监护人进行抚养和保护的角度来讲，监护是一种权利。从监护的不可放弃和利他性来讲，监护应当是一种义务和职责，而从监护人不履行监护义务，就会受到相应法律制裁的角度来讲，监护也是一种法律责任。因此，监护本质上是义务和职责，特定情况下表现为权利。

《民法典》在第一编第二章第二节规定了监护制度，包括未成年人监护与成年人监护两大类型。第二十六条至第三十九条对法定监护人范围和顺位、遗嘱监护、协议监护、指定监护、意定监护、监护人的职责、监护人履行监护职责应遵循的原则、撤销监护人资格、恢复监护人资格、监护关系终止等作出了明确的规定。

我国《民法典》规定的监护制度可以分为以下几种：

第一，法定监护。父母是未成年子女当然的法定监护人，其监护人身份始于子女出生时。当父母死亡或没有监护能力时，由有监护能力的祖父母、外祖父母、兄、姐和经村（居）民委员会或民政部门同意的、其他愿意履行监护职责的个人或者组织按顺序担任监护人。法定监护人主要是被监护人的近亲属，其顺序主要根据法定监护人与被监护人的亲疏关系、履行监护职责的便利程度以及社会生活习惯来确定。

第二，遗嘱监护。作为被监护人的父母，有权于生前通过遗嘱为被监护人指定监护人。以指定监护人为主要内容的遗嘱，应当符合一般遗嘱的形式要件和实质要件。

第三，协议监护。当有数位具有监护资格的人时，应当在尊重被监护人意

---

① 参见［意］桑德罗·斯奇巴尼选编：《婚姻·家庭和遗产继承》，费安玲译，中国政法大学出版社2001年版，第151页。

愿的前提下协议确定监护人。需要注意的是,参与协议的可以是同一顺序监护人,也可以是不同顺序监护人,即祖父母、外祖父母间可以协议确定监护人,祖父母(外祖父母)与兄姐间也可以协议确定监护人。

第四,指定监护。这里的指定监护包含两个方面:其一,具有监护资格的人对监护人的确定有争议的,当事人既可以申请村(居)民委员会或者民政部门指定监护人,也可以申请人民法院指定监护人。当事人对指定不服提起诉讼的,人民法院应当按照民事诉讼特别程序进行审理,视情况判决维持或者撤销监护人的指定。指定监护人时,人民法院应视情况征求有识别能力的被监护人的意思,根据法律规定的监护人的顺序进行指定。前一顺序的监护候选人对被监护人明显不利或无监护能力的,人民法院可以从后一顺序有监护资格的人中进行指定。其二,当监护人损害被监护人的人身或财产权益时,人民法院依据当事人的申请撤销其监护人的资格,并根据最有利于被监护人的原则重新指定监护人。

第五,意定监护。《民法典》首次确立了成年人意定监护制度,这是我国民法发展进程中监护制度的重要突破。意定监护是指具备完全民事行为能力的成年人可以与近亲属或者与自己关系密切的愿意承担监护职责的个人或组织协商确定自己的监护人。

第六,临时监护。对监护人的确定有争议的,在村(居)民委员会、民政部门或者人民法院指定监护人前,无人保护被监护人的人身、财产权利或其他权益的,由村(居)民委员会、民政部门或者其他有关组织担任临时监护人。当人民法院依相关人的申请撤销监护人资格并指定新的监护人,在新的监护人被指定前,应当视情况为未成年人安排必要的临时监护。因发生突发事件等紧急情况,监护人暂时无法履行监护职责,被监护人的生活处于无人照料状态,被监护人住所地的村(居)民委员会、民政部门应提供必要的临时监护。

第七,国家监护。当被监护人没有具有监护资格的人时,由民政部门或具备履行监护职责条件的被监护人住所地的村(居)民委员会担任其监护人。这些履行监护职责的机构既包括国家机关也包括基层群众性自治组织,其是代表国家履行监护职责的主体。

## 二、协议监护的基本内涵

本案适用《民法典》第三十条协议监护的规定,即"依法具有监护资格的人之间可以协议确定监护人。协议确定监护人应当尊重被监护人的真实意愿”。

首先,可以协议确定监护人的主体必须是具有监护资格的人,也就是《民法典》第二十七条和第二十八条规定的未成年人、无民事行为能力或者限制民事行为能力的成年人的监护人范围。对于未成年人而言,法律已经明确规定其父母为监护人,因此在未成年人的父母具有监护能力时,不允许与其他人签订监护协议,由其他人担任监护人。只有在父母死亡或者没有监护能力的情况下,其他法定监护人才可以通过协议方式确定监护人。

其次,充分体现了具有监护资格的人的意思自治。该条规定充分体现了具有监护资格的人的意思自治,更有利于监护职责的履行,保护被监护人的合法权益。需要注意的是,不得在具有监护资格的人之外确定监护人,而且最终确定的监护人不得随意更改。

最后,充分尊重被监护人的真实意愿。虽然有监护资格的人可以协议确定监护人,但在协议过程中,应当尊重被监护人的真实意愿,赋予被监护人根据其行为能力和自我意识自主作出选择的权利。协议确定监护人对被监护人的利益影响重大,应当充分尊重被监护人的意见,赋予其优先选择权和排除权等权利。监护人的最终确定要综合其他监护人的协商结果及被监护人的客观情况等多种因素综合判断,最大限度保障被监护人的身心健康。

本案中,被监护人周某 3 的母亲被杀害,其父亲因涉嫌犯罪被刑事羁押,父母均已无法履行法定监护责任。两申请人作为周某 3 的外祖父母,与周某 3 的祖父母同属第二顺位的具有监护资格的监护人范围,周某、沈某和朱某通过书面协议确定由周某、沈某作为周某 3 的共同监护人,符合法律规定的协议监护内容,该协议具有法律效力。虽然俞某 2 未参与协议的签署,但其事后表示对协议没有异议,故本案最终确定周某、沈某作为周某 3 的共同监护人。

### 三、协议监护制度的价值选择

确立协议监护的规定,充分体现了《民法典》监护制度的两大原则,即“最有利于被监护人原则”和“尊重被监护人真实意愿原则”,让依法具有监护资格的人在尊重被监护人真实意愿的前提下通过协商一致的方式确定监护人。这既是对我国司法实践经验的总结,也是顺应时代发展趋势,尊重和保障人权的具体体现。

(一)最有利于被监护人原则的价值选择

《民法典》的监护制度以保障被监护人最大利益为核心立法原则。例如,关于监护人的确立,之前的规定和做法是,遇到监护人异议或纠纷时必须经由居民委员会或村民委员会指定后,对指定结果不服才可以向法院提起诉讼,《民法典》对此作了修改,可以先经村民委员会或者居民委员会指定后再向法院起诉,也可以选择直接向法院起诉。同时要求有关单位应按照"最有利于被监护人的原则"确立监护人。《民法典》在规定监护责任主体履行义务时,要求必须以"最有利于监护对象"为原则,在未获得监护人同意的情况下不允许对其财物进行处置。

最有利于被监护人原则,在未成年人监护方面表述为"儿童最大利益原则",有学者认为,在处理任何涉及儿童利益的问题时,应考量以下要素:一定年龄及具备一定认知能力的子女的意见及情感;子女的精神、物质与教育的需求;子女的性别、年龄与其他相关的情况;改变子女的生活环境可能对其产生的影响;父母以及其他利害关系人的监护能力、监护意愿以及对未成年人的情感情况;保障儿童之利益的其他因素。[①] 也有学者认为,"儿童最大利益原则"应考虑以下几个方面因素:子女以及其父母的意愿;子女对学校、家庭等环境的适应情况;子女与其父母、兄弟姐妹以及其他相关人的关系;所有利害关系人身体与心智的健康情况。[②] 还有学者认为,"儿童最大利益原则"的实质内涵可分为积极因素、消极因素与其他因素,积极因素包括:儿童的意愿;儿童的年龄与性别;监护人对儿童的感情与态度;监护人的监护能力;儿童受教育环境的继续性与适应性。消极因素包括:监护人的不道德行为;监护人对被监护人的不当行为。其他因素包括:被监护人与兄弟姐妹的相处情况;第三人协助监护、照顾的便利性与可能性;被监护人与相关人的宗教、种族情况等。[③] 综合上述学者的观点,最有利于未成年被监护人的因素可以从以下几个方面考量:未成年人的意愿;未成年人近亲属特别是父母的意愿;未成年人生活环境的持续性;未成年人与近亲属特别是与父母的关系;未成年人能够接受良好家庭教育及学校教育的可能性;未成年人的监护人的情况包括经济情况、道德情况、身体健康情况,

---

① 参见陈苇、谢京杰:《论"儿童最大利益优先原则"在我国的确立——兼论〈婚姻法〉等相关法律的不足及其完善》,载《法商研究》2005 年第 5 期。

② 曹贤余:《儿童最大利益原则下的亲子法研究》,群众出版社 2015 年版,第 63 页。

③ 王洪:《论子女最佳利益原则》,载《现代法学》2003 年第 6 期。

等等。

最有利于被监护人原则,在成年监护方面,要求监护人代为行使民事权利的过程中应尽量遵循被监护人的真实意愿,保护并帮助被监护人行使与其行为能力相当的权利。在被监护人行为能力范围内,监护人无权干预。《民法典》的立法精神强调的是要尊重成年被监护人自主处理个人事务的意志自由,强调尊重被监护人的人格权,逐步实现传统消极保障与积极辅助的结合。

强调以最有利于被监护人为原则,尊重被监护人的自我决定权是现代各国监护立法中倡导的重要立法理念。《民法典》总则编中的诸多条款正体现了监护立法的理念更新,体现了我国监护立法水平的进步,为保护被监护人的权益提供了保障,彰显了我国现行监护制度的优越性。

从本案实际情况来看,被监护人周某3不满10个月时,其母亲周某2被杀害,父亲被刑事羁押,之后周某3一直由外祖父母抚养,周某3的祖父母已经离异,其各方签署的监护协议,无论从生活环境的持续性,还是与监护人的亲密程度等方面考量,均符合最有利于被监护人的原则。

(二)尊重被监护人真实意愿原则的价值选择

我国《民法典》中的监护制度规定了尊重被监护人真实意愿原则,在规定设立监护责任主体、监护责任主体资格恢复、指定监护、协议监护等方面均强调对监护对象自由意志的尊重。① 虽然被监护人在意思能力、行为能力以及责任能力等方面与正常自然人相比存在一定的欠缺,但是这并不意味着他们不能为任何行为。为了更直接、全面、有效地保护被监护人的利益,很多国家都尊重被监护人的"自我决定权"。

尊重被监护人真实意愿并非简单地征求被监护人的意见,而是结合多种情况进行综合考量判断,探求其内心的真实想法与愿望。对于限制民事行为能力的未成年人和成年人来说,其已经具备了一定的认知能力和判断能力,具有较强的表达能力,在协议确定监护人时应该直接听取其意见,并对其意见是否反映内心真实意愿,结合其他因素进行综合判断。而无民事行为能力的被监护人,不具备独立的认知能力和判断能力,无法直接征求其意见,但这并不意味着其没有真实意愿。在实践中,对于无民事行为能力的被监护人,也要结合实际情况,探寻并充分尊重被监护人的真实意愿。例如,其与哪一个具有监护资格

---

① 李世刚:《〈民法总则〉关于"监护"规定的释义》,载《法律适用》2017年第9期。

的人生活联系最密切,哪一个具有监护资格的人对其照料时间最多等,这对于保护被监护人的身心健康具有重要意义。

综上,本案被监护人周某3在法院审理时仅有2周岁,不具备认知能力和判断能力,也没有明确的表达能力,无法从实际操作上探求被监护人的真实意愿。因此,法院通过相关事实调查,先确定与被监护人生活联系最为密切、对被监护人照料时间最多的一方,以上述事实为基础,判断具有监护资格的各方之间达成的协议是否反映了被监护人的意愿,是否有利于保障被监护人的最大利益,并据此作出本案判决。

审判组织成员:王媛媛

编写人:上海市青浦区人民法院　王媛媛

# 上海市青浦区练塘镇人民政府诉上海龙哲混凝土制品有限公司房屋拆迁安置补偿合同纠纷案

## ——重大误解中动机错误的审查及除斥期间的认定

**关键词**｜重大误解　动机错误　除斥期间

### 裁判要旨

表意人对相对人资格的认知错误是否构成重大误解须结合重大误解的构成要件进行审查,若相对人资格并非表意人在签订合同时考虑的重要因素,则对相对人资格的认知错误不构成重大误解。《民法典》实施后,基于重大误解产生的撤销权的除斥期间由《民法总则》规定的 3 个月变更为 90 天,自表意人应知或明知撤销事由之日起算,除斥期间经过后,撤销权消灭。

### 法条链接

《民法典》第一百四十七条、第一百五十二条

### 案例索引

上海市青浦区人民法院(2020)沪 0118 民初 9539 号(2020 年 8 月 31 日)

### 基本案情

2004 年 2 月 25 日,上海太阳岛国际俱乐部有限公司(以下简称太阳岛俱乐部)(甲方)与上海龙哲混凝土制品有限公司(以下简称龙哲公司)(乙方)签订第一份《租赁协议书》,约定:甲方将朱枫路 2399 号占地 68 亩的太阳岛东方红基地租赁给乙方做成型钢筋、钢筋混凝土生产基地使用;租赁期限自 2004 年 3 月 1 日至 2009 年 2 月 29 日;甲方保证东方红基地的现有设施归乙方使用,乙方可对内部的一些破旧房屋进行改造、场地基础施工、设备安装,但内部标准性建筑不能改建更不能拆除。

后经双方两次续签协议,租赁期限延续至2019年2月28日,除租金变更外,其余内容与第一份协议基本相同。龙哲公司承租土地实际用于混凝土生产制作,并依约交纳租金至2015年2月。

2015年4月17日,太阳岛俱乐部送达《解除〈租赁协议书〉通知书》给龙哲公司称:2015年3月,上海市规划和国土资源管理局执法队经调查确认,该生产基地的建立,擅自改变了土地的使用性质,并且擅自扩大了土地的使用面积,违反了相关法律的强制性规定,应当依法将该土地及擅自扩大使用的土地恢复至该生产基地建立前的状态。基于上述原因,根据法律规定太阳岛俱乐部决定自龙哲公司收到本通知书的第二日起,解除双方之间自2014年3月1日签订的《租赁协议书》,同时龙哲公司应停止使用该土地,该土地及擅自扩大使用的土地应恢复至该生产基地建立前的状态。

2015年9月9日,经上海市青浦区练塘镇建设用地减量化工作办公室委托,上海立信资产评估有限公司出具《龙哲公司实物资产搬迁和拆除损失补偿费评估咨询报告书》(以下简称评估报告):位于朱枫公路东方红大桥码头被搬迁和拆除的实物资产在评估基准日2015年6月30日的拆除补偿价值总计9,524,300元,其中本案涉及的固定资产补偿为配电房(北)58,065元、办公室北道路307,357元、土方工程2,288,880元、绿化37,750元、400号下水道50,592元、下水道13,709元、上水238,030元。

2015年9月11日,上海市青浦区练塘镇人民政府(以下简称练塘镇政府)(甲方)、龙哲公司(乙方)与上海市青浦区练塘镇泖甸村民委员会(丙方)签订《青浦区练塘镇建设用地减量化搬迁补偿协议》(以下简称减量化补偿协议),三方就乙方建设用地减量化搬迁补偿等事宜达成如下协议:(1)乙方自愿关闭企业,搬迁设备,腾空厂房,甲方对该建设用地实施减量化,并同意对乙方的房屋、土地使用权、设备搬迁、停产停业损失及职工经济补偿金等采用货币方式进行补偿;(2)乙方所有的房屋坐落在朱枫公路东方红大桥码头,实际用地面积43.43亩,实际建筑面积825.53平方米……(4)经上海立信资产评估有限公司评估,乙方建筑物综合评估总价为9,524,272元(详见评估报告);(5)乙方停产停业损失补偿1,797,075元;(6)按照本协议第三至五条,甲方共应补偿乙方合计11,321,347元……此款由练塘镇政府统筹补偿;(7)乙方应于2015年10月11日之前完成全部厂房搬迁(乙方自行负责房屋使用人搬迁),协议另对其他内容进行了约定。

龙哲公司已经实际领取到上述协议所涉补偿给协议“乙方”的全部款项11,321,347元。

2018年,龙哲公司以实际承租土地面积少于合同约定且前述减量化事宜导致其无法继续履行土地租赁合同为由,向上海市青浦区人民法院起诉太阳岛俱乐部,要求赔偿损失。上海市青浦区人民法院于2018年4月9日受理,案号为(2018)沪0118民初6053号,并追加练塘镇政府和上海市青浦区练塘镇泖甸村民委员会为第三人。该案在2018年6月22日第二次庭审过程中,练塘镇政府提交上述评估报告作为证据。上海市青浦区人民法院于2018年7月5日作出(2018)沪0118民初6053号判决,驳回龙哲公司的诉讼请求。龙哲公司提起上诉,上海市第二中级人民法院于2018年10月17日作出(2018)沪02民终8018号判决,驳回上诉、维持原判。龙哲公司申请再审,上海市高级人民法院于2019年12月30日作出(2019)沪民申154号裁定,驳回龙哲公司再审申请。

原告练塘镇政府诉称,练塘镇政府无从得知相关道路、下水管道、配电房、绿化等由谁投资,因为当时是龙哲公司在使用系争场地,在前期评估中评估公司按照龙哲公司的陈述将所有地上物都评估给了龙哲公司。练塘镇政府既没有向太阳岛俱乐部发布过减量化通知,也没有向太阳岛俱乐部核实过建造情况,就与龙哲公司签订了补偿协议。2020年1月3日,太阳岛俱乐部向练塘镇政府提出本案所涉减量化补偿款的主张,练塘镇政府才知道发生重大误解,故练塘镇政府于2020年4月2日起诉,请求撤销练塘镇政府与龙哲公司签订的减量化补偿协议第四条、第五条、第六条中练塘镇政府补偿给龙哲公司评估报告中涉及的配电房(北)58,065元、办公室北道路307,357元、土方工程2,288,880元、绿化37,750元、400号下水道50,592元、下水道13,709元、上水238,030元、停产停业损失50%计898,537.50元的补偿内容,龙哲公司退还上述总计3,892,920.5元的补偿款。

被告龙哲公司辩称,不同意练塘镇政府的全部诉请。(1)练塘镇政府不构成重大误解,本案争议的固定资产项目均为龙哲公司投入建造,所以补偿款应当给龙哲公司。且2018年1月,太阳岛俱乐部与上海市青浦区朱家角镇人民政府签订了清退项目补偿协议,已就朱枫公路2399号东方红基地上的资产和经营性损失取得了补偿,其中包含了龙哲公司的资产。(2)本案已过撤销合同的除斥期间,应当从2015年6月龙哲公司搬迁开始计算除斥期间,2015年减量化之后,土地被政府收走,村民委员会不再向太阳岛俱乐部收取租金,且龙哲公司一直与太阳岛俱乐部沟通减量化事宜,太阳岛俱乐部知道减量化的事情。

第三人太阳岛俱乐部述称,同意练塘镇政府全部诉讼请求。太阳岛俱乐部作为涉案68亩土地的合法使用权人及承租人,依法享有地上物的相关权益。1993~1995年,太阳岛俱乐部投入巨额资金,涉及对该区域的低洼地进行吹土、挖土、堆土工程,土地的生活用水上水系统及地下管道的铺设工程,土地平整压实工程,土地的硬化及道路混凝土浇筑工程,绿化工程,配电房建设工程等。2015年太阳岛俱乐部接到执法大队的确认,说太阳岛俱乐部擅自改变土地使用状态,所以太阳岛俱乐部向龙哲公司发出解除通知书,但是龙哲公司没有停止生产,太阳岛俱乐部对本案减量化补偿协议确实不知情。当时太阳岛俱乐部一直在处理太阳岛俱乐部的会员服务和员工劳动关系问题,没有时间和精力处理减量化权益被侵害的事宜。在减量化搬迁补偿过程中,太阳岛俱乐部没有被告知相关权利义务,被剥夺了受补偿的权利。在(2018)沪0118民初6053号审理过程中,太阳岛俱乐部才从练塘镇政府处拿到了减量化评估报告,得知自己的权益已被龙哲公司享有,在该案中太阳岛俱乐部要求另案主张这些利益。2019年10月19日,太阳岛俱乐部书面向练塘镇政府提出要追回相关地上物的赔偿款,练塘镇政府承诺赔偿,但一直未实际支付。故再审结果确定之后,太阳岛俱乐部在2020年1月3日开会过程中,向练塘镇政府主张本案所涉补偿款3,892,920.5元及相应利息损失。

**裁判结果**

上海市青浦区人民法院于2020年8月31日作出(2020)沪0118民初9539号民事判决:驳回练塘镇政府的诉讼请求。后各方当事人均未提起上诉,判决已生效。

**裁判理由**

法院生效判决认为,三方当事人存在如下争议:(1)练塘镇政府是否存在重大误解;(2)练塘镇政府起诉撤销合同是否已过除斥期间。

重大误解系行为人对行为的性质、对方当事人、标的物品种、质量、规格和数量等存在错误认识。但练塘镇政府自认,其系基于龙哲公司占有使用相关土地及地上物,而与龙哲公司签订减量化补偿协议,本案减量化补偿协议对合同相对人的身份、应付款项的性质、金额等描述清楚明确,故练塘镇政府不构成重大误解。

太阳岛俱乐部于2018年6月22日在(2018)沪0118民初6053号案件的第二次庭审过程中,已经提出其应享有减量化补偿款的一部分,故即使练塘镇政府和太阳岛俱乐部确实是当天才知晓部分补偿款应由太阳岛俱乐部获得的事实,练塘镇政府当时也应已知晓补偿对象、补偿款金额可能存在错误,练塘镇政府应当自2018年6月22日起的3个月除斥期间内行使撤销权。太阳岛俱乐部亦自认曾在2019年10月19日函告练塘镇政府主张减量化补偿款。故练塘镇政府至2020年4月才提起本案诉讼,已过除斥期间,上海市青浦区人民法院对练塘镇政府的诉讼请求难以支持。

**案例注解**

本案系表意人以对相对人身份资格存在重大误解为由请求撤销合同的案件。重大误解在《民法通则》及相关司法解释、《合同法》中均有相关规定。《民法典》吸收了相关规则,另作相应变更,在未来的法律适用过程中值得加以注意。关于相对人身份资格等动机错误是否可认定为重大误解,理论界存在争议。本案对动机错误比照构成要件进行分析认定,对分析和梳理相关法律适用问题具有典型意义。

## 一、重大误解的认定

### (一)重大误解的概念

重大误解是指行为人对于与民事法律行为有关的重大事项具有错误认识,并基于此种误解作出与自己的真实意思不一致的表示行为之情形。[①]

自愿原则,亦称意思自治原则,是民法的核心原则,民事法律行为中的行为人可在法律允许的范围内自由表达自己的真实意思,追求并承担因其意思表示而产生的法律后果。故若因自己原因但非出于故意而造成意思与表示不一致的,应给予行为人救济的机会。但为了维护市场交易秩序,保护善意相对人,应对上述救济加以限制,故我国法律规定误解须达到“重大”的程度,行为人才可申请撤销民事法律行为。

“重大误解”并非传统的民法概念。大陆法系国家和英美法系国家法律中

---

① 杨代雄:《民法总论专题》,清华大学出版社2012年版,第189页。

相对应的概念是“错误”。《国际商事合同通则》也使用了错误的概念，该通则第3.4条规定：“错误是指合同订立时对已存在的事实或法律所做的不正确的假设。”①

错误的类型，分为内容错误、表达错误和动机错误。内容错误是指表意人对合同相对人的身份、标的物的性质、数量、价格、合同类型等因素的认知错误。表达错误是表意人在表示过程中出现口误、笔误等错误。内容错误与表达错误均为表示错误。动机错误是表意人在意思形成阶段，对意思表示的内心起因产生的错误认识。

因表意人的动机，相对人是无法感知的，且动机多种多样，若动机错误也可纳入重大误解范围，则对相对人的利益、交易秩序造成较大的影响，理论界对表意人的动机错误是否应予以救济存在争议。根据是否区分表示错误和动机错误，从德国民法、我国台湾地区“民法”、日本民法比较法上的规定来看，存在“二元论”和“一元论”的不同理论。“二元论”认为应区分表示错误和动机错误，对于动机错误中只有构成重大性质错误的动机错误才予以救济，德国民法与我国台湾地区“民法”体现了上述理论。“一元论”则认为错误包括表示错误和动机错误，无须加以区分，动机错误构成意思表示内容时，可予以救济，但要考虑表意人和相对人的过错状态，综合考虑后再平衡各方利益，日本民法体现了上述理论。②

我国《最高人民法院关于贯彻执行〈中华人民共和国民法通则〉若干问题的意见（试行）》第七十一条规定：“行为人因对行为的性质、对方当事人、标的物的品种、质量、规格和数量等的错误认识，使行为的后果与自己的意思相悖，并造成较大损失的，可以认定为重大误解。”基于该表述，我国有学者认为，我国民法因循的是德国民法的“二元论”，或者呼吁按照德国民法关于“错误”的规范来构造重大误解。也有学者认为，我国民法因循的是法国民法传统对“错误”的界定——对实际存在事实的相反认识。③ 还有学者提出“统分结合”的模式，认为我国法律应当借鉴“一元论”和“二元论”中的合理性，统一规定动机错

① 最高人民法院民法典贯彻实施工作领导小组主编：《中华人民共和国民法典总则编理解与适用》（下），人民法院出版社2020年版，第733页。

② 徐妍：《浅析重大误解制度中的动机错误》，载《河南广播电视大学学报》2019年第3期。

③ 黄芬：《重大误解的解释论解析》，载《社会科学战线》2019年第12期。

误和表示错误均可救济，但同时列举可救济“错误”的范围。[①]

（二）重大误解的构成要件

《〈中华人民共和国民法总则〉条文理解与适用》认为，重大误解的构成要件，一般包括：（1）须有意思表示且意思与表示不一致，即表意人有效果意思和表示行为，且表示行为与效果意思不一致。（2）表意人须有不符合事实的认知错误。（3）表意人须无使表示与意思不一致之故意，若是表意人故意造成的，则表意人自己漠视自己的权益，应自行承担风险；这种不一致不是外力因素或对方当事人造成，否则可能成立乘人之危、欺诈、胁迫等其他情形；故意思表示不一致应系表意人自己的重大过失造成的。重大误解既包括表意人主动发出意思表示时的错误，亦包括相对人受领他人意思表示时的理解错误，但不包括受欺诈而致的错误。[②]（4）认知错误与意思表示之间须有因果关系。（5）认知错误须在交易上被认为“重大”，错误针对的是影响法律效果的重要事项，而不是非实质性事项。（注：无须造成重大损失这一要件。表意人发现存在重大误解就应允许撤销基于重大误解实施的民事行为，若已经造成了重大误解，则很可能合同已履行完毕，没有撤销合同的必要了。[③]）要件（1）、要件（2）、要件（3）是关于重大误解的基本构成要件，要件（4）、要件（5）则是重大误解的限制性要件，以维护交易安全。[④]

根据上述论述，我国民法对表示错误和动机错误原则上不做区分，但是在司法实践中，若动机错误构成对人的资格和物的性质的错误且对合同目的构成重大影响时，可以予以救济。如（2017）沪 0114 民初字第 8039 号民事判决中认为：被告法定代理人隐瞒事实，导致原告误认为原、被告存在父女关系，并将 Y 室房屋中的 2/4 产权份额赠与被告，其赠与行为系基于重大误解所致，可予撤销。

本案中，练塘镇政府称，龙哲公司与太阳岛俱乐部对部分项目由谁出资添

---

① 最高人民法院民法典贯彻实施工作领导小组主编：《中华人民共和国民法典总则编理解与适用》（下），人民法院出版社 2020 年版，第 733 页。

② 沈德咏主编：《〈中华人民共和国民法总则〉条文理解与适用》，人民法院出版社 2017 年版，第 982 页。

③ 最高人民法院民法典贯彻实施工作领导小组主编：《中华人民共和国民法典总则编理解与适用》（下），人民法院出版社 2020 年版，第 734～735 页。

④ 沈德咏主编：《〈中华人民共和国民法总则〉条文理解与适用》，人民法院出版社 2017 年版，第 982 页。

附存在争议，而练塘镇政府与龙哲公司签订减量化补偿协议前，既没有向太阳岛俱乐部发布过减量化通知，也没有向太阳岛俱乐部核实过建造情况，故练塘镇政府对本案相关的补偿项目的权利人身份，也就是减量化补偿协议的相对人的资格存在错误认知，构成重大误解。而龙哲公司则认为所有涉案补偿项目均由其出资添附，且太阳岛俱乐部在练塘镇政府和龙哲公司签订减量化补偿协议之前，已知晓减量化事宜，但并未提出相关主张。

由此可知，龙哲公司的效果意思与表示行为一致，而练塘镇政府受领龙哲公司的意思表示时亦未产生理解错误。龙哲公司对涉案补偿项目是否为其出资添附是应知且明知的。故本案存在两种可能：第一，若龙哲公司确实是涉案补偿项目的出资人，则不存在对事实的认知错误，缺乏要件（2），当然不存在重大误解。第二，若龙哲公司确非涉案补偿项目的出资人，却向练塘镇政府主张相应补偿款，而练塘镇政府确实不知事实，则龙哲公司存在欺诈，不符合要件（3），练塘镇政府的认知错误亦不属于重大误解。

另外，假设练塘镇政府确实对涉案补偿项目的出资人存在认知错误，将本应是太阳岛俱乐部出资添附的项目误认为是龙哲公司的项目，练塘镇政府可能存在减量化补偿协议相对方资格的认识错误，即存在动机错误。在此情形下，内在的动机错误需从练塘镇政府的外观行为上进行分析。

从外观行为来看，练塘镇政府明知涉案地块系太阳岛俱乐部出租给龙哲公司的，根据减量化的一般流程，其在签订减量化补偿协议之前，本应同时向作为涉案土地第一手承租人的太阳岛俱乐部发出涉案地块进入减量化范围的通知，要求太阳岛俱乐部提供出资建造相关建设项目的证据，以审查补偿对象、项目及金额。太阳岛俱乐部的经营和办公场所就在涉案地块邻侧，练塘镇政府通知太阳岛俱乐部并无现实困难。但练塘镇政府却称当时其只通知实际土地占用人龙哲公司涉案地块进入减量化范围，只与龙哲公司协商减量化补偿事项，而未通知太阳岛俱乐部，这不符合减量化的一般流程，也与常理不符。故若练塘镇政府所言属实，则练塘镇政府在实施减量化过程中并未将涉案土地第一手承租人太阳岛俱乐部的权益纳入其考量范围内，而是只考虑实际占有使用人龙哲公司的权益，在此情形下即使存在认知错误，该错误与意思表示之间也并无因果关系，补偿项目的出资人的身份不影响练塘镇政府对减量化补偿协议相对人资格的认定，不符合要件（4）、要件（5），故亦不成立重大误解。

## 二、基于重大误解而产生的撤销权的行使

撤销权,是指表意人对其已经作出的意思表示进行撤销,从而使整个民事法律行为的效力终局性归于无效的权利。[①] 撤销权是形成权,其存在影响着撤销权人与相对人之间法律关系的稳定性,为尽早明确存在被撤销可能的民事法律行为的效力,避免撤销权的滥用,《民法典》规定了撤销权的消灭事由。[②] 享有撤销权的权利人必须在法律规定的期间内行使,这一期间即除斥期间,除斥期间一旦经过,撤销权即消灭。并且撤销权的行使方式,必须是提起诉讼或仲裁,而不得由撤销权人以自行发出通知的方式行使。

《最高人民法院关于贯彻执行〈中华人民共和国民法通则〉若干问题的意见(试行)》第七十三条第二款规定,可变更或者可撤销的民事行为,自行为成立时起超过一年当事人才请求变更或者撤销的,人民法院不予保护;《合同法》第五十五条规定,有下列情形之一的,撤销权消灭:(1)具有撤销权的当事人自知道或者应当知道撤销事由之日起一年内没有行使撤销权;(2)具有撤销权的当事人知道撤销事由后明确表示或者以自己的行为放弃撤销权。虽然起算点不同,但除斥期间均规定为一年,《合同法》另规定了撤销权人可以放弃撤销权。《民法典》吸收了《合同法》的相关规定,但是作了相应的变更,首先取消了变更权,其次缩短了基于重大误解而产生的撤销权的除斥期间为 90 日(将《民法总则》规定的 3 个月作了变更),并且还设定撤销权最长保护期间为五年。

因重大误解情形中误解方是由于自己过失造成的,而相对方一般无过错,若存在过错一般也较小,没有欺诈、胁迫等主观故意,故应当适当偏向无过错的相对人,缩短表意人行使撤销权的时间。

本案中,太阳岛俱乐部于 2018 年 6 月 22 日已对涉案项目的权属提出异议,故练塘镇政府当时应知晓补偿对象可能存在错误,假设练塘镇政府存在重大误解从而享有撤销权,其也应自 2018 年 6 月 22 日起的 3 个月除斥期间内行使撤销权,但练塘镇政府在此期间内未行使撤销权,故除斥期间经过后,其撤销权已消灭,练塘镇政府于 2020 年 4 月 2 日才起诉,其诉请不应得到支持。

---

① 最高人民法院民法典贯彻实施工作领导小组主编:《中华人民共和国民法典总则编理解与适用》(下),人民法院出版社 2020 年版,第 751 页。

② 沈德咏主编:《〈中华人民共和国民法总则〉条文理解与适用》,人民法院出版社 2017 年版,第 1010 页。

综上,练塘镇政府签订减量化补偿协议时不存在重大误解,即使存在重大误解也已过除斥期间,故其以存在重大误解为由要求撤销其与龙哲公司签订的减量化补偿协议部分内容的诉请不应得到支持。

审判组织成员:陈菊芳

编写人:上海市青浦区人民法院　陈菊芳

# 丁某诉夏某其他合同纠纷案

## ——违反强制性规定之合同效力的认定

**关键词**｜合同效力　强制性规定　规范目的

**裁判要旨**

依法成立的合同，自成立时生效，对当事人具有法律约束力。违反法律、行政法规强制性规定可能导致合同无效，合同效力判断的标准在于被违反的强制性规定的规范目的，如果强制性规定涉及金融安全、市场秩序、公共安全等社会公共利益或涉及公序良俗，则应当认定合同无效；如果强制性规定无关公共利益或公序良俗，则一般不会因违反强制性规定而认定合同无效。

**法条链接**

《民法典》第一百五十三条

《合同法》第五十二条

《最高人民法院关于适用〈中华人民共和国合同法〉若干问题的解释（二）》第十四条

**案例索引**

一审：上海市杨浦区人民法院（2020）沪 0110 民初 2847 号（2020 年 6 月 23 日）

二审：上海市第二中级人民法院（2020）沪 02 民终 6965 号（2020 年 8 月 21 日）

**基本案情**

原告丁某诉称，丁某与夏某于 2019 年 9 月 6 日达成协议，签署《棋牌室合作协议》，约定丁某向夏某支付投资款 80，000 元，夏某转让 50%的经营权利，双方共享经营投资和收益，每天清理账目作相应分配。此外，双方还口头约定由丁某支付3个月房租的一半即25,500元。丁某按约支付给夏某投资款及房租共计105,500元。后丁某发现夏某没有合法证照,且未对账目进行每天清理和结算,故向夏某提出退出投资,夏某口头表示同意并退还5000元,其余未归还。现请求:(1)判令丁某与夏某签订的《棋牌室合作协议》无效;(2)判令夏某返还丁某资金105,500元;(3)判令夏某支付丁某资金占有利息,以105,500元为基数,自2019年9月23日起至实际支付之日止,按中国人民银行同期贷款利率计算。

被告夏某辩称,双方所签订的协议是有效的,夏某有营业执照,属于有证经营,不同意丁某的诉请。

上海市杨浦区人民法院审理查明事实如下:(1)夏某于2018年6月4日取得名称为"上海市杨浦区牌友会棋牌室"的个体工商户营业执照,夏某为经营者,经营范围为棋牌,经营场所为本市×××路×××号×××室,在本案一审辩论终结前尚未取得娱乐经营许可证;(2)夏某于2017年3月与本市×××路×××号×××室房屋的产权人黄某、范某签订租赁合同,约定月租金19,000元;(3)丁某与夏某于2019年9月6日签订《棋牌室合作协议》,约定丁某向夏某支付80,000元作为投资,夏某向丁某转让50%的经营权利,共同享受经营投资和收益;(4)丁某于2019年9月6日向夏某转账50,000元、9月10日向夏某转账55,500元;(5)夏某提供银行明细反映,其于2019年9月10日向范某转账51,000元、12月10日向范某转账34,000元,2020年1月16日向范某转账17,000元、3月17日转账51,000元。

**裁判结果**

上海市杨浦区人民法院于2020年6月23日作出(2020)沪0110民初2847号民事判决:驳回丁某的全部诉讼请求。一审宣判后,丁某依法提起上诉。

上海市第二中级人民法院于2020年8月21日作出(2020)沪02民终6965号民事判决:驳回上诉,维持原判。

**裁判理由**

法院生效判决认为,夏某经营棋牌室未获经营许可证确实违反了行政法规和本市相应规范性文件的规定,但是根据《最高人民法院关于当前形势下审理民商事合同纠纷案件若干问题的指导意见》的精神,对行政法规的强制性规定应当区分是效力性强制性规定,还是管理性强制性规定,不得扩大无效合同的范围。丁某与夏某所订立的合同,不涉及国家金融安全、市场秩序、国家宏观政策等公序良俗,夏某未获得娱乐经营许可证系违反了管理性强制性规定,不影响丁某与夏某之间的合同效力。丁某与夏某之间的合同系双方真实意思表示,且已实际予以履行,根据双方的协议内容以及在案证据,均能对应棋牌室的经营及租金情况,故对丁某主张合同无效的诉请不予支持。

**案例注解**

《民法典》之前,因违反法律、行政法规的强制性规定而致合同无效的规则,在《民法总则》和《合同法》中均有体现。《民法总则》第一百五十三条第一款规定,违反法律、行政法规的强制性规定的民事法律行为无效,但该强制性规定不导致该民事法律行为无效的除外;《合同法》第五十二条第五项规定,违反法律、行政法规的强制性规定的合同无效;《最高人民法院关于适用〈中华人民共和国合同法〉若干问题的解释(二)》将上述将导致合同无效的强制性规定进一步界定为效力性强制性规定;《最高人民法院关于当前形势下审理民商事合同纠纷案件若干问题的指导意见》更具体地指出,对于法律、行政法规的强制性规定,要注意区分效力性强制性规定和管理性强制性规定,违反效力性强制性规定的,应当认定合同无效;违反管理性强制性规定的,应当根据具体情形认定其效力。

《民法典》出台后,有关违反强制性规定的合同有效与否的判断规则统合在了"总则编"有关民事法律行为的规定之中,[①]其中第一百四十三条规定,民事法律行为的有效要件之一是"不违反法律、行政法规的强制性规定,不违背公序良俗"。第一百五十三条规定:"违反法律、行政法规的强制性规定的民事法律行为无效。但是,该强制性规定不导致该民事法律行为无效的除外。违背公序良俗的民事法律行为无效。"《民法典》对"违法无效"规则的立法表达与此前的法律规定基本保持一致。而在司法实践中,对导致合同无效的"法律、行政法规的强制性规定"的界定一直存有争议,个案中违反强制性规定是否对合同的效力认定产生影响也需要法官根据案情进行具体判断。本案中双方当事人争议的焦点在于,在一方未取得相关行政许可的情形下双方所订立的合作经

① 《民法典》第五百零八条规定:"本编对合同的效力没有规定的,适用本法第一编第六章的有关规定。"

营合同是否有效。这就涉及违反“法律、行政法规的强制性规定”对合同效力影响的适用问题。以下,笔者将以正确把握强制性规定的性质,进而妥善认定其对合同效力的影响为目标,探索司法实践中认定导致合同无效之强制性规定的一般路径。

## 一、强制性规定的内涵

强制性规定,是指其适用不以当事人意志为转移、不能通过约定予以排除或变更的规定,这是相较于任意性规范而言的。强制性规定虽然不能通过约定予以排除或变更,但违反强制性规定并不必然导致行为无效,亦即强制性规定并不总是指向行为效力的。例如,《物权法》第一百九十一条第二款规定,抵押期间,抵押人未经抵押权人同意,不得转让抵押财产,但受让人代为清偿债务消灭抵押权的除外。从规范性质来说,该条规定应属强制性规定,在受让人不能代为清偿债务消灭抵押权的情况下,抵押人未经抵押权人同意不得转让抵押财产。但违反该条规定,并不会导致抵押人与受让人之间的买卖合同无效,只是不能产生物权变更的效果。有学者认为,强制性规定包含强行性规定和禁止性规定,即强制性规定是一个上位概念。就对合同效力的影响而言,强制性规定本身不会导致合同绝对无效,除非当事人以约定排除了某项强制性规定的适用。而违反禁止性规定,则有可能导致合同绝对无效。[①] 上述《物权法》第一百九十一条第二款属于强制性规定,而关于人体器官禁止买卖的规定则属于禁止性规定。

## 二、效力性强制性规定和管理性强制性规定的区分及其局限

《最高人民法院关于适用〈中华人民共和国合同法〉若干问题的解释(二)》第十四条将“强制性规定”进一步划分为效力性强制性规定和管理性强制性规定。所谓效力性强制性规定,是指法律及行政法规明确规定违反了这些禁止性规定将导致合同无效或者合同不成立的规定;或者是法律及行政法规虽然没有明确规定违反这些禁止性规定后将导致合同无效或者不成立,但是违反了这些禁止性规定后如果使合同继续有效将损害国家利益和社会公共利益的规定。而所谓管理性强制性规定,是指法律及行政法规没有明确规定违反此类

---

① 参见王轶:《民法原理与民法学方法》,法律出版社 2009 年版,第 246~248 页。

规范将导致合同无效或者不成立,而且违反此类规范后如果使合同继续有效也并不损害国家或者社会公共利益的规定。[①]

《最高人民法院关于适用〈中华人民共和国合同法〉若干问题的解释(二)》将导致合同无效的"强制性规定"范围限定在了"效力性强制性规定"范围之内,因此在判断合同效力时有必要准确识别管理性强制性规定和效力性强制性规定,以判断该强制性规定对于合同效力的影响。但由于效力性强制性规定与管理性强制性规定的两分法本身未必周延,且其各自的识别标准亦有待清晰。因此,在审判实践中,应注意避免将效力性强制性规定与管理性强制性规定的划分绝对化和机械化,不能简单地认为凡是行政管理性质的强制性规定都属于管理性强制性规定,绝对不影响合同效力。

## 三、"违法无效"规则中强制性规定的识别

效力性强制性规定与管理性强制性规定的两分法虽然并不能根本性地解决违反强制性规定的合同效力判断问题,但其提示我们违反强制性规定并不必然导致合同无效,我们应当具体地分析强制性规定的性质,进而通过一定的标准识别出将导致合同无效的强制性规定,并准确地认定合同效力。具体而言,可以从形式判断、类型化区分、规范目的等不同视角识别"违法无效"规则中的强制性规定。

### (一)形式判断

若有明文规定"违反……的合同无效",则显然违反的是效力性强制性规定。例如,《最高人民法院关于审理城镇房屋租赁合同纠纷案件具体应用法律若干问题的解释》第二条规定,出租人就未取得建设工程许可证或者未按照建设工程规划许可证的规定建设的房屋,与承租人订立的租赁合同无效;《最高人民法院关于审理建设工程施工合同纠纷案件适用法律问题的解释》第一条规定,承包人未取得建筑施工企业资质或者超越资质等级签订的建设工程施工合同无效。

### (二)类型化区分

1. "违法无效"规则之外的其他可能影响合同效力的法律规范

《民法典》第一百五十三条第一款前半句确认的"违法无效"规则只是合同

---

① 参见冀诚:《对我国合同法上强制性规定的类型分析》,载《北方法学》2012年第4期。

效力控制规则中的一种。我们首先需要将“违法无效”规则中的强制性规定与其他可能影响合同效力的法律规范中的强制性规定区别开来。

(1)权限性规范

权限性规范主要是明确当事人在实施法律行为时,不得超过法律有关的权限的规定。主要涉及行为能力、代理权、代表权等规范。违反这类规范的合同最终也可能被认定为无效,但无效的原因并非违反了《民法典》第一百五十三条第一款所称的强制性规定,而是因为违反了相关的权限性规定而无效。

例如,《公司法》第十六条第一款和第二款规定,公司向其他企业投资或者为他人提供担保,依照公司章程的规定,由董事会或者股东会、股东大会决议;公司章程对投资或者担保的总额及单项投资或者担保的数额有限额规定的,不得超过规定的限额。公司为公司股东或者实际控制人提供担保的,必须经股东会或者股东大会决议。该条规定涉及公司决议的内外部效力问题。由于公司对外提供担保属于与公司财产、经营相关的重大事项,法律上设定强制性程序要求是基于维护公司利益的考量,但这是就公司决议内部效力而言的。就外部关系而言,虽然公司法定代表人未经公司股东会或董事会决议代表公司对外提供担保的行为构成越权代表,但如果相对人基于善意合理地相信公司代表人有代表权,则相对人和公司之间签订的担保协议是有效的,且公司应当继续履行。[①] 此类权限性规范并不构成直接致使合同无效的强制性规定。因为判断越权代表行为效力的依据应是《民法典》第五百零四条的规定,即法人的法定代表人或者非法人组织的负责人超越权限订立的合同,除相对人知道或者应当知道其超越权限外,该代表行为有效,订立的合同对法人或者非法人组织发生效力。而非《民法典》第一百五十三条第一款的规定。

(2)赋权性规范

赋权性规范旨在规定行为人实施特定行为必须有相应的授权,与“违法无效”规则中的强制性规定有根本性区别。

例如,《城市房地产管理法》第三十八条第四项规定,共有房地产,未经其他共有人书面同意的,不得转让。共有人未经其他共有人书面同意擅自转让共

---

① 《最高人民法院关于适用〈中华人民共和国公司法〉若干问题的规定(四)》第六条规定:“股东会或者股东大会、董事会决议被人民法院判决确认无效或者撤销的,公司依据该决议与善意相对人形成的民事法律关系不受影响。”

有房屋的行为属于无权处分行为，应依据无权处分的相关规定来判断合同的效力。根据《民法典》第五百九十七条的规定，因出卖人未取得处分权致使标的物所有权不能转移的，买受人可以解除合同并请求出卖人承担违约责任。言下之意，出卖人未取得处分权而处分标的物，并不影响该处分合同的效力，唯不能发生物权变动之效果而已。

（3）批准性规范

若法律规定某类合同须经批准始发生法律效力，则经批准属于合同的特别生效条件，而非"违法无效"规则中的强制性规定。未经批准的合同在效力形态上属于未生效。违反批准性规范，影响合同履行，不影响合同效力。例如，《中外合作经营企业法》（已失效）第十条规定，中外合作者的一方转让其在合作企业合同中的全部或者部分权利、义务的，必须经他方同意，并报审查批准机关批准。在未经批准之前，法院应当认定合同未生效；如果经报审批而未被批准，则合同确定地不生效，双方当事人均可以解除合同。

2. 典型的效力性强制性规范

最高人民法院于 2019 年 11 月发布的《全国法院民商事审判工作会议纪要》中对当前实践中已经基本达成共识的可以归入效力性强制性规定范畴的规范类型进行了整理，即下列强制性规定，应当认定为效力性强制性规定：

（1）涉及金融安全、市场秩序、国家宏观政策等公序良俗的强制性规定。例如，《银行业监督管理法》第十九条规定："未经国务院银行业监督管理机构批准，任何单位或者个人不得设立银行业金融机构或者从事银行业金融机构的业务活动。"

（2）交易标的禁止买卖的强制性规定，如禁止人体器官、毒品、枪支等买卖。

（3）违反特许经营的强制性规定，如未依法取得融资融券资格的单位或个人与用资人签订的场外配资合同。

（4）交易方式严重违法的，如违反招投标等竞争性缔约方式订立的合同。

（5）交易场所违法的，如在批准的交易场所之外进行期货交易。

3. 典型的管理性强制性规范

管理性强制性规定一般是行政管理性质的规定，包括关于经营范围、交易时间、交易数量等行政管理方面的强制性规定。

（1）单方约束规范

《公务员法》第五十九条规定，公务员应当遵纪守法，不得有下列行为：……

（十六）违反有关规定从事或者参与营利性活动，在企业或者其他营利性组织中兼任职务。这是对公务员相关行为的单方约束性规范。如果公务员违反该规定与相对人订立相关合同，合同的效力不能仅因公务员一方违反上述单方约束性规范而被认定为无效。

（2）经营范围、交易时间、交易数量类规范

《商业特许经营管理条例》第七条规定，特许人从事特许经营活动应当拥有成熟的经营模式，并具备为被特许人持续提供经营指导、技术支持和业务培训等服务的能力。特许人从事特许经营活动应当拥有至少 2 个直营店，并且经营时间超过 1 年。《最高人民法院关于不具备"拥有至少 2 个直营店并且经营时间超过 1 年"的特许人所签订的特许经营合同是否有效的复函》中明确："两店一年"属于行政法规的管理性强制性规定，特许人不具备上述条件，并不当然导致其与他人签订的特许经营合同无效。

（三）非典型强制性规定的性质识别

司法实务中，当我们通过前述的形式考察和类型化区分方法仍难以判断某一强制性规范究竟是否属于效力性强制性规范时，《全国法院民商事审判工作会议纪要》建议我们首先将该强制性规范纳入《民法典》第一百五十三条的考察范围，然后再通过考察规范对象和进行法益衡量等方式予以综合判断。

1. 考察规范对象

强制性规范规制的对象究竟是意思表示本身、主体准入条件，还是合同缔约方式、时间、场所等要素，或者是合同履行行为。一般而言，合同内容违法，表明行为被禁止，原则上应当认定无效。主体违法、要素违法，表明行为本身并未被禁止，原则上不应当认定合同无效；但违反出于金融安全、市场秩序、公共安全等考虑而设置的主体准入、缔约方式及交易场所等限制规范的除外。履行行为违法，一般不影响合同效力，即影响合同效力的违法要素应当是缔约过程中的因素，履行进程中的违法要素一般不影响合同效力。比如，耕地租赁合同中，双方约定用途为耕种，履行过程中承租人将耕地作为建设用地使用，该履行行为违法但不影响租赁合同效力。

2. 进行法益衡量

通过以上步骤对合同效力作出初步判断后，还需要通过法益衡量来进行检验和校正，从而最终确定合同效力。运用法益衡量方法时可以细化为两个步骤：一是看行为在客观上是否损害强制性规范旨在保护的公共利益。二是看强

制性规范所要保护的法益是否超过合同自由这一法益。当强制性规范所要保护的是人身和人格利益、基本政治权利和民事权利，或者是金融安全、市场秩序、公共安全等公序良俗时，可认为其优先于合同自由。除此之外，在法益衡量的过程中，还应当考察违法行为的法律后果、是否涉及交易相对人保护问题、合同是否已经履行等因素。

（四）违反规章、政策的强制性规定的合同效力问题

单纯从规章、政策的效力层级上看，规章、政策中即使有强制性规定，也不能构成“违法无效”规则中的强制性规定。但违反规章或政策，并非绝对不影响合同效力。当违反规章、政策同时构成违背公序良俗时，仍可以导致合同无效。

对于违反规章、政策是否构成违背公序良俗的判断标准，应当考察规范对象、监管强度、交易相对人保护、社会影响等因素。其中，对监管强度的判断可以依据规章中对于违反后果的规定是否涉及刑事犯罪，如果仅导致行政处罚，则说明监管强度较弱；如果涉及刑事犯罪，则需要在认定合同效力时加以考虑。值得注意的是，一般只有中央、国家层面的政策可以认定为公序良俗，而违反部门政策、地方政策的合同，一般不宜以违背公序良俗为由认定无效。

## 四、小结

我们在结合《民法典》第一百五十三条的规定判断合同效力时，首先应当确认合同满足一般民事法律行为的成立和生效条件，如果满足一般生效要件，合同通常是有效的；其次在合同内容涉及法律、行政法规的强制性规定时，要对强制性规定的性质、规范目的进行综合分析，进而具体判定其对于合同效力的影响。

就本案而言，合同的双方当事人都是完全民事行为能力人，在意思表示自由的情形下以书面形式签订了《棋牌室合作协议》，该合同依法成立且有效。双方的合作协议涉及娱乐场所经营，经营者需要取得相关资质并办理相关行政许可手续。一方当事人未办理娱乐经营许可证属于违反了行政管理性规定的行为，该行为并未损及社会公共利益，亦不构成违背公序良俗的情形，故并不影响合同本身的效力，但合同中所规定的双方权利义务对双方均有法律约束力。

一审审判组织成员：周　俞
二审审判组织成员：邬　梅
编写人：上海市第二中级人民法院　梁　芳

# 陈某诉浙江泰舜建设有限公司、王某、永城兆隆房地产开发有限公司民间借贷纠纷案

## ——股东加盖虚假公章对外以公司名义提供担保的效力认定

**关键词**｜公章真伪　合同效力　无权代理

### 裁判要旨

合同所加盖公章的真伪，并非判断合同应否对公章指向的法人或非法人组织发生法律效力的唯一标准。除此之外，还应判断行为人要素。首先，应当审查行为人是否有代表权或代理权，若行为人有代表权或代理权，即使公章为假，公司亦应受合同拘束；其次，若行为人越权代表或无权代理，则应根据合同相对人主观上的善意或恶意状态，判定合同应否对公司发生法律约束力。

### 法条链接

《民法典》第一百七十条、第一百七十一条、第一百七十二条、第五百零四条

《公司法》第十六条

### 案例索引

一审：上海市普陀区人民法院（2016）沪0107民初10528号（2016年9月27日）

再审：上海市第二中级人民法院（2019）沪02民再83号（2020年4月10日）

### 基本案情

2013年3月29日，浙江泰舜建设有限公司（以下简称浙江泰舜公司）向陈某借款10,000,000元并出具借条。同日，陈某以银行转账方式交付借款。

2015 年 3 月 28 日，浙江泰舜公司控股股东、法定代表人王某以个人名义对上述 10,000,000 元借款本息向陈某提供担保。

2015 年 7 月 22 日，浙江泰舜公司（债务人）与永城兆隆房地产开发有限公司（保证人，以下简称永城兆隆公司）向陈某出具保证合同，载明永城兆隆公司同意对浙江泰舜公司欠陈某的 10,000,000 元借款本息承担连带担保责任。

陈某因多次催讨借款未果诉至法院，请求判令：（1）浙江泰舜公司归还借款本金 10,000,000 元及相应利息；（2）永城兆隆公司及王某对浙江泰舜公司上述债务承担连带担保责任。永城兆隆公司经法院合法传唤，未到庭参加诉讼。一审法院进行缺席审理并判决支持陈某的全部诉讼请求。

一审判决生效后，永城兆隆公司以涉案保证合同中永城兆隆公司的公章系伪造为由向法院申请再审，并提供司法鉴定意见书、永城市公安局经侦大队出具的情况说明等新证据证明公章伪造的事实，法院经审查后裁定再审。

再审审理中，永城兆隆公司称，王某伪造公章，未经公司机关决议擅自以公司名义对外提供担保，陈某亦未履行形式审查义务，永城兆隆公司无须承担担保责任。故请求驳回陈某对永城兆隆公司的诉讼请求。

陈某辩称，永城兆隆公司在经营过程中同时使用多枚公章，保证合同中的公章是永城兆隆公司常用公章之一。王某系永城兆隆公司的股东兼董事长，其有理由相信王某有权使用永城兆隆公司公章，王某的盖章行为属于职务行为，构成表见代理。债权人没有审查担保人公司是否作出董事会或者股东（大）会决议的义务，且本案属于无须公司机关决议的例外情形。

法院另查明：2010 年 3 月 11 日，永城兆隆公司的股东由王某（95%）、朱某（5%）变更为上海浦联房地产发展公司（60%）、王某（40%）。同日，永城兆隆公司的法定代表人由王某变更为常某。2019 年 3 月 7 日，永城市公安局在王某涉嫌职务侵占一案的侦查过程中，委托浙江汉博司法鉴定中心对包括涉案保证合同在内的 11 份检材进行司法鉴定。2019 年 3 月 25 日，浙江汉博司法鉴定中心出具司法鉴定意见：包括涉案保证合同在内的 11 份检材中永城兆隆公司 4114810010131 印文与提供的样本印文不是出自同一枚印章。2019 年 4 月 16 日，永城市公安局经侦大队出具证明，载明“根据永城市公安局治安大队证明及相关证人证言，永城兆隆公司公章（编号为 4114810010131）于 2012 年 9 月 18 日前销毁，后备案使用的公章编号为 4114810014152……”

**裁判结果**

上海市普陀区人民法院于2016年9月27日作出(2016)沪0107民初10528号民事判决:(1)浙江泰舜公司应于判决生效之日起10日内归还陈某借款本金10,000,000元;(2)浙江泰舜公司应于判决生效之日起10日内支付陈某利息(以10,000,000元为基数,自2015年3月29日起至生效判决确定的履行之日止,按照年利率15%计算);(3)王某、永城兆隆公司应对上述判决主文第1项、第2项所确定的给付义务承担连带清偿责任。

上海市第二中级人民法院于2020年4月10日作出(2019)沪02民再83号民事判决:(1)维持上海市普陀区人民法院(2016)沪0107民初10528号民事判决第一项、第二项;(2)撤销上海市普陀区人民法院(2016)沪0107民初10528号民事判决第三项;(3)王某对上海市普陀区人民法院(2016)沪0107民初10528号民事判决第一项、第二项所确定的给付义务承担连带清偿责任;(4)驳回陈某的其余诉讼请求。

**裁判理由**

法院生效判决认为,永城兆隆公司提交的再审新证据可以证明涉案保证合同中的公章非其真实公章,但是假公章所签合同并非必然没有法律效力,涉案保证合同对永城兆隆公司是否具有法律效力仍应根据《公司法》《合同法》的相关规定综合确定。

首先,《公司法》第十六条规定,公司向其他企业投资或者为他人提供担保,依照公司章程的规定,由董事会或者股东会、股东大会决议。《公司法》第一百四十八条规定,董事、高级管理人员不得有下列行为:……(三)违反公司章程的规定,未经股东会、股东大会或者董事会同意,将公司资金借贷给他人或者以公司财产为他人提供担保。根据上述法律规定,公司对外提供担保必须以董事会或者股东(大)会的决议作为授权的基础和来源,且法律明确禁止董事、高级管理人员私自以公司财产对外提供担保。本案中,签订涉案保证合同时,王某是永城兆隆公司持股40%的股东及高级管理人员,但不是该公司的法定代表人。现无证据证明永城兆隆公司就涉案保证合同作出了董事会或者股东(大)会决议,王某未经合法程序,擅自以永城兆隆公司名义对外提供担保,显然属于无权代理,故陈某关于王某在涉案保证合同中盖章系职务行为的主张缺乏事实依据,不予支持。

其次,《合同法》第四十九条规定,行为人没有代理权,超越代理权或者代理权终止后以被代理人名义订立合同,相对人有理由相信行为人有代理权的,该代理行为有效。本案中,陈某虽主张涉案保证合同系“公司为其直接或者间接控制的公司开展经营活动向债权人提供担保”,属于无须董事会或者股东(大)会决议的例外情形,但其并未提供有效证据证明永城兆隆公司直接或者间接控制了浙江泰舜公司,该主张依据不足,不予支持。鉴于现行法律早已就公司对外提供担保程序作出明文规定,陈某理应知晓并遵守,不得以不知道法律有规定或者对法律有不同理解为由而免于适用该法律,故陈某作为担保权人,接受永城兆隆公司担保时有义务对公司机关决议进行形式审查。陈某在再审庭审中自认,签订涉案保证合同时并未要求王某出示永城兆隆公司董事会或者股东(大)会同意担保的决议。陈某仅因王某的股东、高级管理人员身份就信赖王某具有以永城兆隆公司名义对外提供担保的权限,未尽必要的审查义务,自身存在一定过错,不构成对王某无权代理行为的善意,不受表见代理制度的保护。

综上所述,涉案保证合同对永城兆隆公司不具有法律效力,永城兆隆公司无须对浙江泰舜公司的借款承担连带担保责任。

## 案例注解

本案的争议焦点系永城兆隆公司应否对涉案借款承担连带担保责任。而对这一争议焦点问题的回答必然涉及一个基础的法律问题,即当合同上加盖的当事人公章确定系伪造公章时,合同的效力状态应如何判定。表面上看,公章既然系伪造,就不能代表公司意志;既然不能代表公司意志,相当于公司并未参与合同订立,则合同不能对该公司产生法律效力。但是,公司毕竟是一个法律拟制主体,其对外交往行为均需通过特定自然人得以完成。而根据现有法律体系的制度设计,当行为人有权代理或代表公司时,该行为人以公司名义对外签订的合同,对公司发生法律效力,比如,《民法典》第六十一条第二款规定,法定代表人以法人名义从事的民事活动,其法律后果由法人承受;《民法典》第一七十条第一款规定,执行法人或者非法人组织工作任务的人员,就其职权范围内的事项,以法人或者非法人组织的名义实施的民事法律行为,对法人或者非法人组织发生效力。即在该两种情况下,即使相应合同上未盖有公司公章,合同亦对公司发生法律效力。可见,公章为假并不必然导致合同对公司不发生法律效力。

问题的另一个方面在于,如果出现行为人越权代理或越权代表的情况,则对相关合同效力的判断还需考察相对人的主观状态。比如,《民法典》第一百七十条第二款规定,法人或者非法人组织对执行其工作任务的人员职权范围的限制,不得对抗善意相对人;《民法典》第五百零四条规定,法人的法定代表人或者非法人组织的负责人超越权限订立的合同,除相对人知道或者应当知道其超越权限外,该代表行为有效,订立的合同对法人或者非法人组织发生效力。而相对人主观善意或恶意的具体判断需要结合相关法律,如《公司法》的规定综合考量。

## 一、"假公章"所签合同的效力认定

公章是公司处理内外部事务的印鉴,用以代表公司意志。通常来说,加盖公司公章的合同,权利义务应当由公章显示的主体享有与承担,即合同行为的法律后果应当由公司承担。但在实践中,有些公司除备案公章外另有多套公章,甚至有法定代表人或者代理人私刻公章,并在订立合同时恶意加盖非备案公章或者假公章,一旦发生纠纷,公司则以加盖的是假公章为由否定合同效力。对于公章是真是假,盖章之人应该比任何人都清楚,弃真公章不用故意选择假公章,本身就是不诚信的行为。如果仅仅因为加盖的是假公章,就不认可合同效力,无异于让不诚信的当事人从中获益,既对善意相对人不公,也不利于保护交易安全。

在"真人假章"(有代表权或者代理权的人加盖假公章)、"假人真章"(无代表权或者代理权的人加盖真公章)等"人章不一致"情况下,如何认定合同效力,存在不同观点。一种观点认为,应当着重考察盖章之人有无代表权或者代理权来认定合同效力,经合法授权之人即便加盖的是假公章,也应认定其构成有权代表或者有权代理,由公司承担法律后果。反之,即便加盖的是真公章,也未必产生合同有效的预期效果。另一种观点认为,合同上加盖公章的意义在于,该意思表示系公章显示的主体所为。假公章意味着该意思表示并非公司真实的意思表示,依法应当认定合同无效。反之,只要加盖的是真公章,即便盖章之人没有代表权或者代理权,也应由公章显示的主体承担民事责任。对于上述争议,《全国法院民商事审判工作会议纪要》第四十一条采第一种观点,确立了"看人不看章"的裁判思路,即应当主要审查签约人于盖章之时有无代表权或者代理权,从而根据代表或者代理的相关规则来确定合同的效力。与自然人不同,公司是一个组织体,需要通过特定自然人的盖章才能实现其意志。由于自然人本身也是独立的法律主体,合同内容是否为公章显示主体的真实意思、盖章之人有无代表权或者代理权均无法通过盖章行为本身直接得到确认,所以不宜过分夸大盖章的效力。确定自然人的行为是其个人行为还是代表公司从事的行为至关重要,法律后果亦迥然不同。

本案中,根据陈某的陈述,涉案保证合同中永城兆隆公司公章由王某加盖,该合同效力认定的关键在于签约之时王某有无代表权或者代理权,而不在于公章的真假。公章的真假往往需要以鉴定等方式来识别,要求相对人在每一次交易中核查公章真假既不具有可操作性,也不符合交易便捷原则。相较之下,核查盖章之人的身份及权限更具有可行性。王某系永城兆隆公司持股40%的股东及高级管理人员,但不是法定代表人,就其身份而言,并不当然享有以公司名义签订合同的权利。况且,《公司法》第十六条明确规定公司对外提供担保须经公司机关决议,现有在案证据无法证明永城兆隆公司作出过相关决议,故王某未经合法授权。不论王某在涉案保证合同中加盖的公章是真是假,均属于无权代理,而不是职务行为。在此情况下,若陈某能够举证证明其系善意相对人,有合理理由相信王某盖章之时有代理权,则仍然可以根据表见代理制度,主张由永城兆隆公司承担担保责任。否则,王某的无权代理行为不对永城兆隆公司发生效力。

## 二、公司对外担保中善意相对人的认定

公司是市场经济中重要的商事主体,在经济交往中对外提供担保是一种较为常见的经营行为,但担保责任的承担对公司财产影响甚大。为了防止“滥保”损害公司股东和债权人的合法利益,《公司法》第十六条、第一百零四条、第一百二十一条和第一百四十八条系统地对代表权限进行了限制,阐明了“原则禁止、例外允许、严格规制”的理念。[①] 根据《公司法》第十六条的规定,担保行为不是法定代表人或者公司其他人员所能单独决定的事项,必须以董事会或者股东(大)会等公司机关的决议作为授权的基础和来源。未经授权擅自以公司

① 参见刘俊海:《公司法定代表人越权签署的担保合同效力规则的反思与重构》,载《中国法学》2020年第5期。

名义对外提供担保的，应根据民事法律关于越权代表或无权代理的相关规定，通过订立合同时相对人是否善意，分别认定合同效力：相对人善意的，合同有效；反之，合同无效。

所谓善意，是指相对人不知道或者不应当知道行为人无权以公司名义对外提供担保。关于善意的举证责任，现行法律已对公司对外提供担保程序作出明文限制，具有公开宣示效力，相对人不得以不知道法律规定的内容或者对法律有不同理解为由不予遵守，其依法负有甄别以公司名义实施的担保行为是否符合公司真实意思的注意义务。[①] 因此，善意与否的举证责任在接受担保的一方，即相对人需要证明其在签约时已对公司机关决议进行了必要审查，方能被认定为善意。这与善意取得情况下推定受让人为善意有所不同。

关于善意的判断标准，《全国法院民商事审判工作会议纪要》中明确相对人对公司机关决议内容的审查一般限于形式审查，尽到必要的注意义务即可，如审查股东或者董事的身份是否属实、在关联担保情况下应当回避表决的股东是否参与了表决等必要内容。至于公司机关决议系伪造或者变造、决议程序违法、签章（名）不实、担保金额超过法定限额等事项，则属于实质审查的内容，非相对人审查能力所及。具体而言，《全国法院民商事审判工作会议纪要》第十八条、第十九条视情形确定了不同的标准：其一，关联担保（公司为股东或实际控制人提供担保）中，相对人应当证明其对股东（大）会决议进行了审查，且在排除被担保股东表决权的情况下，由出席会议的其他股东所持表决权的过半数通过，签字人员也符合公司章程的规定。其二，非关联担保中，无论公司章程是否对决议机关作出规定，相对人只要证明其对董事会或者股东（大）会决议进行了审查，且同意决议的人数及签字人员符合公司章程规定即可，但公司能够证明债权人明知公司章程对决议机关有明确规定的除外。其三，无须公司机关决议的例外情况，即便相对人知道或者应当知道没有公司机关决议，也应当认定担保合同符合公司的真实意思，合同有效：(1)公司是以为他人提供担保为主营业务的担保公司，或者是开展保函业务的银行或者非银行金融机构；(2)公司为其直接或者间接控制的公司开展经营活动向债权人提供担保；(3)公司与主债务人之间存在相互担保等商业合作关系；(4)担保合同系由单独或者共同持有公司2/3以上有表决权的股东签字同意。

---

① 参见高圣平：《公司担保相关法律问题研究》，载《中国法学》2013年第2期。

本案中,陈某作为相对人,对其是否构成善意负有举证责任。结合前文可知,陈某主张其构成善意有两种选择:在无决议的情况下,举证证明存在无须公司机关决议的例外情形;在有决议的情况下,举证证明其已对相关决议进行形式审查。再审中,陈某自认签约时未审查相关公司机关决议,但主张本案属于"公司为其直接或者间接控制的公司开展经营活动向债权人提供担保"的情形,无须公司机关决议。根据在案证据,永城兆隆公司的控股股东系案外人而非王某,且与王某无关联关系。永城兆隆公司既没有直接持有主债务人浙江泰舜公司的股份,也没有通过投资关系、协议等间接控制浙江泰舜公司。两家公司之间的关联仅限于个别股东、高级管理人员相同即王某,除此之外并不存在其他人员、业务、财务等方面的关联。因此,本案不属于无须公司机关决议的例外情形,陈某未要求王某出示公司机关决议并进行形式审查,不构成对王某无权代理行为的善意,永城兆隆公司无须对浙江泰舜公司的债务承担连带担保责任。

一审审判组织成员:龚　婕　周婵娟　王　俭

二审审判组织成员:顾文怡　王怡红　周　晶

编写人:上海市第二中级人民法院　周　晶　周加佳　罗　曼

# 上海延平房地产经营开发有限公司诉上海久实物业有限公司、上海市静安区新平金叶业主大会占有排除妨害纠纷案

## ——开发商行使地下车库经营管理权的限制

**关键词**｜地下车库　优先满足业主需求　经营权　管理权

### 裁判要旨

地下车库作为住宅小区的配套设施，当其产权归开发商所有时，开发商对地下车库的使用、收益及处分应优先满足全体业主需要。一个物业管理区域由一个物业服务企业实施物业管理，故地下车库的经营、收益权与管理权应当分离，开发商作为所有权人享有地下车库车位出租、出售等产生的收益，但对地下车库的管理则应当委托住宅小区全体业主选聘的物业服务企业统一进行管理。

### 法条链接

《民法典》第二百七十二条、第二百七十五条第一款、第二百七十六条

《物业管理条例》第三十三条

### 案例索引

一审：上海市静安区人民法院（2018）沪 0106 民初 38901 号（2019 年 4 月 8 日）

二审：上海市第二中级人民法院（2019）沪 02 民终 5269 号（2019 年 11 月 27 日）

### 基本案情

原告上海延平房地产经营开发有限公司（以下简称延平公司）诉称，延平公司系上海市静安区延平路×××号小区的开发商，被告上海久实物业有限公司（以下简称久实公司）为该小区物业服务企业。根据大产证及车库建筑面积测

算,足以证明延平公司已根据初始登记取得了上海市静安区延平路×××号地下车库的所有权。该部分面积并未分摊,不属于全体业主共有,也未通过出售、赠与等方式转移给业主。但久实公司及被告上海市静安区新平金叶业主大会(以下简称业主大会)未经延平公司同意,擅自将该地下车库对外出租,并收取租金,每月租金收益为11,000元。延平公司曾多次致函久实公司及业主大会,要求返还地下车库,但久实公司及业主大会均拒绝返还。遂涉诉。现请求:(1)久实公司、业主大会向延平公司返还上海市静安区延平路×××号地下车库;(2)久实公司、业主大会向延平公司支付地下车库的占有使用费(按每辆每月500元共22辆计,自2017年1月起至实际返还之日,暂算至2018年9月为231,000元)。

久实公司辩称,(1)系争地下车库未进行产权登记,属于小区公共部位;(2)延平公司如要证明其对车库有所有权,应举证证明车库面积未纳入公摊面积,车库的开发成本亦未纳入相应成本;(3)其受业主大会聘请,基于物业管理合同对小区公共部位进行管理,有关收益应属小区业主;(4)对延平公司提供的测绘报告面积亦有异议。

业主大会辩称,(1)上海市静安区延平路×××号大产证上记载的使用面积、分摊面积已经完全分摊给全体业主,故地下车库属于全体业主所有;(2)根据相关规定,小区必须配置相应比例的车库,如车库返还给开发商,小区配套车库问题无法解决;(3)房屋建成后,业主购买房屋的房款中已包含了车库成本,从这个角度来说,车库物权也应归全体业主;(4)对延平公司提供的测绘报告面积有异议。即使法院经审理认为系争车库属于延平公司所有,返还车库及相关使用费的主体亦是久实公司,而非业主大会。

上海市静安区人民法院经审理查明事实如下:1998年3月27日,上海市房屋土地管理局向延平公司颁发沪房地市字(1998)第001158号上海市房地产权证,载明本市静安区延平路×××、××1号权利人为延平公司;该证土地状况中记载总面积为3500.6平方米;房屋状况中记载建筑面积为28,719.91平方米;附记中载明×××号全幢建筑面积15,012.25平方米,土地面积1900.9平方米,房屋类型办公楼,层数16层,竣工日期1997年1月;附记中载明××1号全幢建筑面积13,707.66平方米,土地面积1599.7平方米,房屋类型新工房1,层数24层,竣工日期1997年4月。

上海市房地产登记处备案的延平路×××号房屋建筑面积测算书(实测)载

明,该处房屋总建筑面积为15,012.25平方米;地下层平面图注明为汽车车库,图上标注为共有的部位为配电、水池、水泵;房屋面积计算书中载明地下层的全幢共有部位总面积为152.92平方米,汽车车库面积为889.43平方米;全幢共有合计1138.48平方米,全幢建筑面积(不含车库)为14,122.51平方米,全幢分摊系数1.087683系用14,122.51除以车库外全幢建筑面积与全幢共有面积之差(14,122.51-1,138.48)得出。延平路×××号建筑面积汇总表上亦载明地下层汽车库为889.43平方米,总建筑面积15,012.25平方米。

延平路×××号内部大部分房屋已出售给案外人,延平公司保留了部分房屋产权。现有上海市不动产登记簿信息查询结果中仅能显示延平路×××号全幢建筑面积为15,012.25平方米,并载明×××号401、402等房屋产权转移登记的信息,未明确体现地下车库的相关信息。

另查明,自2015年1月起,久实公司对系争小区进行物业管理,延平路×××号地下车库按照每辆每月500元收费。停放的车辆除固定车位15个外,另有一些车辆因车位紧张停放在公共通道,但收费标准一致。2016年12月26日,延平公司发函给久实公司,要求协商地下车库的经营管理和收益分配事宜,但双方未达成一致。2018年7月27日,延平公司向上海市静安区新平金叶业主委员会(以下简称业委会)发函,声明其系×××号地下车库产权人,要求业委会立即通知久实公司停止管理延平路×××号地下车位,并与相关停车人员做好沟通工作,最迟在2018年8月10日前,将延平路×××号地下车库中所有车位归还给延平公司。

**裁判结果**

上海市静安区人民法院于2019年4月8日作出(2018)沪0106民初38901号民事判决:(1)久实公司应于判决生效之日起10日内将上海市静安区延平路×××号地下车库(设备用房除外)返还给延平公司;(2)久实公司应于判决生效之日起10日内向延平公司支付上海市静安区延平路×××号地下车库的使用费(自2017年1月1日起至系争地下车库实际返还之日止,按每月7700元的标准计算)。一审宣判后,延平公司依法提起上诉。

上海市第二中级人民法院于2019年11月27日作出(2019)沪02民终5269号民事判决:(1)撤销上海市静安区人民法院(2018)沪0106民初38901号民事判决;(2)久实公司应于判决生效之日起10日内向延平公司支付上海

市静安区延平路×××号地下车库的使用费(自2017年1月1日起至判决生效之日止,按每月7700元的标准计算);(3)对延平公司其余的诉讼请求,不予支持。

**裁判理由**

法院生效判决认为,公民、法人的合法权益受法律保护。延平公司系上海市静安区延平路×××、××1号小区的开发商,取得了涉案小区的大产证。地下车库在涉案小区内,属于该小区的配套设施。虽然地下车库没有独立的产证,但地下车库由延平公司出资建造,且根据延平路×××号房屋建筑面积测算书,地下车库未计入共有面积,亦未分摊计入各小产证,故地下车库不属于全体小区业主共有,仍应归属延平公司。由于地下车库的产权人系延平公司,故延平公司享有地下车库的收益权,现延平公司主张地下车库的占有使用费,于法有据,可予支持。至于使用费的标准,一审法院参照地下车库的收费标准,综合考虑固定停车的数量及存在临时停车的情形,扣除久实公司一定的管理成本,酌情确定每月使用费为7700元,并无不妥。由于现地下车库实际由久实公司管理,且停车费亦由久实公司收取,故一审法院判令久实公司向延平公司支付地下车库的使用费并无不妥。

关于延平公司收回地下车库的问题。小区地下车库系小区的配套设施,车库内车位应当首先满足业主的需求,并由小区业主进行整体管理。一般而言,小区业主会聘请一个物业服务企业对小区物业进行管理。具体聘请哪家物业服务企业是全体业主的权利,并非开发商的权利。根据《物业管理条例》的相关规定,一个物业管理区域由一个物业服务企业实施物业管理。而地下车库的管理亦属于物业管理范畴,故地下车库亦应当由全体小区业主聘请的物业服务企业进行物业管理。现涉案小区已聘请久实公司为本小区的物业服务企业,地下车库亦实际由久实公司进行物业管理,故延平公司要求久实公司返还地下车库已无必要。一审法院判令久实公司将地下车库返还延平公司不当,二审法院予以改判。

**案例注解**

近年来,围绕着小区地下车库归属、使用、管理、收费等问题频发。地下车库作为住宅小区的配套设施,同时受《物权法》及《物业管理条例》等法律法规调整,即将实施的《民法典》中也作出了相应规定。但对于地下车库所有权归属、开发商享有地下车库产权时地下车库经营权和管理权可否分离、实际管理地下车库的物业服务企业是否应当向开发商返还占有等问题,在司法实践中仍存在较大争议。本案即是一个典型案例。以下笔者将从地下车库的归属确定原则出发,对上述问题作出进一步探析,以期对相关案件的处理有所助益。

## 一、厘清地下车库的产权归属是探究经营管理权的前提

地下车库,是指利用业主区分所有建筑物所在的土地的地下空间所建造的车库,其特点在于与其上的建筑物相连,在构造和利用上具有一定的独立性。《最高人民法院关于审理建筑物区分所有权纠纷案件具体应用法律若干问题的解释》第二条第一款规定:"建筑区划内符合下列条件的房屋,以及车位、摊位等特定空间,应当认定为物权法第六章所称的专有部分:(一)具有构造上的独立性,能够明确区分;(二)具有利用上的独立性,可以排他使用;(三)能够登记成为特定业主所有权的客体。"可见,将建筑区划内如地下车库等特定空间认定为专有部分的标准,在于该特定空间构造上具有独立性、可排他使用并能够登记为特定业主所有权的客体。而地下车库的归属,一般可通过三个标准来确定:是否符合规划;对占用的土地是否享有建设用地使用权;建造费用是否分摊到住宅售价中。

本案中,地下车库的建设显然符合规划,且建造所占用的土地也包含在开发商享有合法建设用地使用权的土地之内,在排除车库性质属地下防空工事的情况后(不能登记成为特定业主所有权的客体),判定开发商是否对其独立建设的地下车库享有符合《物权法》规定的专有部分所有权,应当重点考察地下车库的建造费用是否分摊到住宅售价中。系争地下车库由开发商出资建造,相关建造成本未由全体小区业主所负担,开发商在出售房屋时也未与购房人就地下车库权属有过约定。根据房屋建筑面积测算书,地下车库未计入共有面积,亦未在分摊时计入。故可以认定地下车库不属于全体小区业主共有,其权利人仍应为初始登记的权利人即开发商。

## 二、开发商对其所有的地下车库进行管理时需受必要限制

### (一)地下车库的使用、收益及处分应优先满足全体业主需要

地下车库确定为开发商所有的情况下,开发商依法享有占有、使用、收益和

处分的权利，这种物权行使通常表现在开发商可以将所有的地下车库进行对外出租、收取租金、出售、出借、赠与等权利。而开发商在行使上述权利时，应当优先满足小区全体业主的使用需要。就此，《物权法》第七十四条规定，建筑区划内，规划用于停放汽车的车位、车库应当首先满足业主的需要。建筑区划内，规划用于停放汽车的车位、车库的归属，由当事人通过出售、附赠或者出租等方式约定。占用业主共有的道路或者其他场地用于停放汽车的车位，属于业主共有。《民法典》第二百七十二条规定，业主对其建筑物专有部分享有占用、使用、收益和处分的权利。业主行使权利不得危及建筑物的安全，不得损害其他业主的合法权益。《民法典》第二百七十五条第一款规定，建筑区划内，规划用于停放汽车的车位、车库的归属，由当事人通过出售、附赠或者出租等方式约定。《民法典》第二百七十六条规定，建筑区划内，规划用于停放汽车的车位、车库应当首先满足业主的需要。

那么，地下车库是否能认定为小区的配套设施？有一种观点认为，所谓配套设施，是指在功能上辅助于建筑物而存在的设施。没有这些设施，住宅小区就无法正常运转。这些设施在安装前大多属于动产，安装后，或经附合成为建筑物之组成部分，如电梯；或埋藏于地下，为小区业主提供天然气、水等能源，如供暖、供水管道等。然而，车库、车位、地下室不属于这种设施，因为一个没有车位、车库或地下室的住宅小区照样能够正常运转。配套设施的成本分摊到房屋售价之中，由所有业主分摊，也因此为全体业主共有，而目前开发商修建的车位、车库和地下室之建造成本并不分摊到房屋售价中，这也是它们不属于配套设施的重要原因。[①] 笔者认为，尽管有无车库并不必然影响住宅小区的正常运转，但在现代社会住宅小区的开发建设过程中，小区是否有车库及车位的数量、位置及与小区在售房屋的适配比例等都是买受人重点考量的因素之一，直接影响小区房屋售价及买受人作出是否交易的决定。由此可见，地下车库虽然不如小区道路、绿化设施、变电房等配套设施那样不可分割，但仍具有非常显著的特殊性。地下车库应优先满足全体业主的需要，无论出租、出售或出借、赠与，开发商都必须优先满足全体业主的需要，至于在此基础上能否对小区业主以外的人员出租、出售，是否需要受业主委员会监督及限制，是否需要召开业主大会作

---

① 参见甄增水：《住宅小区车位、车库所有权归属研究》，载《检察日报》2016年7月20日，第3版。

出决议，尚有待商榷，亦不在本部分的研讨范畴内。

(二)地下车库经营权与管理权应当分离

《物业管理条例》第三十三条规定，一个物业管理区域由一个物业服务企业实施物业管理。物业管理，是指业主通过选聘物业服务企业，由业主和物业服务企业按照物业服务合同约定，对房屋及配套的设施设备和相关场地进行维修、养护、管理，维护物业管理区域内的环境卫生和相关秩序的活动。一个物业管理区域内成立一个业主大会，业主大会或业主委员会的决定对全体业主均具有约束力。选聘物业服务企业系小区全体业主的权利，并非开发商的权利，而地下车库作为小区配套设施的一种，需要优先满足全体业主的使用需要，故地下车库的管理亦属于物业管理范畴，应当由全体小区业主选聘的物业服务企业统一进行管理。

开发商虽然享有地下车库的产权，但鉴于地下车库的特殊性及一个住宅小区不得同时交由两个以上物业服务企业共同管理的规定，开发商对地下车库的经营权和管理权应当分离。一方面，开发商有权基于物权获取因地下车库车位出租、出售等产生的收益。另一方面，开发商对地下车库不享有独立的管理权，而应将相应的管理权一并移交给小区业主选聘的物业服务企业。管理权的移交并不影响开发商就地下车库中的车位的出租、出售获取相应收益。鉴于地下车库的特殊性，既独立于小区业主由开发商享有所有权，又需服务业主，可以说与业主的日常生活息息相关。因此，地下车库管理权的让渡，是为了更好地保障小区业主的合法权益，也是对开发商所有权的必要限制，同时物业服务企业对地下车库的统一管理与开发商享有的产权之间并不矛盾。通常来说，所有权是一种绝对权、支配权，所有权人可以对其所有物进行自由的支配，并受法律的严格保护，但这并不意味着所有权是一个完全不受限制的权利，特定情形下，所有权的自由行使同样受到一定程度的限制，只是在不同场合、环境、条件下，限制的程度有所不同。地下车库的经营权与管理权分离，在一定程度上限制了开发商所有权的自由行使，却有效地保障住宅小区业已形成的稳定管理秩序，也避免了同一区域内因不同管理主体之间的矛盾而侵害全体业主的合法权益。

(三)已由小区选聘物业统一管理的地下车库无须返还

如前文所述，开发商既然享有地下车库的所有权，也同时享有占有、使用、收益和处分的权利。那么开发商以物权确定的占有为依据，向法院提出主张要求物业服务企业向其返还地下车库的诉请，能否得到法院支持？对此，司法实务中确实存在不同观点。一种观点认为,根据物权法定原则,开发商既为地下车库的所有权人,占有是最基本的所有权权能,故应当返还开发商,但须设置限制条件,即委托小区同一物业服务企业统一管理。另一种观点认为,基于一个物业管理区域由一个物业服务企业实施物业管理的规定,地下车库已实际由经全体业主选聘的物业服务企业管理,而返还开发商后,仍须委托该物业服务企业进行管理,故无须返还。

本案采纳了第二种观点。一审法院判令久实公司须向延平公司返还涉案小区地下车库,二审法院经审理后认为涉案小区已经聘请久实公司为本小区的物业服务企业,地下车库亦实际由久实公司进行物业管理,故延平公司要求久实公司返还地下车库已无必要。如前文所述,延平公司虽然享有涉案地下车库的产权,但其一方面要接受"首先满足全体业主需要"的限制,另一方面其也不能单独聘请其他物业服务企业进行管理,最终还是要接受现有物业服务企业的服务和管理。故此种情况下,地下车库由物业服务企业向开发商返还已无必要且不具有可操作性。且不论物业服务企业将如何在继续管理的情况下向开发商返还,以及是否需要或应当返还哪些实物及材料,仅从实践操作来看,如果实际占有人与管理人为不同主体,极易导致互相扯皮推诿的情况发生,也不利于小区正常稳定秩序的维护。

一审审判组织成员:陈　钰

二审审判组织成员:丁康威　徐　庆　王　伟

编写人:上海市第二中级人民法院　张　煜

# 上海六星美化装饰设计有限公司诉朱某、陆某装饰装修合同纠纷案

## ——添附物归属的确定

**关键词**｜添附　动产与不动产附合　所有权的归属

**裁判要旨**

因添附而产生的物的归属，首先应依当事人约定或法律规定进行确定；其次当事人没有约定或约定不明，且法律没有规定时，应按照充分发挥物的效用以及保护无过错当事人的原则确定。因一方当事人的过错或确定物的归属造成另一方当事人损害的，应给予赔偿或者补偿。

**法条链接**

《民法典》第三百二十二条

**案例索引**

上海市杨浦区人民法院（2019）沪0110民初20099号（2020年5月26日）

**基本案情**

原告上海六星美化装饰设计有限公司（以下简称六星公司）诉称，2016年11月29日，六星公司与朱某签订《六星房屋装修美化合同》，后六星公司对上海市杨浦区×××新村×××号×××室房屋（以下简称系争房屋）进行了装修，并于2017年2月中旬全部装修完成，进入出售阶段。但因2017年11月25日始房地产市场开始下行，出售未果，故六星公司与朱某、陆某又在合同第八条中补充约定，由六星公司代为对系争房屋进行出租和管理，所得租金四六分成。2019年8月初，六星公司发现朱某、陆某违反合同约定，私自将系争房屋出租，且未向六星公司分配所得租金。六星公司认为其为履行合同支付装修成本116,364.70元，垫付租金成本38,400元，垫付添置的家具费用15,655元，共计

170,419.70元;为出售系争房屋,六星公司带看数次,为朱某、陆某提供租赁管理服务,分配给朱某、陆某租金五次计13,844.60元。现朱某、陆某未经六星公司同意,将系争房屋出租,且拒绝将40%的租金分给六星公司的违约行为已经导致合同目的无法实现。请求法院判令:(1)六星公司与朱某、陆某于2016年11月29日签订的《六星房屋装修美化合同》《租金补充协议》及2018年7月12日签订的《〈六星房屋装修美化合同〉补充协议》于2019年10月19日解除;(2)朱某、陆某给付装修费110,000元、装修服务费80,000元,共计190,000元;(3)朱某、陆某返还垫付的添置家具费用15,655元;(4)本案诉讼费由朱某、陆某承担。

被告朱某、陆某辩称,六星公司与朱某、陆某签订《六星房屋装修美化合同》目的是出售房屋。但是六星公司对房屋装修后,一直未能成功售出系争房屋。所以六星公司与朱某、陆某又达成新的约定,由朱某、陆某授权六星公司将系争房屋对外出租。之后,六星公司觉得短租比较赚钱,就在短租平台上出租系争房屋。短租的业务是按月结算付款,每次有人入住系争房屋,短租平台一般会向朱某、陆某发送短信。朱某、陆某收到2019年2月5日、6日的入住短信,但是这两次的费用六星公司并没有按期给朱某、陆某结算,朱某、陆某多次催讨未果,本次诉讼朱某、陆某看到六星公司提供的流水,才知晓六星公司于2019年5月15日支付过了。自2019年2月后六星公司一直未找到新的租客或买家。故2019年4月朱某、陆某委托案外人上海正浩房地产经纪有限公司(以下简称正浩公司)将系争房屋对外出租两次。现系争房屋由租客使用,租期尚未届满。这两次出租,朱某、陆某确实都没有将租金收益分成给六星公司。在签订合同后近三年的时间里,六星公司仅带意向买家看房八次,平均四五个月带看房一次。系争房屋因六星公司加上装修费、装修服务费,造成挂牌出售价格虚高,有意向的买家看到价格望而却步,而六星公司始终不愿降价。装修过程中,六星公司也从未让朱某签字确认装修设计图纸、材料清单等材料,装修完成后也未经朱某、陆某签字验收。现六星公司将系争房屋的原一室半结构擅自改成了一室一厅,实际有效使用功能降低,影响房屋出售。在整个合同履行过程中,朱某、陆某并不存在违约行为。朱某、陆某认为如果六星公司尽职履行居间义务,则朱某、陆某早已获得系争房屋市场价值款2,360,000元。现房屋未能成功出售,朱某、陆某据此反诉请求判令:(1)朱某、陆某与六星公司之间于2016年11月29日签订的《六星房屋装修美化合同》《租金补充协议》及

2018年7月12日签订的《〈六星房屋装修美化合同〉补充协议》于2019年10月19日解除;(2)六星公司将系争房屋恢复原状并赔偿未出售系争房屋产生的损失203,500元。

法院经审理查明,朱某与陆某系夫妻关系。系争房屋位于上海市杨浦区×××新村×××号×××室,2000年8月21日系争房屋权利人经核准登记于朱某名下。

2016年11月29日,朱某(甲方)与六星公司(乙方)签订《六星房屋装修美化合同》,约定:甲方委托乙方装修及居间出售系争房屋。同时甲方委托乙方对房屋进行装修、美化,以改善房屋性能与居住环境,便于甲方进行出售。施工方式包工包料,装修期为70天,房屋总装修费用为110,000元(定额)。合同还约定:该房屋美化后,甲方应当委托乙方出售该房屋,同时甲方也可以自行或委托第三方出售该房屋,委托期限为装修完成之日起至房屋售出为止。甲方同意以2,550,000元的价格(该价格并未扣除甲方应给付给乙方的装修费、装修服务费)委托乙方居间出售该房屋,本协议履行期间内甲方可下调委托售价,但必须重新签订《房地产买卖居间合同》。委托期间内,在甲方已返还装修费以及支付装修服务费的情况下,甲方可以提高委托售价或变更已确定的交易条件。乙方有权下调装修费、装修服务费……待甲方与购买方签订房地产买卖合同或类似合同,甲方应在房地产买卖合同或类似合同签订当日立即支付乙方装修费。委托期间内非因甲方原因导致居间合同未能成功的,甲方须向乙方支付该笔交易中购买方赔偿款的50%作为乙方该笔交易的服务补偿费,本合同继续履行。乙方对房屋进行了装修和美化,增加了房屋的价值,故甲乙双方一致同意房屋的装修服务费为80,000元。乙方在委托期间内成功居间出售该房屋的(甲方与购买方成功签订《上海市房地产买卖合同》或类似合同即为居间成功),甲方应在签订《上海市房地产买卖合同》或类似合同当日,支付乙方装修服务费用,乙方有权从代甲方保管的任何一笔款项中直接扣除。甲方在签订本合同及居间合同后提高房屋售价的,应当自甲方书面通知乙方调高价格之日起一个月内支付乙方全部装修费和装修服务费,通知书经双方签字确认后,原居间买卖合同自动解除。甲方不再出售该房屋的:该房屋美化完成后,甲方决定不再出售该房屋的,应当在甲方书面通知乙方不再出售之日起30日内立即向乙方支付全部装修费和装修服务费。合同第七条“违约责任”约定,“1.合同签订后,甲方出现下列情形,乙方有权单方解除合同,同时要求甲方立即返还装修费并支付违约金(违约金金额为装修服务费金额):1.1 甲方拒绝出售该房屋……1.7 因甲方原因连续两周无法提供带看时间导致购买方无法看房的;1.8 其他违反本合同约定的行为;2.合同签订后,乙方提出解除合同或因乙方原因造成合同无法履行的,乙方承诺将已经投入的装修费和装修服务费无偿赠与甲方,并赔偿甲方相当于装修服务费的损失。"该合同附件一对系争房屋装修配置进行了约定。

同日,双方还签订《租金补充协议》一份,约定了甲方将系争房屋交与乙方的期间,即从装修之日起至甲方收到购买方支付定金之日止,以及甲方在外居住所产生的租房成本事宜。

合同签订后,六星公司对系争房屋进行了装修。六星公司并按每月3200元标准向陆某支付了2016年11月29日起至2017年11月28日止共计12个月的租金38,400元。

因系争房屋于装修完成后未能顺利出售,2017年11月25日,六星公司与陆某在2016年11月29日的《六星房屋装修美化合同》中补充约定:(1)系争房屋装修完成后至买卖合同约定的交房时间前,甲方授权乙方出租该房屋,所获得的租金甲方占比60%,乙方占比40%,租金的数额以房屋租赁合同的记载为准。(2)为了便于出租,甲乙双方协商在该房屋附件一上增加家具配置,具体增加家具配置产生的金额以实际发票为准,由乙方先行垫付。(3)甲乙双方协商将乙方垫付的增加家具配置的金额加入合同委托售价。待甲方与购买方签订房地产买卖合同或类似合同时,甲方在房地产买卖合同或类似合同签订当日立即支付乙方装修费、装修服务费、增加家具配置的金额。当日,陆某向六星公司出具授权委托书一份,委托六星公司代为办理出租房屋挂牌,签订租赁合同、收取租金、交接房屋、结算水、电、煤气、物业费、处理善后等所有与租赁房屋有关的事宜。

2018年7月12日,陆某(甲方)与六星公司(乙方)又签订《〈六星房屋装修美化合同〉补充协议》一份,约定对2017年11月25日关于租赁的约定作如下补充:"1.在不影响出售的情况下,对外租赁,由乙方与租客拟定租赁合同,经甲方签字确认;2.租金分配,甲方占比60%,乙方占比40%,月租金以4000元为基数,如出租租金低于4000元每月,甲方租金分配还是以4000元月租获得60%,月租金等于或高于4000元则按约定分配;3.租客支付的租金由甲方收取,定期按约分配支付给乙方,租客支付的保证金(一个月的押金)由乙方保管,方便以后租客退租清算;4. 甲方与租客签订的租赁合同中的权利、责任等,由乙方行使和承担。”合同签订后,双方依约履行,六星公司按约与朱某、陆某分配租金收益。嗣后,朱某、陆某认为六星公司一直拖欠2019年2月5日、6日两天的短租收益,且未找到新的买家和租客,故朱某、陆某于2019年4月6日委托案外人正浩公司居间,对外出租系争房屋,并独自收取租金。现系争房屋尚在该租期内。

2019年8月9日,陆某微信通知六星公司员工邓某,要求收回系争房屋,后双方沟通无果。

## 裁判结果

上海市杨浦区人民法院于2020年5月26日作出(2019)沪0110民初20099号民事判决:(1)六星公司与朱某、陆某签订的《六星房屋装修美化合同》《租金补充协议》《〈六星房屋装修美化合同〉补充协议》于2019年10月19日解除;(2)朱某、陆某应于判决生效之日起10日内向六星公司给付装修费、添置家具费用87,380元;(3)驳回六星公司的其余诉讼请求;(4)驳回朱某、陆某的其余诉讼请求。

一审判决后,双方当事人均未提起上诉,本案判决已经发生法律效力。

## 裁判理由

法院生效判决认为,六星公司与朱某、陆某签订的《六星房屋装修美化合同》《租金补充协议》《〈六星房屋装修美化合同〉补充协议》均系双方当事人真实意思表示,未违反法律、行政法规禁止性规定,合法有效。现双方一致同意于2019年10月19日解除上述合同,故对此予以确认。鉴于合同履行过程中,双方未能有效沟通协商、产生矛盾,并失去合同履行的信任基础,故依据公平合理原则酌情分配双方合同履行过程中实际损失的负担。关于装修费,因六星公司已按照合同约定,为系争房屋进行装饰装修,且按约完工交付出售,该笔费用为系争房屋增加了附加价值,朱某、陆某为此受有利益,故该部分费用作为六星公司实际支出成本,朱某、陆某应当予以返还。关于六星公司后期添置家具费用,六星公司与朱某、陆某均表示拒绝接收该添置家具,故法院从物尽其用的原则,结合双方合同签订目的以及房屋现在被出租的情况,认为该部分费用应作为整个装修美化投入成本的一部分,由朱某、陆某一并返还。具体返还金额,结合司法鉴定意见书中鉴定意见予以酌定。关于装修服务费,合同约定由六星公司对系争房屋进行装饰装修,以改善系争房屋的性能和美化居住环境,其目的是系争房屋能够以高出2,550,000元底价的价格顺利出售,而非用于朱某、陆某对系争房屋的实际居住和使用。但六星公司并未为朱某、陆某将系争房屋以高出约定的价格出售。虽装饰装修已经完成,但对朱某、陆某而言其签订合同的真实意愿并未实现,故对六星公司要求朱某、陆某支付装修服务费80,000元的诉讼请求,无法支持。朱某、陆某的诉讼请求亦无事实和法律依据,不予采纳。

**案例注解**

添附是取得所有权的一种方法。本案中,六星公司以居间出售为目的对系争房屋进行装修,形成动产与不动产的附合,并添置可移动的家具。因未能成功出售系争房屋,双方达成解除合意,因合同对解除合同情况下添附物的处置并未约定,双方不能达成一致意见。我国现行法律并未对添附制度进行规定,如何实现添附制度在合同案件中的适用,是本案所需解决的问题。本案中,法院对添附发生的法律后果,结合物尽其用的原则,判令由房屋所有权人取得并给予添附方一定的补偿。《民法典》第三百二十二条对添附也作出了明确的规定,本案的处置契合了该条规定的精神,本部分结合审判实践及《民法典》第三百二十二条添附规定对此进行浅析。

## 一、添附制度的理论概述

### (一)添附的概念

添附,是指不同所有人的物结合在一起而形成不可分离的物或具有新物性质的物。[①] 添附属于非基于法律行为的动产物权变动的原因之一。添附是基于鼓励创造和维护财产使用效率而对社会财富进行的强制性的分配。关于添附的概念,亦有学者认为:添附系为取得所有权的一种特殊原因或根据,于数物结合为一个物或因加工而成为新物(抑或价额发生巨额增加)时,恢复原状虽非不可能,但自社会经济的立场看乃系甚为不利,故而此时乃不若使合成物(添附物)归属于一人或归为共有。[②]

---

① 参见王利明:《添附制度若干问题探讨》,载《法学评论》2006年第1期。

② 参见吴光明:《新物权法论》,台北,三民书局2009年版,第182页。

（二）添附的具体分类

添附包括附合、混合和加工三种情形：

1. 附合，是指所有权分属二人以上的物相互结合在一起而形成新物。该新物，称为附合物。附合主要包括两种情形，即动产与不动产的附合及动产与动产的附合。（1）动产与不动产的附合。在动产与不动产发生附合的情形中，被附着于不动产的动产成为该不动产的重要组成部分，非经毁损或变更其性质不能将二者分离，且该动产与不动产不属于同一人所有。（2）动产与动产的附合。顾名思义，动产与动产的附合，是指原属于不同的人的两个或几个动产相互结合而成为一物的情况，附合后所形成的附合物亦非经毁损不能分离或分离的花费过大。

2. 混合，是指分属二人以上的动产混杂在一起而成为新物，混合后各部分已无法识别，或者虽能采用某种方法识别但识别成本太大。我国法学理论上，一般认为混合后的法律效果准用动产与动产附合的处理原则。

3. 加工，是指在他人之物上进行劳动从而提升了该物之价值的法律事实。该加工与日常生活中的“加工”一词有所不同，有其明确的定义和构成要件。如果行为人事先与标的物所有人之间有约定，则不属于加工，通说认为属于承揽合同或者其他合同。

## 二、添附的立法现状

因添附及相关纠纷虽在实践中发生较为普遍，但通常依照侵权责任或者不当得利的相关规定处理，并不产生财产所有权归属的争议，故在《民法典》颁布之前，我国现行法律包括《物权法》均没有明文规定添附制度。但是添附规则在民事法律中还是有所体现的，主要规定在民事法律行为无效、被撤销或确定不发生法律效力的情形下，关于财产返还的处理规则，如我国《民法通则》第六十一条第一款，《合同法》第五十六条、第五十八条以及《民法总则》第一百五十七条，但是对于合同解除情形下如何处理添附物并未进行规定。

司法实践中处理添附问题的主要依据为《最高人民法院关于贯彻执行〈中华人民共和国民法通则〉若干问题的意见（试行）》（部分废止）第八十六条：“非产权人在使用他人的财产上增添附属物，财产所有人同意增添，并就财产返还时附属物如何处理有约定的，按约定办理；没有约定又协商不成，能够拆除的，可以责令拆除；不能拆除的，也可以折价归财产所有人，造成财产所有人损失的，应当负赔偿责任。”根据该条规定，在他人的财产上增添了附属物，首先需要探究当事人之间有无合意，当事人通过约定可以排除添附规则的适用，其次要考虑是否构成侵权，最后才考虑添附制度的适用，对无法拆除的添附物，可以确认为原物所有权人所有，此时可以由原物的所有权人折价给予添附人以补偿。

2009年施行的《最高人民法院关于审理城镇房屋租赁合同纠纷案件具体应用法律若干问题的解释》第九条至第十三条对房屋租赁合同纠纷中发生的添附问题也进行了规定。依照该司法解释，租赁合同无效时，经出租人同意的装饰装修物，无论是否形成附合，出租人同意利用的，折价归出租人，否则未形成附合的予以拆除；或形成附合的按过错分担现值损失。租赁合同届满，则未形成附合的予以拆除，形成附合的不予补偿。租赁合同解除的，未形成附合的予以拆除，形成附合的根据过错责任分担残值损失。该司法解释立足于合同框架内确定附合装饰装修的价值损失的承担，但未考虑房屋装饰装修是添附的方式之一，在当事人对装饰装修的所有权归属没有约定并且协商不成时，排除了基于添附的不当得利返还规则的适用。①

以上两个司法解释虽规定了添附制度，但是终归法律位阶较低，且《最高人民法院关于审理城镇房屋租赁合同纠纷案件具体应用法律若干问题的解释》适用领域限制于房屋租赁合同类型案件。《民法典》以法律的形式在物权编第三百二十二条增加了有关添附的相关规定：“因加工、附合、混合而产生的物的归属，有约定的，按照约定；没有约定或者约定不明确的，依照法律规定；法律没有规定的，按照充分发挥物的效用以及保护无过错当事人的原则确定。因一方当事人的过错或者确定物的归属造成另一方当事人损害的，应当给予赔偿或者补偿。”该条对添附规则的法律确认，不仅提高了法律位阶及适用效力，对实践中确定添附物的物权归属、发挥物的经济效用以及保护善意当事人的相关利益，均具有重要意义。

### 三、添附规则的法律效果

结合《民法典》第三百二十二条的规定以及相关法理，不动产与动产附合

---

① 参见崔建远：《租赁房屋装饰装修物的归属及利益返还——对法释〔2009〕11号关于租赁房屋之装饰装修及其法律后果的规定的评论》，载《法学家》2009年第5期。

的情形下主要发生如下法律效果:第一,除非当事人另有约定,不动产所有权人基于法律的规定取得动产的所有权;第二,被附合的动产的所有权因该附合而消灭;第三,原动产的所有权人不能请求恢复原状,但可以依据“充分发挥物的效用以及保护无过错当事人的原则”,通过适用不当得利和侵权责任的规则进行救济。如果当事人没有过错的,则应适用补偿规则而非赔偿。在适用不当得利返还的规定时,还应结合当事人的主观态度,确定返还利益的范围。

关于动产和动产附合后的归属问题,依据《民法典》第三百二十二条的规定,当事人有约定的按照约定处理。当然该约定不得违反法律的强制性规定或者公序良俗,并且当事人就所有权的归属进行了明确具体的约定,同时约定一般发生于附合行为之后。在附合行为之前,当事人即有约定的,其本质上是依据合同进行的附合行为,应当适用《民法典》合同编有关规定。如果当事人没有明确就所有权的归属作出约定,那么应按照法定规则处理。具体操作时,要考虑各个物的原有价值大小,如果一方的动产价值明显高于另一方,则由价值明显高的原动产的所有人取得附合物的所有权,并由其对因附合而丧失权利或遭受损失的他方给予适当补偿。另外,因添附人主观态度不同,存在恶意添附和善意添附两种情形。如恶意进行动产附合,则该恶意添附人不能取得添附物的所有权,且应对其侵权行为给他人之物造成的损害承担赔偿责任。善意添附人,依据添附规则未能取得添附物所有权的,可依据不当得利规则救济。但无论善意添附还是恶意添附,一旦符合法定添附构成要件,就应适用添附制度的规定,而不得以恶意添附为理由请求恢复原状。①

关于混合的情形,《民法典》第三百二十二条的规定可直接适用于此种情形,在当事人没有约定、法律未有规定的情况下,一般为充分发挥物的效用,由主物所有权人或者价值较大的原物所有权人取得混合物的所有权。对于恶意混合者,不应取得该物的所有权。取得混合物的一方,应对其过错或者因确定物的归属造成另一方当事人的损害,给予赔偿或者补偿。

加工物的所有权归属,同样应适用《民法典》第三百二十二条的规定,允许当事人按照约定处理,而且约定具有优先效力,但需注意该约定重点在于加工物的所有权归属,而非加工行为本身。学理上认为,加工物的所有权原则上应归属于原材料的所有人,唯在加工人为善意加工且加工后增值的价值明显高于

---

① 参见陈本寒:《构建我国添附制度的立法思考》,载《法商研究》2018 年第 4 期。

原物价值的情况下,方可由其取得所有权。加工人主观上若为恶意,无论增值部分价值大小如何,均不能取得所有权。[①] 该学理上的观点与《民法典》第三百二十二条并不冲突,就他人之物所进行的加工,原则上由该物所有权人所有,符合物尽其用的规则。同时,只有在加工人善意进行加工行为且因加工所增加的价值明显大于他人的材料价值的情况下,才可以由加工人取得加工物的所有权。至于有关赔偿和补偿责任,对加工而言,也是采取了与混合、附合相同的规则。

## 四、添附规则在本案中的具体运用

添附制度是一物一权原则的具体体现,有利于确定财产归属,维护社会秩序的稳定。在添附的情况下,由于财产密切结合在一起,使附合的财产分离在事实上不可能或者很困难,因此有必要运用添附规则确认添附物的归属,使添附物在形态上继续存在。[②]

本案中,六星公司与朱某、陆某签订协议,由六星公司对系争房屋进行装修美化后予以居间出售,委托出售期限为装修完成之日起至房屋售出为止。双方在签订合同时,并没有考虑在六星公司不能成功居间出售系争房屋的情况下,该如何处理装饰装修所添附物品的价值,因此也未作出约定。后因六星公司未能将房屋出售,双方另行约定将系争房屋对外出租,由六星公司出资添置家具,并约定成功出售系争房屋后对家具配置的处置,但亦未约定未能出售情况下的处置方式。后因双方均同意解除合同,法院对此尊重当事人的意愿。但是,系争房屋已经由六星公司装修(包括购买水泥、油漆等装修材料及实施的装修),形成了不动产与动产的附合,且至无法分离的地步。双方的合同对此如何处理没有约定,法律就装饰装修合同案件中出现该种情形也未有明确规定。

笔者在处理该案时,考虑到六星公司用于装饰装修的材料,包括砖瓦、木板、油漆、空调管道、照明设施等,皆附合于房屋之中,现合同解除,六星公司用于装饰装修的物已非经毁损不能分离且分离需花费巨大,此时违约请求权、侵权行为和不当得利请求权并不能解决该情形下的财产归属。故根据添附规则,由朱某、陆某作为系争房屋的所有人取得附合于房屋的装饰装修物的所有权。

---

① 参见刘保玉:《物权法学》,中国法制出版社 2007 年版,第 214 页。

② 参见谢在全:《民法物权论》(上册),台北,三民书局 2003 年版,第 505 页。

对于六星公司的投入损失,通过评估公司评定该装修于诉讼时的现值,由获得该利益的所有人补偿给六星公司。关于六星公司购置的家具等可移动物品,虽未与房屋形成附合,但该批次家具是为系争房屋对外出租而配置,具有一定的固定使用价值,且朱某、陆某在 2019 年 4 月 6 日之后在自行出租系争房屋时亦将家具作为房屋的整体居住使用价值一并对外出租。故根据充分发挥物的效用的宗旨,法院判令该家具折价后归房屋所有权人,由其向原所有权人六星公司支付折价补偿款。

综上所述,添附作为引发物权变动的事实行为,发生于民事行为领域,《民法典》于物权编对添附制度的规定,无疑具有重要价值。《民法典》第三百二十二条在采纳添附理论的基础上,确立了充分发挥物的效用及保护无过错当事人的基本原则,对于司法实践中妥善处理添附物之归属问题具有积极意义。

审判组织成员:陈　稷　孔　玲　陈铭浩

编写人:上海市杨浦区人民法院　孔　玲

# 胡某1、於某诉汤某排除妨害纠纷案

## ——未经共有人同意设定居住权对其他共有人不具有约束力

**关键词**｜居住权　处分共有物　居住权的货币补偿

**裁判要旨**

我国《民法典》在用益物权编增设了居住权。居住权作为一种用益物权，它的设立是基于所有权人自主的意思表示，是所有权人对不动产占有、使用权能的一种让渡，一旦对房屋设定了居住权，则居住权人对房屋享有占有、使用的权利，必然对其他共有人使用房屋产生影响，所以设定居住权，应当视为对房屋的重大处分行为。在不动产为共有的情况下，设定居住权应当遵循共有物的处分规则，未经共有人同意，擅自设定居住权对其他共有人不具有约束力。

**法条链接**

《民法典》第三百六十六条至第三百七十一条

《物权法》第九十七条

**案例索引**

一审：上海市普陀区人民法院(2019)沪0107民初10331号(2019年11月11日)

二审：上海市第二中级人民法院(2020)沪02民终4632号(2020年7月21日)

**基本案情**

原告胡某1、於某诉称，胡某1、於某系夫妻关系。上海市宜川新村×××室房屋(以下简称涉案房屋)由胡某1、於某于2003年5月出资购买。权利人为胡某1、於某及胡某1的胞弟胡某2，共有情况为共同共有。上述房屋购置后，胡某1、於某一致同意由胡某2装修并居住。2000年前后，胡某2与汤某开始同居,但未登记结婚。2017年5月24日,胡某2过世。经公证处公证,其在涉案房屋内的房产份额由胡某1继承。2018年5月22日,涉案房屋产权变更登记至胡某1、於某名下,共有情况为按份共有。然汤某以胡某2曾承诺其在涉案房屋内享有永久居住权为由至今仍未搬离涉案房屋,双方产生纠纷。2019年5月14日,胡某1、於某向上海市普陀区人民法院提起诉讼,请求依法判令:(1)汤某腾退涉案房屋,并将上述房屋返还胡某1、於某;(2)本案诉讼费由汤某承担。

汤某辩称,涉案房屋的所有权人应是胡某2,而不应是三人共有;胡某2晚年由汤某照顾,汤某应当分得适当遗产;胡某2生前曾承诺汤某对涉案房屋享有永久居住权;胡某1、於某的起诉违反公序良俗。综上所述,汤某不同意胡某1、於某的诉讼请求。

经审理查明,胡某1、於某系夫妻关系,胡某1与胡某2系亲兄弟关系。2003年5月16日,胡某1、於某及胡某2作为买受人,案外人朱某作为出卖人就涉案房屋签订《上海市房地产买卖合同》,同年5月27日,涉案房屋登记至胡某1、於某及胡某2名下,共有情况为共同共有。后涉案房屋一直由汤某与胡某2共同居住使用,但两人未办理结婚登记。2017年5月24日,胡某2过世,其在涉案房屋内的产权份额通过公证方式由胡某1继承。2018年5月22日,涉案房屋产权变更登记为胡某1与於某按份共有,其中胡某1占2/3产权份额,於某占1/3产权份额。后胡某1、於某要求汤某搬离,汤某予以拒绝,双方产生纠纷。

在审理过程中,汤某提供胡某2生前所写的签约一份,主要内容为:"我们同居已十二年了,为了相互能够共同生活相伴到老,因此我愿意宜川新村×××号×××室一室户房,汤某有永久居住权。房产归胡家,双方愿意,一致通过,今立以防老年痴呆。"汤某认为,基于胡某2的上述承诺,其享有对涉案房屋的居住权,同时表示该承诺胡某1、於某系知情,但就胡某1、於某知情情况未提供相应的证据。胡某1、於某则对上述签约的真实性无异议,但表示上述承诺未征得胡某1、於某的同意,对胡某1、於某没有约束力。

**裁判结果**

上海市普陀区人民法院于2019年11月11日作出(2019)沪0107民初10331号民事判决:汤某应于判决生效之日起10日内搬离涉案房屋,并将上述房屋返还胡某1、於某。一审宣判后，汤某依法提起上诉。

上海市第二中级人民法院于2020年7月21日作出(2020)沪02民终4632号民事判决：驳回上诉，维持原判。

**裁判理由**

法院生效判决认为，处分共有的不动产或者动产以及对共有的不动产或者动产作重大修缮的，应当经占份额2/3以上的按份共有人或者全体共有人同意，但共有人之间另有约定的除外。涉案房屋原登记在胡某1、於某和胡某2三人名下，胡某2承诺汤某可以在涉案房屋中长久居住，该承诺为对涉案房屋的重大处分行为，应当经过涉案房屋全体共有人的同意。胡某2在未经全体共有人同意的情况下对涉案房屋设置居住权，侵害了其他共有人的利益，对其他共有人没有约束力。汤某上诉认为，胡某1、於某对涉案房屋并没有出资，但鉴于物权以登记为准，涉案房屋自2003年即登记为三人共有，而汤某对此明知且未提出异议，现汤某以此为由拒绝迁出，无法律依据。

**案例注解**

《民法典》首次确立了“居住权”这一新型用益物权，并在物权编专章规定了居住权制度。设立居住权制度，是对中国共产党第十九次全国人民代表大会报告提出的“加快建立多主体供给、多渠道保障、租购并举的住房制度，让全体人民住有所居”政策的贯彻落实，是立法层面对“房子是用来住的，不是用来炒的”理念的回应，也是国家对养老问题、住房问题等现实问题的关照。《民法典》之所以专章规定居住权，归根结底是为了回应我国社会对居住权制度的需求，具有重要的社会意义和法治价值。[①] 本部分结合居住权纠纷案件，对《民法典》实施后，居住权案件法律适用中可能存在的问题予以展望，并提出相应的建议。

### 一、居住权的类型分析及其设定方式

居住权是对他人所有的住宅及其附属设施占有、使用的权利。享有居住权的，可以是所有权人的父母、子女、配偶，也可以是没有身份关系的他人。居住

---

① 参见崔建远、陈杭平：《居住权制度的价值功能体现在哪里》，载《检察日报》2020年8月19日，第3版。

权一旦合法设立，意味着所有权人将自己对住宅占有、使用的权利分离给了他人，即使所有权人死亡或者发生变更，居住权人仍然可以按照原来的约定继续生活在住宅中。

其实，在《民法典》颁布之前，基于特定的身份关系和特定的义务等原因，涉及“居住权”的纠纷就屡见不鲜，但由于《民法通则》和《物权法》都没有“居住权”的规定，所以这种纠纷以“排除妨害纠纷”的案由出现在民事审判领域。主要包括以下两种情形：

首先，基于特定身份关系产生的居住权。具体包括：父母对未成年子女有抚养的义务，而成年子女对父母也有赡养的义务以及离婚时对生活困难配偶的帮助，等等。由于住房为基本的生活需求，所以抚养义务和赡养义务中也包含了住房保障的义务。比如，王老太和她老伴都是知青，回到上海后没有给自己买房子，而是将全部的积蓄给儿子买了婚房，产证也仅登记在儿子一人名下。老伴去世后，王老太就一直和儿子、儿媳生活在一起。但随着家庭矛盾的日益突出，儿子提出出资给母亲租房居住，要求母亲搬离他的住宅。对此，法院认为，王老太目前没有自己的住宅，而儿子对母亲有赡养的义务，赡养义务包含了住房保障义务，在赡养人可承受的财产及其他能力范围内，应尽量使老年人合理必要的物质与精神需求得到充分满足，故没有支持儿子的诉讼请求。

其次，基于住宅特定来源而产生的居住权。在我国实行住宅市场化改革政策之前，住宅主要是由职工所在单位以福利分房的形式分配而来的，在分配住宅时候，通常考虑受配人的年龄、工龄、婚姻状况、是否独生子女以及现有住宅状况、家庭人口数量等因素。这种福利分配而来的住宅，目前大部分已经购买了产权成为产权房，仅有少部分还是公有住房。但无论是产权房还是公有住房，原始受配人在他处没住宅的情况下，对该以福利的方式分来的房应当享有居住权。比如，住宅为父母单位分配的福利分房，受配人为父母与儿子、女儿四人。父母购买产权后，登记在父母两人名下，父母去世后，房屋按照遗嘱继承由儿子继承，但女儿如果他处没有享受福利分房、国家安置保障房，也没有购买过商品房，则对涉案房屋还是享有居住权的。

上述两种居住权是基于婚姻家庭关系以及公房分配政策等产生，其主要受婚姻家庭等法律关系的调整。而《民法典》规定的居住权，是以合同和遗嘱方式设立，原则上为无偿设立，笔者将其定义为基于所有权人意思表示而产生的居住权，其设立、权利义务的界定等应由《民法典》中的条文予以调整。

具体而言,基于所有权人意思表示而设定居住权时应当注意以下几点:(1)应当采用书面形式,特别需要注意的是要明确居住权人享有居住权的期限;(2)应当向登记机构申请居住权设立登记和注销登记。此外,设立居住权还特别需要注意以下几个方面:(1)行为人设立居住权时应当具备相应的民事行为能力,设立居住权是行为人的真实意思表示,且不违反法律、行政法规的强制性规定,不违背公序良俗;(2)设立居住权应充分考虑住宅的状况,合理设置;(3)行为人设立居住权,不能侵害他人的合法权益。

根据《民法典》的规定,一旦对住宅设定了居住权,则居住权人对住宅享有占有、使用的权利。这必然对其他共有人使用住宅产生影响,所以设定居住权,应当视为对住宅的重大处分行为。在住宅为共有的情况下,设定居住权,应当经过全体共有人的同意。①

回到案例中,涉案房屋只有一居室,胡某 2 设定了女友汤某"永久居住权",必然导致其他两位所有权人无法正常占有、使用涉案房屋,且这种设定也未征得其他共有人的同意,故对其他共有人没有约束力。

## 二、居住权与所有权冲突的处置规则——"必要限制"与"谦抑原则"

当所有权与居住权产生冲突时,应如何处理?笔者认为,应当保障弱势群体的基本生活,对所有权进行必要的限制,同时居住权人在行使权利时应当遵循谦抑原则。具体分析如下:

1. 居住权人之间、居住权人与所有权人之间因共同占有、使用一套住宅而产生冲突的问题。目前《民法典》并没有限定一套住宅只能设定一个居住权。如果所有权人为一套住宅设定了几个居住权或者所有权人在自己占有、使用住宅同时,为他人设定居住权,则在日常占有、使用住宅过程中,将产生居住权人与居住权人之间、居住权人与所有权人之间的冲突。比如,所有权人 A 继承了其父亲名下的一套三层别墅。父亲在去世前为朋友 B 和朋友 C 设定了对别墅的居住权,而朋友 B 和朋友 C 在使用住宅过程中,为了别墅楼顶露台占有、使用产生争议;又或者 A 继承住宅后要求入住别墅与居住权人 B、C 对使用别墅

① 《民法典》第三百零一条规定,"处分共有的不动产或者动产以及对共有的动产或者不动产作重大修缮、变更性质或者用途的,应当经占份额三分之二以上的按份共有人或者全体共同共有人同意,但是共有人之间另有约定的除外"。

的具体部位产生了争议。笔者认为,在产生冲突时,居住权人与所有权人均应秉持“谦抑”与“克制”的原则,妥善行使权利。

对于上述问题,笔者认为,在设定居住权登记时,登记机关应当对住宅是否适合登记多项居住权,一项居住权是否适合由多个主体共有进行合理性审查。在具体审查时,可以参照各地对群租的认定标准,各居住人享有的生活面积不得低于最低标准。对低于最低标准的,应当不予登记。比如,一居室的住宅,就不适合为没有亲属关系的多人设立居住权。对于这种因一套住宅内有多个居住权且居住权人与所有权人在使用过程中产生冲突的,由于对一套住宅内部具体使用部位无法物理分割,故不应当列入人民法院受理民事纠纷案件的审理范围。

2. 居住权与抵押权、司法查封、司法执行之间的冲突。所有权人一旦设定了居住权,应当保障居住权人对住宅的占有、使用。但在住宅被抵押、查封或者被作为司法执行标的物时,居住权人享有的占有、使用权必然会与所有权中的收益、处分权能产生冲突。比如,债务人在缺乏清偿能力时,为逃避债务的履行,给自己名下的多套住宅分别设定居住权;再如,已经抵押的房产是否能够设定居住权,如果能够设定居住权,则在抵押权人实现抵押权时,居住权如何保障等。

对于上述问题,笔者认为,如果居住权设定经过了登记,且设定在抵押、司法查封与司法执行程序之前,则居住权可以对抗抵押权与司法查封、司法执行;如果居住权的设定未经登记或者在抵押与司法查封之后设定,则一般不可以对抗抵押权、司法查封、司法执行。

3. 一个民事主体的多个居住权与所有权之间的冲突。居住权解决了自然人的居住问题,但一个自然人是否能对多个住宅享有居住权,《民法典》对于这个问题并没有予以明确。在一个民事主体对多个住宅享有居住权的情况下,其居住权能否排除所有权人对住宅的占有、使用呢?笔者以下列案件为例,父母在生前立了遗嘱:住宅由儿子继承产权,由女儿享有居住权。父母去世后,儿子按照遗嘱登记为住宅所有权人,但女儿一直占有、使用住宅,并拒绝搬离。法院审理中查明,女儿与儿子均享受过国家的福利分房,居住并不困难。女儿占有涉案房屋的理由为她的儿子已经成年,需要婚房,故自己的福利分房让给了儿子,而她则根据遗嘱对涉案房屋享有居住权。

笔者认为，在这种居住权与所有权冲突的情况下，应当考察《民法典》设立居住权时更加侧重保护哪一种权利——设立居住权主要是为了保护弱势群体的居住问题，还是更加侧重于保护原所有权人的“真实意思表示”。如果立法本意更加侧重保护原所有权人的真实意思表示，应当确认女儿对住宅有居住权，并排除现所有权人对住宅的占有、使用权；如果设立居住权侧重于保护弱势群体的“生活居住需要”，则可以认定女儿的居住权已经由住房保障政策中的福利分房予以了解决，女儿对涉案房屋有居住权妨碍了儿子行使其对涉案房屋的所有权，故应当确认女儿不再对涉案房屋有居住权。

此外，如果所有权人为居住权人设定了“终身居住权”，则在居住权人取得国家廉租房、公租房、共有产权房等之后，其对该住宅是否还有居住权；如果居住权人长期不居住，住宅处于空置状态，所有权人能否取消居住权人的居住权等问题，都有待于从立法层面进一步加以明确。

### 三、居住权被侵犯时的救济途径——设立居住权的货币补偿

《民法典》规定了居住权如何设定，但并没有规定居住权被侵犯或者由于客观原因无法实现时居住权人的权利救济途径。比如，设定居住权的住宅被拆迁，被拆迁安置人选择货币补偿的情况下，居住权人是否可以请求被拆迁安置人给付居住权的货币补偿等。

笔者认为，应当给予居住权人货币补偿，至于具体补偿的金额，可以参考居住权人享有居住权的期限、同等住宅的市场租金价格、居住权人对无法享有居住权是否有主观上的过错等因素予以判断，给予居住权人合理的货币补偿。

但对于约定为“终身”享有的居住权，在计算补偿金额时如何确定居住权人可能占有、使用住宅的时间问题，将是今后司法审判中不得不面对的一个难点问题。

明者因时而变，知者随事而制。综合本部分分析，可以看出《民法典》搭建了“居住权”法律制度的框架，为多渠道保障全体人民的住房需求增加了新的路径。但对于居住权实施中可能存在的权利冲突、权利救济途径等细节的问题，并没有给出明确的规定。对此，笔者认为在居住权法律规定的实施过程中，既需要居住权人与所有权人秉持“谦抑”与“必要限制”原则；更需要立法、司法解释及时明确具体的规定；还需要房地产登记机构在办理居住权登记时以及司

法裁判机构在处理居住权纠纷案件时,发挥"服务意识"与"司法智慧"及时回应社会的需求,让居住权真正实现"住有所居"与"安居乐业"的社会作用。

一审审判组织成员:蒋国红
二审审判组织成员:周刘金　徐　庆　王　伟
编写人:上海市第二中级人民法院　王　伟　张文如

# 吴某、施某、周某诉彭某、陈某抵押权纠纷案

## ——抵押权追及效力的司法适用及被"代持"抵押权的法律效力认定

**关键词**｜抵押权　追及效力　代持　从属性　公示公信

**裁判要旨**

《民法典》第四百零六条是我国首次在立法层面确立抵押权追及效力的规定，它不仅赋予了抵押人自由处分抵押财产的权利，还赋予了抵押权人向抵押财产受让人追及行使抵押权的权利，这一规则变化重塑了抵押财产物权变动类纠纷的裁判规则。同时，当事人基于意思自治主动选择将抵押权登记在非债权人名下的，该被"代持"抵押权并不因此而无效。人民法院应结合该抵押权的设立是否存在债权基础、该抵押权是否损害信赖登记的善意第三人利益及将该抵押权撤销是否损害债权人利益等因素综合认定其法律效力。

**法条链接**

《民法典》第四百零四条、第四百零六条、第五百四十七条

《物权法》第一百七十九条、第一百九十一条

**案例索引**

一审：上海市普陀区人民法院（2018）沪 0107 民初 29014 号（2019 年 5 月 22 日）

二审：上海市第二中级人民法院（2019）沪 02 民终 8110 号（2019 年 10 月 25 日）

**基本案情**

2011 年 11 月 14 日，被告陈某与被告彭某签署抵押借款协议一份，约定陈某向彭某借款 2,000,000 元，借期至 2012 年 11 月 13 日止，陈某将名下的上海

市×××路×××弄×××号×××室房屋(以下简称系争房屋)向彭某作抵押。该协议签订后,当事人于2011年11月18日完成了房产抵押登记,抵押权人为彭某,债权数额为2,000,000元。

2013年10月12日,以原告吴某、施某、周某(以下简称吴某方)作为买受方,陈某作为出售方就系争房屋签订上海市房地产买卖合同一份,约定房价款为5,900,000元,2014年2月15日前完成房屋交接。之后,陈某出具三张收条确认收到吴某方支付的房款共计3,600,000元。2014—2015年,交易双方多次签订确认书对房屋过户日期及违约责任进行了补充约定,其中2014年3月还通过签署房屋交接书的方式对房屋进行了验收交接,但始终未完成房屋产权的过户。

2016年5月23日,第三人唐某与陈某就借贷纠纷通过上海市长宁区人民法院达成(2016)沪0105民初8337号民事调解书,确认陈某应于2016年6月15日前向唐某归还借款本金3,860,000元及相应利息,否则唐某可对系争房屋进行折价或申请拍卖、变卖后行使优先受偿权。

2017年7月14日,上海市长宁区人民法院就吴某方与唐某、陈某关于前述民事调解书的撤销权之诉作出(2017)沪0105民撤1号民事判决,认为因唐某并非系争房屋抵押权人,其在陈某已将房屋向吴某方出售并由吴某方付款且对房屋实现占有使用后,再与陈某达成对系争房屋优先受偿的协议损害了吴某方的民事权益,故将(2016)沪0105民初8337号民事调解书中赋予唐某对系争房屋的优先受偿权撤销。

2017年12月1日,吴某方向上海市普陀区人民法院提起(2017)沪0107民初28910号民事诉讼,请求判令陈某继续履行买卖合同并支付违约金,该案除查明了吴某方与陈某就系争房屋的买卖关系,吴某方履行了部分付款义务,房屋已完成交接等事实外,还查明陈某为系争房屋的产权人,彭某为房屋的抵押权人之一,上海市长宁区人民法院对房屋采取了司法限制措施。2018年8月15日,上海市普陀区人民法院就该案作出判决,以系争房屋产权已被采取司法限制措施而不具备过户条件为由对吴某方诉请不予支持。

2018年12月7日,吴某方提起本案诉讼,请求判令彭某、陈某办理抵押权登记解除手续。

## 裁判结果

上海市普陀区人民法院于 2019 年 5 月 22 日作出（2018）沪 0107 民初 29014 号民事判决：撤销设定于系争房屋之上的、抵押权人为彭某的抵押登记。一审宣判后，彭某、唐某依法提出上诉。

上海市第二中级人民法院于 2019 年 10 月 25 日作出（2019）沪 02 民终 8110 号民事判决：撤销一审判决，驳回吴某方的全部诉讼请求。

## 裁判理由

法院生效判决认为，抵押合同是主债权债务合同的从合同，抵押权的设立目的主要为担保债务的履行，因此抵押权具有从属性，其设立应以主债权债务关系的存在为基础。本案中，彭某与陈某签订抵押借款协议后登记为系争房屋抵押权人，且彭某二审中认可其与姐姐向陈某转账系代唐某出借资金，加之另案生效调解书也已确认唐某对陈某享有债权，因此案涉抵押权实质上是为了担保唐某所享有的债权能顺利实现。针对抵押权人与债权人不一致的情形，该不一致仅是登记上的形式不一致，而实质上的抵押权人与债权人仍相统一，只是债权人须通过登记的抵押权人来实现其抵押权利。由此可见，案涉抵押权的设立具有相应的债权债务基础，并未突破抵押权的从属性，符合法律规定。此外，关于案涉抵押权所担保的具体债权数额，因与本案的审理无涉，对此不予涉及。

根据法律规定，经依法登记的抵押权对外具有公示公信的效力，能够保护交易安全及利害关系人对公示的信赖利益。根据已查明的事实，案涉抵押权登记于 2011 年 11 月 18 日，而案涉房屋买卖合同签订于 2013 年 10 月 12 日，明显晚于抵押权登记之时。因此，案涉抵押权登记时吴某方尚未购买系争房屋，该抵押权的设立显然不存在侵害其合法权益的情形。同时，吴某方作为购房人，其在交易时应对设定于系争房屋上的抵押权尽到审慎的注意义务，并据此作出购买与否的决定。本案中，吴某方称其签约时并不知晓案涉抵押权的存在，对此其应承担相应责任。现系争房屋因该抵押权而无法完成过户，房屋买卖合同履行受阻，根据合同相对性，吴某方仅有权向陈某主张权利。据此，吴某方作为房屋买卖合同当事人一方，起诉主张撤销设立在先的案涉抵押权缺乏法律依据。

## 案例注解

### 一、抵押权追及效力的司法适用

抵押权在性质上属于物权，抵押权的追及力是以物权追及力为前提推演出来的理论。[①] 抵押权的追及效力是物权对世性的表现，是基于物权的支配性而产生的。[②] 在传统民法中，抵押权人对抵押物享有追及的权利，无论抵押物辗转落入何人之手，抵押权人一般均得追及至物之所在而行使权利。[③] 在近代大陆法系立法中，无论在以日耳曼法为传统的德国及瑞士民法，还是在以罗马法为传统的法国民法以及以法国法为蓝本的日本民法中，都毫无例外地承认抵押权的追及效力。可见，抵押权的追及力乃为各国抵押制度所普遍确认。[④]

#### （一）《民法典》颁布之前我国抵押物转让规则的变迁

在《民法典》颁布之前，我国有关抵押物转让的规则散见于《最高人民法院关于贯彻执行〈中华人民共和国民法通则〉若干问题的意见（试行）》、《担保法》及其司法解释与《物权法》中，相关立法及司法解释也在不断变化。《民法典》第四百零六条系从《物权法》第一百九十一条修改而来，要准确理解本条，必须全面了解其历史沿革。

《最高人民法院关于贯彻执行〈中华人民共和国民法通则〉若干问题的意见（试行）》（部分废止）第一百一十五条第一款规定："抵押物如由抵押人自己占有并负责保管，在抵押期间，非经债权人同意，抵押人将同一抵押物转让他人，或者就抵押物价值已设置抵押部分再作抵押的，其行为无效。"该条规定严格限制了抵押物的自由转让，可将其归纳为未经同意转让无效制度。多数观点认为这一规定违背了《物权法》的基本理论，因为从法理上说，设定抵押权仅是在物上设定了权利负担，抵押人作为抵押物的所有权人，对抵押物仍享有支配权，这其中就包括了转让抵押物的权利，对此予以限制缺乏法理依据。

《担保法》第四十九条规定："抵押期间，抵押人转让已办理登记的抵押物的，应当通知抵押权人并告知受让人转让物已经抵押的情况；抵押人未通知抵

---

① 参见高圣平：《物权担保新制度新问题理解与适用》，人民法院出版社 2013 年版，第 97 页。

② 参见罗思荣、梅瑞琦：《抵押权追及效力理论之重构》，载《法学家》2006 年第 2 期。

③ 参见高圣平：《物权担保新制度新问题理解与适用》，人民法院出版社 2013 年版，第 98 页。

④ 参见许明月：《抵押权制度研究》，法律出版社 1998 年版，第 89 页。

押权人或者未告知受让人的,转让行为无效。转让抵押物的价款明显低于其价值的,抵押权人可以要求抵押人提供相应的担保;抵押人不提供的,不得转让抵押物。抵押人转让抵押物所得的价款,应当向抵押权人提前清偿所担保的债权或者向与抵押权人约定的第三人提存。超过债权数额的部分,归抵押人所有,不足部分由债务人清偿。”虽然立法仍然限制抵押物的转让,但是限制程度有了明显的放宽,抵押权人同意与否不再是决定转让行为效力的要件,而是凭借通知及告知义务的履行加以限制,因此可以将其归纳为未通知或未告知转让无效制度。由于对《担保法》是否承认抵押权具有追及效力、是否承认价金的物上代位制度及是否赋予受让人涤除权存在不同理解,该条被学者称为混乱而难以捉摸的条款。

正因为《担保法》第四十九条存在较大争议,有必要对其进行解释。为此,《最高人民法院关于适用〈中华人民共和国担保法〉若干问题的解释》第六十七条规定:“抵押权存续期间,抵押人转让抵押物未通知抵押权人或者未告知受让人的,如果抵押物已经登记的,抵押权人仍可以行使抵押权;取得抵押物所有权的受让人,可以代替债务人清偿其全部债务,使抵押权消灭。受让人清偿债务后可以向抵押人追偿。如果抵押物未经登记的,抵押权不得对抗受让人,因此给抵押权人造成损失的,由抵押人承担赔偿责任。”该条规定将抵押物分为登记的抵押物和未经登记的抵押物,以登记制度作为衡平抵押权人与抵押物受让人利益的制度工具。同时,该条还明确规定已登记的抵押权具有追及效力,在一定程度上允许抵押物的自由转让,且规定取得抵押物所有权的受让人享有涤除权,该条规定受到高度评价。

《物权法》第一百九十一条规定:“抵押期间,抵押人经抵押权人同意转让抵押财产的,应当将转让所得的价款向抵押权人提前清偿债务或者提存。转让的价款超过债权数额的部分归抵押人所有,不足部分由债务人清偿。抵押期间,抵押人未经抵押人同意,不得转让抵押财产,但受让人代为清偿债务消灭抵押权的除外。”该条改变了《担保法》第四十九条所确立的“通知主义”,规定抵押物转让应征得抵押权人同意。就未履行通知或告知义务的转让行为,《担保法》第四十九条明确“转让行为无效”,而就抵押人未经抵押权人同意的情形,该条规定“不得转让抵押财产”。值得注意的是,该条对同意或不同意的效果未予明确,导致实践中对未经同意的抵押合同的效力是有效、无效还是效力待定,以及抵押权人同意是否产生抵押权消灭的后果等问题莫衷一是。

（二）《民法典》颁布之前我国担保制度是否承认抵押权的追及效力

就前述抵押物转让的规则，其中《最高人民法院关于贯彻执行〈中华人民共和国民法通则〉若干问题的意见（试行）》（部分废止）第一百一十五条因与《物权法》的相关规定冲突，在《物权法》颁布实施后即被废止。而《担保法》第四十九条亦因如何理解而存在很大争议，在此不作过多评述。值得关注的是《最高人民法院关于适用〈中华人民共和国担保法〉若干问题的解释》，该解释第六十七条规定抵押权人可以对转让后的已登记抵押物行使抵押权，实际上就是肯定抵押权追及效力的表述。然而，自《物权法》颁布实施以后，根据新法优先于旧法及上位法优先于下位法的基本原则，抵押物转让的规则应适用《物权法》第一百九十一条的规定。因此，探讨《民法典》颁布之前我国担保制度是否承认抵押权的追及效力应将《物权法》第一百九十一条的规定作为研究对象。然而就该条是否承认抵押权的追及效力，也存在不同意见。

有观点认为，该条并非通过抵押权的追及效力保护抵押权人的利益，而是通过严格限制抵押物的转让甚至禁止抵押物的转让来实现对抵押权人的保护，即未经抵押权人同意，抵押人不得转让抵押物，而即使经抵押权人同意转让抵押物，抵押人也应将转让抵押物所得价金向抵押权人提前清偿或者提存。[①] 有学者对此提出异议，认为如果将《物权法》第一百九十一条的规定理解为对抵押人处分权的限制，并进而认定未经抵押权人同意的物权转让行为无效，那么其结果就是赋予抵押权以排他效力，即除非抵押权人同意，否则抵押权的设立排除了抵押物转让之可能性。显然，通过赋予抵押权如此强大的排他效力来保护抵押权人的利益，既不符合民法的基本法理，对社会经济的发展也无实益，还会给法律适用带来困难。[②] 同时，这一思路还误解了抵押权之追及效力在保护抵押权人方面的功能以及物权公示制度在保护受让人交易安全方面的功能。若法律承认抵押权之追及效力并确立物权公示制度，不仅抵押权人的利益不会因抵押物的转让而受到影响，买受人的交易安全更不至于因抵押物的转让而有

① 梁慧星、陈华彬：《物权法》（第4版），法律出版社2007年版，第318页；崔建远：《物权法》，中国人民大学出版社2009年版，第40页。

② 参见刘丽洁：《抵押权的追及效力研究》，载中国民商法律网，https://www.civillaw.com.cn/zt/t/?id=28941#top，最后访问日期：2020年6月25日。

不测之危险。[①]

也有观点认为,《物权法》已经承认了抵押权的追及效力。依该条规定,抵押人未经抵押权人同意转让抵押财产时,受让人享有涤除权。所谓涤除权,是指取得抵押财产所有权的受让人,可以通过代替债务人清偿其全部债务的方式,使抵押权归于消灭的权利。涤除权产生的前提是受让人取得了有权利负担的抵押财产所有权,这就需要以抵押财产可以自由转让,且抵押权具有追及力为其产生的前提。[②] 依照传统物权理论,受让人的涤除权虽然平衡了抵押权人的抵押权追及效力,但是并没有被作为抵押权追及效力的基础。因此,似乎可以认为《物权法》第一百九十一条无条件确认了抵押权追及效力。[③] 就《物权法》第一百九十一条两款之间的关系而言,第一款规定的是抵押权人同意转让的情形,第二款规定的是抵押权人未同意转让的情形。在抵押权人同意转让的情形下,抵押人取得抵押权人同意才转让抵押物,既尊重了抵押人的处分自由,也符合物尽其用的基本原则。同时还坚持物上代位,"将所得价款提前清偿或者进行提存",并未损及抵押权人的利益,又兼顾了买受人的交易安全,很好地实现了三方利益之平衡。[④] 在抵押权人同意转让的情形下,物上代位系对抵押权人利益的保护,无须借助抵押权的追及效力。针对抵押权人未同意转让的情形,抵押人与受让人之间的转让行为自然不得对抵押权人主张有效,此时受让人更不得根据《物权法》第一百零六条规定的善意取得制度主张其已取得无权利负担的所有权,抵押权人自得依抵押权的追及效力向受让人主张抵押权。同时,为了维护受让人的利益,受让人亦可在抵押权人向其主张实现抵押权时代为清偿主债务而涤除抵押权,进而取得清偿的抵押物所有权。[⑤]

持肯定意见的学者还认为,从体系解释的角度出发,抵押权的追及效力是解释的必然结论。首先,从《物权法》第二条的内容来看,该条第三款明确将物

---

① 参见高圣平、王琪:《不动产抵押物转让规则的解释论:〈物权法〉第 191 条及其周边》,载《法律科学》(西北政法大学学报)2011 年第 5 期;刘贵祥、吴光荣:《论未经抵押权人同意之抵押物转让的效力》,《比较法研究》2013 年第 5 期。

② 参见最高人民法院民法典贯彻实施工作领导小组主编:《中华人民共和国民法典物权编理解与适用》(下),人民法院出版社 2020 年版,第 1095 页。

③ 参见高圣平:《物权担保新制度新问题理解与适用》,人民法院出版社 2013 年版,第 99 页。

④ 参见王闯:《冲突与创新——以物权法与担保法及其解释的比较为中心而展开》,载梁慧星主编:《民商法论丛》(第 40 卷),法律出版社 2008 年版,第 299 页。

⑤ 参见高圣平:《物权担保新制度新问题理解与适用》,人民法院出版社 2013 年版,第 101 页。

权定义为“权利人依法对特定物享有的直接支配和排他的权利”，从中不难看出，直接支配和排他意味着权利人可以基于自身所享有的物权，请求他人为或不为某种行为。对权利的限制以法律的明文规定为依据是现代法治国家的基本原则。物权追及效力是基于物权定义得出的必然结论，在立法没有明确否认的情况下，不能得出否定结论。其次，《物权法》第一百零六条规定，无处分权人将动产或者不动产转让给受让人的，所有权人有权追回。从该条的表述来看，其实是对物权追及效力的进一步明确。[①]

此外，我国相关规范也承认了抵押物转让时抵押权的追及效力。例如，《最高人民法院关于适用〈中华人民共和国民事诉讼法〉的解释》第一百五十七条规定：“人民法院对抵押物、质押物、留置物可以采取财产保全措施，但不影响抵押权人、质权人、留置权人的优先受偿权。”根据《最高人民法院关于人民法院执行工作若干问题的规定（试行）》第九十三条、第九十四条的规定，人民法院对被执行人所有的其他人享有抵押权、质押权或留置权的财产，可以采取查封、扣押措施、财产拍卖、变卖后所得价款，应当在抵押权人、质押权人或留置权人优先受偿后，其余部分按比例清偿申请执行人的债权。由此可见，即使抵押物被法院采取强制措施，抵押权人仍可依法追及至抵押物，并享有优先受偿权。根据“举重以明轻”的解释方法，既然抵押物被强制转让时抵押权尚有追及效力，那么抵押物被协议转让时抵押权亦应有追及效力。

从上述分析来看，在《民法典》颁布以前，我国立法层面并无承认抵押权追及效力的明确表述，部分学者认为《物权法》第一百九十一条已经确立抵押权追及效力的意见也仅仅是通过解释和推理得出，与该条规定限制抵押物转让的文义存在冲突。而在司法实践中，受《物权法》规定的限制，抵押人转让抵押物若未经抵押权人同意，则不能实现物权变动，无法将抵押物过户登记至受让人名下。显然，本案例是传统模式下通过限制抵押物转让来保护抵押权人的典型，如此便可理解案例中的抵押房屋买受人吴某方为何提起本案抵押权之诉来撤销案涉抵押权了。

（三）《民法典》正式确立抵押权的追及效力

《民法典》第四百零六条第一款规定：“抵押期间，抵押人可以转让抵押财产。当事人另有约定的，按照其约定。抵押财产转让的，抵押权不受影响。”至

---

① 参见袁鹏：《不动产抵押物转让规则新诠》，载《法学评论》2016 年第 3 期。

此,我国正式采取了以追及效力为中心的域外传统立法模式,在承认抵押权追及效力的基础上,允许抵押物的自由转让,除非当事人另有约定。该条款中的抵押权不受影响是承认抵押权追及效力的直接表述,赋予抵押权人可追及至受让人处实现抵押权的权利。

虽然抵押物的转让无须征得抵押权人同意,但是《民法典》第四百零六条第二款规定,抵押人转让抵押财产的,应当及时通知抵押权人。抵押权人能够证明抵押财产转让可能损害抵押权的,可以请求抵押人将转让所得的价款向抵押权人提前清偿债务或者提存。转让的价款超过债权数额的部分归抵押人所有,不足部分由债务人清偿。

值得注意的是,《民法典》第四百零六条在确立抵押权追及效力时并未区分动产和不动产的不同情形,应该视为追及效力同样适用于动产抵押和不动产抵押。问题在于,在动产抵押中,动产抵押权人虽然也享有追及效力,但是,由于动产抵押权的设立采"登记对抗"模式,并不以交付动产为要件,先天的公示不足使受让人难以获悉抵押情况,容易造成抵押权人与善意受让人之间的利益冲突。根据《民法典》第四百零四条规定,以动产抵押的,不得对抗正常经营活动中已经支付合理价款并取得抵押财产的买受人。据此,已经支付合理价款的正常经营买受人,可以无负担的取得抵押动产的所有权,无论该动产抵押是否进行了登记。可见,该条规定构成动产抵押权具有追及效力的例外。而在不动产抵押中,抵押权的设立采"登记生效"模式,受让人可以很容易获悉抵押物的抵押情况,在其明知不动产为抵押物而受让的情况下,则抵押权追及设立在受让后的不动产上则并不损害受让人的利益。

司法实践中,在《民法典》颁布之前,抵押房屋受让人请求法院判决过户的,若买卖行为发生前已合法设立的抵押权未被涤除的,受让人的诉请无法得到支持。而根据《民法典》所确立的抵押权追及效力规则,抵押房屋受让人请求过户的诉请应得到支持,只是抵押权应追及设立到受让后的房屋之上。

回到本案例,抵押人陈某虽将系争房屋出售给吴某方,但其并未用转让所得的价款向债权人唐某清偿债务以涤除案涉抵押权,故吴某方请求撤销该抵押权的诉请不应得到支持,否则债权人的利益将无法得到保护。若不考虑法律适用的溯及力问题,将本案放在《民法典》下进行考察,则系争房屋买受人吴某方请求过户的诉请应得到支持,只是案涉抵押权仍追及登记在系争房屋上,抵押权人唐某可向吴某方主张行使抵押权。

## 二、如何认定被“代持”抵押权的法律效力

抵押权为罗马法以来近现代各国民法上最重要的担保物权，被称为“担保之王”。[①]《民法典》虽然改变了《物权法》通过限制抵押物转让来保护抵押权人利益的传统模式，但是此举并不会损及抵押权的担保功能，因为抵押权将追及设立在转让后的抵押物之上。由此看来，确认抵押权的追及效力既能实现抵押物担保功能，又能促使抵押物流通的制度安排，对我国经济社会发展具有积极作用。提到抵押物的担保功能，就不得不提及本案例所涉及的另一问题，即抵押权登记在非债权人名下的“代持”行为，因为对其效力的认定与否将直接影响被“代持”抵押权是否合法有效，是否能实现担保功能。

根据《物权法》第一百七十九条的规定，为担保债务的履行，债务人或者第三人不转移财产的占有，将该财产抵押给债权人的，债务人不履行到期债务或者发生当事人约定的实现抵押权的情形，债权人有权就该财产优先受偿。前款规定的债务人或者第三人为抵押人，债权人为抵押权人，提供担保的财产为抵押财产。这是我国法律对债权人和抵押权人关系作出的明确规定，即两者应为同一主体。根据《物权法》第一百八十七条规定，设立在建筑物和其他土地附着物、建设用地使用权等不动产或者其权利之上的抵押权应当办理登记，抵押权自登记时设立。然而，实践中当事人基于登记政策等原因的限制或者基于特殊交易安排的考量，将抵押权登记在非债权人名下的“代持”情形时有发生。针对被“代持”抵押权的法律效力，人民法院应结合该抵押权的设立是否存在债权基础、该抵押权是否损害信赖登记的善意第三人利益及将该抵押权撤销是否损害债权人利益等因素综合认定。

（一）基于从属性特征的分析

抵押权作为担保物权的一种，其设立目的在于担保特定债务的履行，因此从属性是抵押权的根本属性。从属性贯穿于抵押权的始终，这就要求抵押权的存在、转移及消灭均应从属于特定债权。被“代持”抵押权最显著的特征就是，债权人与抵押权人在登记上的分离。这一形式上的分离直接隐藏了抵押权与其所担保债权之间的对应关系，容易造成该被“代持”抵押权缺乏债权基础的假象，从而对其效力产生怀疑。因此，要认定被“代持”抵押权的法律效力，首

---

① 梁慧星、陈华彬：《物权法》（第5版），法律出版社2010年版，第299页。

先应该明确该抵押权是否能与特定债权形成对应关系，也即是否符合从属性特征。回到本案例，涉案房屋抵押权虽登记在彭某名下，但是其并非该抵押权所担保债权的债权人，而是接受债权人唐某委托代为持有抵押权。虽然彭某亦向债务人陈某转账，但其认可该转账系代唐某出借资金。案涉抵押权所担保的债权债务关系实际发生在唐某与陈某之间，且该债权有另案生效民事调解书予以确认。因此，案涉由彭某代持的抵押权能与唐某对陈某享有的债权形成对应关系，即案涉抵押权的设立是为了担保唐某的债权得以实现，符合抵押权的从属性特征。

（二）基于公示公信原则的分析

公示公信原则是物权法的基本原则，其中公示对于维护物权的归属秩序具有重要意义，而公信是以保护交易变动的安全为其旨趣，并以此实现交易便捷。我国《物权法》在第一章“基本原则”中明确了物权公示为《物权法》的一项基本原则，第六条规定不动产物权的变动以登记为其公示方法，动产物权的变动以交付为其公示方法。当事人基于物权公示而产生公信并进行交易的，其权利受到法律保护，即便公示所表征的物权与实质权利并不相符，这是公示公信原则对善意第三人信赖利益的保护。回到本案例，案涉抵押权于 2011 年登记在彭某名下，而抵押人陈某与吴某方就抵押物买卖所达成的协议签订于 2013 年。鉴于设立在先的案涉抵押权已通过登记的形式予以公示，吴某方作为后来的买受方对此应当知晓，其交易安全已得到了保护。实际上，无论案涉抵押权的真实享有人是彭某还是唐某，都不会对吴某方基于登记而产生的公信产生影响。因此，设立在先的案涉抵押权并不存在侵害吴某方合法权利的情形，其应根据登记公示情况审慎辨别交易风险。

（三）基于债权人利益保护的分析

抵押权的设立目的主要为担保特定债务的履行，当债务人不履行到期债务或者发生当事人约定的实现抵押权的情形，债权人有权就该抵押财产优先受偿。如前文所述，被“代持”抵押权亦符合从属性特征，即其设立也是为了担保特定债务的履行。如果仅因抵押权未登记在债权人名下而否定其效力，则债权人的利益必然受到损害。因此，从保护债权人利益的角度，也不应轻易否定被“代持”抵押权的合法性。回到本案例，如果案涉抵押权被撤销，则唐某对陈某的债权将面临难以受偿的风险。案涉抵押权是唐某实现债权的重要保障，应该也是其愿意出借资金的重要考量因素，其效力应依法予以确认。

综上所述,首先,案涉抵押权虽然登记在非债权人彭某名下,但是其设立确系为了担保唐某对陈某所享有债权的实现,符合抵押权的从属性特征。其次,根据物权公示公信原则,案涉抵押权依法办理了登记,其设立不会破坏交易安全,吴某方应该自行承担未尽审慎注意义务所产生的后果。最后,从保护债权人利益的角度考虑,若将案涉抵押权撤销,则唐某对陈某的合法债权必然受到威胁。因此,案涉抵押权应属合法有效。

值得说明的是,认可被“代持”抵押权的法律效力与《民法典》第五百四十七条第二款的精神相契合。该款规定,“受让人取得从权利不因该从权利未办理转移登记手续或者未转移占有而受到影响”。由于从权利的范围较广,特别是在担保物权领域,抵押权作为担保物权的一种,其本质上仍属于物权,作为物权就要遵循物权法定和公示公信的原则。在债权转让中,就必然产生是直接适用“从随主”的规则,还是要遵循物权法定原则。比如,不动产抵押权是否需办理抵押登记后方发生物权变动的效力。对此,《民法典》第五百四十七条第二款予以明确,即在债权转让中,主债权转让后,相应的从权利就一并转让,即使该从权利未办理转移登记或者转移占有,受让人仍然取得该从权利。[①]

一审审判组织成员:曹　彬

二审审判组织成员:卢薇薇　王晓梅　陈　俊

编写人:上海市第二中级人民法院　王晓梅　高　勇

---

① 参见最高人民法院民法典贯彻实施工作领导小组主编:《中华人民共和国民法典合同编理解与适用》(一),人民法院出版社2020年版,第569页。

# 杨某诉永辉云创科技有限公司网络购物合同纠纷案

## ——网络购物订单提交的性质与合同成立时间之认定

**关键词**｜要约　承诺　订单

**裁判要旨**

出售人通过互联网等网络媒介发布商品，若内容符合要约条件，买受人选择该商品并提交订单成功时，应当认定合同成立。订单提交成功后即表示合同对买卖合同双方产生法律拘束力。买受人应当支付相应价款，出售人应当按照双方约定的方式交付货物。若一方不履行义务，将承担违约责任。例外情况是买卖双方对合同成立时间另有约定，或出售人已通过明确的书面方式告知了买受人合同成立条件，且买受人表示认可。若非如此，则不能影响网络购物合同之履行效力。

**法条链接**

《民法典》第四百九十一条

**案例索引**

一审：上海市杨浦区人民法院（2020）沪0110民初10615号民事判决（2020年8月21日）

**基本案情**

2019年10月1日，杨某前往永辉云创科技有限公司（以下简称永辉公司）所开设的锦秋路店内购买酒品。通过营业员，从永辉公司系统里查到飞天茅台53度酒的促销价格及商品编码。2019年10月1日18时59分48秒，杨某在家中通过永辉公司运营的“永辉生活”App，进入其中的“扫码购”功能，输入飞天茅台53度酒的商品编码，在永辉公司开设的北艾路店下单了6瓶飞天茅台

53 度酒，显示订单状态为“完成”。当晚，经杨某申请，永辉公司开具电子发票一张，显示商品为 6 瓶飞天茅台 53 度酒，总金额为 5586 元。但随后，永辉公司以无货为由，在未征得杨某同意的前提下，对上述订单进行了退款处理，并将货款 5586 元退给了杨某。审理中，永辉公司认可杨某提供的门店商品价格单及飞天茅台 53 度酒编码，也认可门店曾以每瓶 931 元为飞天茅台 53 度酒定价，但陈述飞天茅台 53 度酒实际并未上架。

杨某诉称，杨某在永辉公司开设的 App 上下单购买 6 瓶飞天茅台 53 度酒，订单已经提交成功并付款完成，永辉公司应当向杨某提供商品。但随后，永辉公司却在未征得杨某同意的前提下，单方面取消了订单且办理了退款手续，并销毁了电子发票，这一行为显然有不当之处，侵害了消费者的权益。故杨某向法院提出如下诉讼请求：判令永辉公司继续履行合同，按照成交价进行发货，如永辉公司不能按约履行合同，则因其存在欺诈，应按照 931 元每瓶乘以 6 瓶再乘以 3 倍的价款予以赔偿。

永辉公司辩称，根据永辉公司北艾路店及锦秋路店的商品上下架信息，显示商品编码为“8708”的货品最晚于 2019 年 4 月 20 日已无库存。该商品编码所对应的商品即为本案中的飞天茅台 53 度酒。杨某购买飞天茅台 53 度酒的时间为 2019 年 10 月 1 日，当时已无库存，也没有新货上架，因此杨某根本不可能买到商品并形成订单。杨某与永辉公司之间不存在合同关系。杨某之所以能够生成订单，应当是通过某种非法的技术手段使用后台程序获取订单，该行为系非法的，已涉嫌构成犯罪。并且，永辉公司 App 中的“扫码购”功能仅适用于在门店内使用，即通过直接持有商品，扫描商品上的条形码，支付价款后带走的一种购物方式。但是，杨某实际是在家中扫码下单的，不符合“扫码购”的使用要求和条件。

## 裁判结果

上海市杨浦区人民法院于 2020 年 8 月 21 日作出(2020)沪 0110 民初 10615 号民事判决：永辉公司应于判决生效之日起 10 日内交付杨某飞天茅台 53 度酒 6 瓶，杨某同时支付永辉公司 5586 元。

一审判决后，双方当事人均未提起上诉，本案判决已经发生法律效力。

**裁判理由**

法院生效判决认为,本案的争议焦点有二:一是双方之间的网络购物合同是否成立,永辉公司是否应当依照订单履行合同义务?二是永辉公司是否构成欺诈,是否需要承担3倍赔偿责任?

关于争议焦点一,杨某主张其与永辉公司之间的买卖合同或网络购物合同已经成立且生效,杨某支付了货款,永辉公司就应当依照约定交付商品。现永辉公司拒不交付商品并单方面解除合同,是明显的违约行为。永辉公司则认为,飞天茅台53度酒系特殊的稀缺商品,在门店没有库存的前提下,正常消费者是不可能购买到的。杨某必定是采取了某种不法的技术手段,通过后台程序下单,据此形成的订单是不成立的。并且,"扫码购"应当是消费者在门店内直接持有商品扫码支付价款的一种购物方式,但杨某却是在家中扫码下单的,也不符合"扫码购"的要求和条件,因此购买行为是无效的。法院认为,通过互联网的方式购买商品,消费者能够选择确定的商品并提交成功的,应当认定网络购物合同成立。本案中,杨某确已通过购物软件提交订单并付款,该订单显示成功且开具了发票,应当认为杨某与永辉公司之间的合同成立。永辉公司现主张杨某是通过非法技术手段获取订单,但没有提供证据加以证明,故对永辉公司的辩称意见,法院实难采信。此外,永辉公司还指出"扫码购"是需要在门店内当场对商品进行扫码才能结算的,为此还出示了"扫码购"使用规则。杨某则表示当时在购买的时候,并没有显示这一条款,永辉公司出示的条款是修改后的。对此,法院认为,若消费者与商家对购买方式有约定的,可以依照约定履行。但永辉公司出示的"扫码购"使用规则与杨某出示的App使用规则的确不相同,无法证实永辉公司已事先告知了杨某购买规则或已经得到杨某的同意。并且,杨某确实通过"扫码购"下单成功,永辉公司主张库存不足所提供的证据亦不够充分。且永辉公司作为购物软件的制作者、管理者,理应具备防止消费者对早已没有库存的商品进行下单的技术能力,但永辉公司并未采取此类措施。现却以"没有库存就不可能下单""合同未成立"进行抗辩,缺乏事实依据。因此,法院认为,网络购物合同成立,双方应当依照约定履行义务。现永辉公司单方面取消订单并退款,已构成违约。永辉公司作为具有一定知名度和规模的经营者,具有履行合同的能力,杨某又坚持要求永辉公司继续履行合同,故永辉公司应当承担继续履行的违约责任。

关于争议焦点二，杨某主张永辉公司存在欺诈，应当承担3倍赔偿责任。所谓欺诈，是指一方当事人故意告知对方虚假情况或者故意隐瞒真实情况，从而导致对方当事人错误的意思表示。本案中，考察永辉公司的行为，仅是以库存不足为由而取消订单并退款，并不存在向消费者出售以次充好、以假充真、以不合格商品假冒合格商品等行为，也没有对消费者造成误导或带来其他损失，故不应当认定为欺诈。因此，法院对杨某主张永辉公司存在欺诈的主张不予采信。鉴于永辉公司有能力继续履行合同，应优先适用继续履行。

**案例注解**

通过互联网等媒介缔结网络购物合同的形式日益普及，且大有取代传统买卖合同之势。但在合同成立要件的审查上，网络购物合同与传统买卖合同之间是否存在差异？用要约与承诺是否依然可以解释合同成立的过程？《民法典》第四百九十一条第二款规定，当事人一方通过互联网等信息网络发布的商品或者服务信息符合要约条件的，对方选择该商品或者服务并提交订单成功时合同成立，但是当事人另有约定的除外。这与《合同法》第三十三条相比，新增了电子商务平台商品或者服务交易合同成立时间的新规则。而该新规则对审判实务有何启示，值得探究。

## 一、传统买卖合同与网络购物合同成立条件之异同

### （一）构成要件的一致性与要约和承诺的演进

“所谓合同的订立，是指缔约人为意思表示并达成合意的状态。”[①]其实质是一个动态过程。合同成立分为要约和承诺两个主要步骤，其过程可能很简单，也可能很复杂（如包含要约邀请、反要约、交叉要约等）。德国学者罗伯特·霍恩认为：“要约和承诺之间的差别只是一种时间上的不同，要约是一种在先的意思表示，而承诺则是一种在后的意思表示。从原则上讲，要约的表达应该能够使对方只以一句简单的‘同意’而加以接受，但这种情况在实践中非常少见，正如经常发生的那样，契约是一个漫长过程中的最后一步。”[②]在极简的传统买卖合同中，买家或卖家向对方发出要约，另一方表示接受即可使买卖合同

① 王洪亮：《债法总论》，北京大学出版社2016年版，第46页。

② [德]罗伯特·霍恩等：《德国民商法导论》，楚建译，中国大百科全书出版社1996年版，第81页。

成立,其交易过程较易理解。但在互联网模式[①]下,情况有所不同。仅通过买家与卖家之间的“书面聊天”方式所达成的买卖合意并非合同成立之要件。其交易方式的便捷性难掩其交易步骤之繁复性。具体而言,需将所预购之商品置于购物车进行网络支付方式选择和结算,填写收货地址,而后生成订单的一整个过程。至于其媒介类型,也十分广泛。根据《最高人民法院关于审理侵害信息网络传播权民事纠纷案件适用法律若干问题的规定》第二条的规定,信息网络包括以计算机、电视机、固定电话机、移动电话机等电子设备为终端的计算机互联网、广播电视网、固定通信网、移动通信网等信息网络,以及向公众开放的局域网络。

因网络购物合同较之传统买卖合同在形式上具有新颖性,故在互联网模式中,对要约和承诺的节点认定存在争议。“对于购物网站上展示商品的网页的性质,社会上存有要约邀请或要约的争议。各国学界与司法实践大多倾向于认为网页上的商品广告与价格标识属于要约邀请。”[②]但随着国内互联网产业的茁壮发展,网络交易方式也发生着快速演变。“一方在互联网等信息网络媒介发布的商品或者服务信息,只要符合要约条件的,就认为是网络交易合同的要约。”[③]至于承诺,也存在买家下单即承诺与下单后需经确认才属承诺之争论。[④]现则以订单提交为承诺占主导,“对方也就是消费者在网络上选择该商品或者服务,并提交订单,为承诺。当网络交易服务界面显示提交订单成功时,合同成立。因而,显示提交订单即‘下单’成功时,就是网络交易合同的成立时间”。[⑤]由此可见,与传统买卖合同相比,要约和承诺依然且始终是合同成立的要件。只是要约不再仅仅是一种较为具体的发出意思,而兼有陈列、展示、说明、用户评价或体验等更为综合详尽的出售意愿;承诺也不再仅仅是一句简单的“同意”,而是嵌入了商品选择与订单提交、订单后台确认、支付方式选择、收货方

---

① 本部分所称互联网模式,是指通过自行开设或第三方开设的互联网购物媒介,并利用其交易功能而达成买卖合同关系的交易模式。与仅以互联网为沟通介质而达成双方买卖关系之方式不同。

② 王云霞:《分离与融合:民法典视阈下消费者合同的定位与规制——以网络交易合同为切入点》,载《政治与法律》2015 年第 9 期。

③ 杨立新、李怡雯:《中国民法典新规则要点》,法律出版社 2020 年版,第 278 页。

④ 我国台湾地区“消费者保护委员会”曾在针对这种情况发布的新闻稿中表示,不论这种交易的经营者在网络上所刊登的商品信息究属要约或要约引诱,只要消费者下单,之后存在确认,买卖契约即已成立。参见李丽辉主编:《法律维度下的科技》,中国政法大学出版社 2015 年版,第 286 页。

⑤ 杨立新、李怡雯:《中国民法典新规则要点》,法律出版社 2020 年版,第 278 页。

式选择等步骤。实际上,《民法典》这一新规并非对合同成立时间的重新定义,而是对要约和承诺内涵的一种衍进发展,实质是应对互联网发展而对要约和承诺形式拓展的法典化确认。

(二)成立效果的一致性与违约责任的多样性

在网络购物合同中,"下单"或"确认下单"即标志着网络购物合同的成立,同时也意味着网络购物合同的生效。与传统买卖合同一样,网络购物合同的生效要件并无特别要求,除有明确约定或者交易商品性质有特别要求外,合同成立与生效同时发生。但网络购物合同中可能会因合同成立而引发其他法律关系的启动,比如,在第三方开设平台时的资金保有关系、代付关系、服务费收取关系、物流对接关系、代收代管服务关系等。在违约责任的承担上,互联网买卖合同双方的责任承担方式与传统买卖合同并无二致。但在网络购物合同中涉及第三方平台时,则又呈现出三种形式:第一,独立形式。即第三方平台仅提供平台媒介,并不对买卖双方的违约行为承担责任,由卖家承担违约责任。这也是大多数的责任承担情况。第二,代偿形式。具体包含两种情况,一种是网络交易平台不能提供卖家或服务提供者的真实名称、地址和有效联系方式时,买家或服务接收一方可以向网络交易平台要求赔偿;另一种是卖家或服务提供者已向网络交易平台提供一定数量保证金时,买家或服务接收一方也可以在保证金范围内向网络交易平台要求赔偿。第三,连带形式。网络交易平台明知或者应知卖家或服务提供者利用其平台侵害消费者合法权益,未采取必要措施的,依法与该销售者或者服务者承担连带责任。这与传统的买卖合同相比,对买家无疑增加了一层保障。

## 二、当事人另有约定的条文理解

《民法典》第四百九十一条第二款中有关于合同成立时间点的但书,即"当事人另有约定的除外"。因互联网交易的快捷性,往往不另附效力性限制约定,但法律并不禁止就此项达成合意。只是在对该但书的适用时,需注意以下两点:

(一)告知或约定应留有痕迹

网络购物合同的磋商过程也主要通过网络媒介,若卖家对合同成立时间有所保留,应提前告知买家。因网络购物合同一般都留有较为完整的交易痕迹,对合同成立时间的另行约定也应当留有痕迹,其最佳表现形式以书面为宜,否则在举证责任分配时可能对卖家不利。留痕的具体方式既可以表现为在销售主页及商品链接上的特别告知(如数量有限、一物一拍、仅供展示不予出售、拍前联系卖家等),也可以表现为通过平台自带聊天工具一对一进行售前说明(如时令商品或稀缺商品不保证一定有货等),当然也不排除卖家可以通过其他方式(如其他聊天工具、电子邮件、传真等)向买家告知合同成立的合法附加条件。在以网络直播形式进行销售时,若主播与买家达成口头合意,卖家则应当保存直播录像或视频,以此证实双方就合同成立时间达成了一致。

(二)避免格式条款的使用

网络购物合同的买家一般是不特定的多数群体,卖家为了交易便利和重复使用,往往会对其提供的合同采用统一格式。在未违反法律、未不合理免除或减轻自己责任而加重对方责任、未限制对方主要权利甚至排除对方主要权利时,其合同条款依然具有拘束力。但合同成立时间的确定是法定的,卖家若要加以排除,需征得买家同意或者事先明确告知,否则买家可能援引格式合同条款主张附加条件无效。"对消费者合同的条款进行解释时,通常适用'消费者的倾斜保护'原则,其表面上违反了'合同严守'的基本原则,侵害合同的形式自由,但实际上有助于防止企业经营者滥用意思自治权利制定合同条款,通过重新矫正交易双方失衡的博弈能力,达到实质公平的效果……不仅仅是在消费者与经营者之间,经营者与经营者之间所进行的格式条款也应遵从'实质公平原则'。"[①]也就是说,若卖家对合同成立时间有特别要求时,以采取一对一的事先合意或通知方式(理论上也可称为个别商议条款)为最佳,以在商品主页或链接处通过明确的提示或告知方式为次佳,[②]以将成立时间置入大量用户协议、购物须知等条款之中为最不可取。

## 三、本案买卖合同成立时间及效力判断

本案虽有两项争议焦点,即合同成立时间的判断及是否构成欺诈。但合同

---

① 王云霞:《分离与融合:民法典视阈下消费者合同的定位与规制——以网络交易合同为切入点》,载《政治与法律》2015 年第 9 期。

② 即便是个别商议条款,其效力是否足以认定有效也存在争议。例如,我国台湾地区邱聪智教授认为个别商议条款排除定型化契约规范之适用。陈聪富教授则认为仍应考虑消费者对咨询的获取能力及谈判协商的过程。参见陈聪富:《契约自由与诚信原则》,台北,元照出版有限公司 2015 年版,第 70 页。

成立时间问题才是整案的核心问题所在。根据前文分析可知,网络购物合同成立时间节点为买家选择特定商品并提交订单成功。本案中,杨某确实通过永辉公司运营的 App 选购了特定商品(飞天茅台 53 度酒)并提交订单成功,且已支付对价并开具了发票,应当认定杨某与永辉公司之间的网络购物合同成立。[①]永辉公司虽抗辩认为其 App 的使用具有特别条件限制,且商品无库存,即认为双方之间另有约定,应依照约定处理。但一方面,永辉公司所提供的用户须知和使用方式属于明显的格式条款,虽对使用方式进行了限定,但并未事先明确提示或告知杨某;另一方面,杨某也提供了该 App 的用户须知和使用方式,其中并不存在对使用条件的特别告知。杨某认为永辉公司提供的用户须知和使用方式系永辉公司事后修改使用规则的意见,具有合理性。并且,杨某既然事实上可以通过该 App 扫码购物且下单成功,无疑可以认为永辉公司的 App 是开放性的,当实际效果与约定内容不符时,也应以实际表现出来的法律效果为准。

永辉公司还认为,杨某所购商品系特殊的稀缺商品,在门店没有库存的前提下,是不可能购买到的。在永辉公司不能举证证明杨某使用不法的技术手段侵入永辉公司 App 系统下单成功的前提下,永辉公司应对自己开发、运营的 App 承担技术上的交易保障责任和义务。缺货商品无法下单,是一项十分常见和普遍的功能,永辉公司不可能没有技术能力做到这一点。即使认可永辉公司主张的无库存抗辩,也系永辉公司制作 App 时造成的疏漏,不能因其疏漏而导致买卖合同不成立或无效。基于此,杨某与永辉公司之间的网络购物合同已依法成立,双方应当依照约定行使权利和履行义务。永辉公司在无合法理由的情况下,单方面取消订单并退款,已构成违约。永辉公司作为具有一定知名度和规模的经营者,显然具有继续履行合同的能力。本案杨某又坚持要求永辉公司继续履行合同,故永辉公司应当承担继续履行合同的违约责任。对违约责任的选择要基于有效激励,以权衡双方利益为宜。[②]

---

① 实际上,本案杨某已在永辉公司 App 中下单成功且经确认,不论是将商品信息链接作为要约或者要约邀请,也不论是将下单作为承诺抑或将下单确认作为承诺,对本案合同成立性质均无影响。

② 在实践中,损害赔偿额等于违约人能够合理预见到的期待利益的损失,而不是所有利益的损失。参见李永军:《合同法》(第 2 版),法律出版社 2005 年版,第 728 页。

## 四、总结

《民法典》的出台,对于网络购物合同的成立时间节点判断给出了明确规定,为适法统一指明了方向。当然,实践中的案件纷繁复杂,在细节上可能会有所不同,具体问题的判断还要依托于案情的展开。特别是如何理解《民法典》第四百九十一条第二款的但书内容,仍可能会产生分歧。本部分作出的一些合理解释,期待有所助益。

审判组织成员:奚　懿

编写人:上海市杨浦区人民法院　奚　懿

# 勃林格殷格翰动物保健(上海)有限公司诉周某合同纠纷案

## ——求职者承诺入职后又拒绝订立劳动合同的责任承担

**关键词**｜录用通知书　预约合同　缔约过失责任　违约责任

**裁判要旨**

求职者承诺入职后又拒绝按期订立劳动合同的行为既构成对本约合同的缔约过失,又构成对预约合同的违约。人民法院应当根据当事人的诉讼请求确定案由。用人单位以违反预约合同为由要求求职者承担违约责任的,属于民事纠纷[①]而非劳动争议范畴,应当适用《合同法》等法律规范予以调整。关于预约合同的违约损害赔偿数额,人民法院应当遵循以下思路:双方对于违约损害赔偿数额有约定的,依照其约定;在没有约定或约定不明时,应当以本约合同履行利益为限,结合预约合同与本约合同的关联程度综合确定违约损害赔偿的数额。

**法条链接**

《民法典》第四百九十五条

**案例索引**

一审:上海市静安区人民法院(2019)沪0106民初45939号(2020年1月31日)

二审:上海市第二中级人民法院(2020)沪02民终3126号(2020年7月17日)

---

① 如无特别说明,本部分中民事纠纷指的是适用传统民事法律规范审理的纠纷,而劳动争议指的是适用劳动法律规范审理的纠纷。

**基本案情**

原告勃林格殷格翰动物保健(上海)有限公司(以下简称勃林格殷格翰公司)诉称,经多轮面试,勃林格殷格翰公司向被告周某发出录用通知书,明确拟录用周某。周某于当日签字确认后以扫描件形式发还勃林格殷格翰公司。其后,周某拒绝入职勃林格殷格翰公司。现请求:判令周某支付违约金51,500元。

周某辩称,不同意勃林格殷格翰公司的诉请。周某之所以在录取通知书上签字,是出于弱势求职者作为家庭主要经济收入保障的需求。周某在面试期间受到种种盘剥询问,考虑入职后可能会遭受更多不公平待遇,故于2019年8月22日提出拒绝入职。勃林格殷格翰公司在招聘过程中投入的时间及人力系其内部流程,所谓的损失无实质量化数据,亦不能归咎于周某。

法院经审理查明:周某于2019年6月应聘勃林格殷格翰公司市场经理一职,勃林格殷格翰公司于2019年7月25日向周某发出录用通知书,载明了周某的入职岗位、工资福利、工作地点等内容,并约定若周某拒绝签订劳动合同,则应当赔偿违约金51,500元。当日,周某在录用通知书上签名并以扫描件形式发还勃林格殷格翰公司。2019年8月22日,周某明确拒绝入职勃林格殷格翰公司。

2019年10月8日,勃林格殷格翰公司向上海市静安区劳动人事争议仲裁委员会申请仲裁,要求周某支付违约金51,500元。该仲裁委以周某未入职,勃林格殷格翰公司的请求事项不属于仲裁受理范围为由,对勃林格殷格翰公司的请求决定不予受理。勃林格殷格翰公司不服仲裁决定,在法定期限内向法院提起诉讼(具体案情时间跨度见图1)。

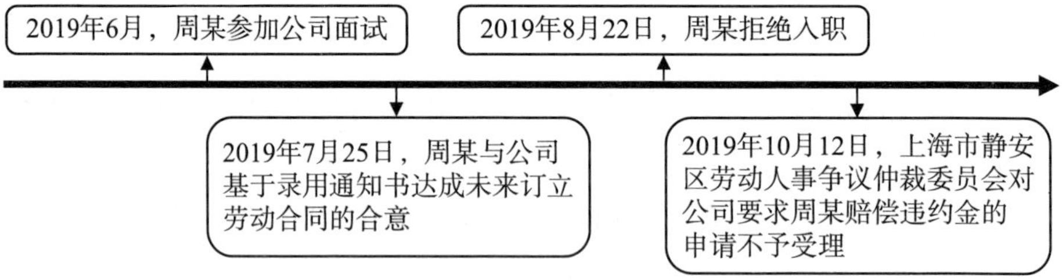


**图1 案情时间轴**

**裁判结果**

上海市静安区人民法院于2020年1月31日作出(2019)沪0106民初

45939 号民事判决:周某应在判决生效之日起 7 日内向勃林格殷格翰公司赔偿经济损失 51,500 元。一审宣判后,周某依法提起上诉。

上海市第二中级人民法院于 2020 年 7 月 17 日作出(2020)沪 02 民终 3126 号民事判决:变更上海市静安区人民法院(2019)沪 0106 民初 45939 号民事判决为周某于本判决生效之日起 7 日内向勃林格殷格翰公司支付违约金 51,500 元。

**裁判理由**

法院生效判决认为,本案争议焦点是周某是否须承担违约责任?根据双方的诉辩意见,该争议焦点包含如下问题:其一,双方纠纷适用何种法律调整?其二,违约责任的法律依据是什么?其三,周某抗辩不承担违约责任的理由是否成立?

### 一、关于双方纠纷适用何种法律调整

本案中,周某认为其是为求职之目的而与勃林格殷格翰公司产生法律关系,双方本质上是劳动关系,应适用《劳动合同法》调整双方纠纷,不属于《合同法》调整范围。法院认为,依据《劳动合同法》第七条、第十条的规定,用工是劳动关系建立的唯一标准。本案中,勃林格殷格翰公司仅向周某发出了涉案录用通知书,双方尚未建立用工关系,也未签订劳动合同。双方之间的劳动关系尚未成立,周某在本案中的身份是求职者,而非劳动者,勃林格殷格翰公司也并非用人单位,故本案不属于劳动争议纠纷。周某主张适用《劳动合同法》调整双方纠纷,缺乏事实和法律依据,法院不予采纳。本案双方纠纷应适用《合同法》予以调整。关于本案案由,周某主张应为劳动合同纠纷,依据法院上述论述,周某的该主张不成立。一审中,勃林格殷格翰公司主张周某承担违约责任,并未主张周某承担缔约过失责任,一审法院适用《合同法》第四十二条作为裁判基础,缺乏依据,本案应为合同纠纷。

### 二、违约责任的法律依据是什么

依据一审法院查明的事实,周某经勃林格殷格翰公司多轮面试后,收到勃林格殷格翰公司向其发出的录用通知书,录用通知书中载明了周某工作岗位、工作地点、劳动合同期限、工资福利待遇等内容,并约定了周某入职签订劳动合同具体日期。周某在录用通知书签名并回复确认。依据上述事实,本案双方实

际上以录用通知书的形式约定在将来一定期限内订立劳动合同,双方之间成立预约合同,而录用通知书中载明的将来周某作为劳动者所享有的权益内容清楚完备且不违反法律规定,基本上不存在双方还需要进一步磋商的未决事项。故录用通知书对双方均具有法律拘束力,双方应按照录用通知书载明的入职日期订立相应的劳动合同,任何一方违反上述约定,均应承担相应的违约责任。本案中,在周某拒绝入职之后,勃林格殷格翰公司可以依据《合同法》第一百零七条的规定请求周某承担违反预约合同的违约责任。

**三、周某抗辩不承担违约责任的理由是否成立**

依据法院对上述第二个问题的论述,勃林格殷格翰公司可以主张周某承担违约责任。本案中,周某抗辩其不应承担违约责任,理由有二:其一,根据《劳动合同法》第二十五条的规定,用人单位与劳动者仅可就服务期和保密义务约定劳动者违约责任,除此之外用人单位不得约定劳动者承担违约责任,而本案勃林格殷格翰公司约定的违约责任条款不属于上述法律规定的情形,属无效条款。法院认为,上述违约责任约定的排除性条款仅适用于用人单位与劳动者之间,法院在第一个问题中对双方之间未成立劳动关系已做认定,故周某该抗辩意见缺乏法律依据,法院不予采纳。其二,周某主张勃林格殷格翰公司在招聘过程中的经营风险应自行承担,而非由周某承担。本案中,双方经过多轮面试、平等磋商后,周某于 2019 年 7 月 25 日签字回复勃林格殷格翰公司录用通知书的行为,确认了双方在将来一定期限内订立劳动合同的约定。录用通知书约定周某应于 2019 年 8 月 26 日入职,勃林格殷格翰公司对周某按期履约已产生信赖利益,但周某迟至 2019 年 8 月 22 日拒绝入职勃林格殷格翰公司,且周某在一审中陈述的不入职理由是其找到更适合自己的岗位。法院认为,周某不入职的行为并非其本人无法预见的情形,而是周某经过考量后对自身履约利益作出的权衡和选择。周某将其违约行为归结为勃林格殷格翰公司经营风险的一部分并由勃林格殷格翰公司自行承担的主张,缺乏法律依据,也不合情理,有违诚实信用,法院对该抗辩理由不予采纳。

**案例注解** ▶▶

**一、请求权的竞合:违约责任或缔约过失责任**

本案中,一审、二审法院均认可周某应当向勃林格殷格翰公司支付 51,500

元，但对于作出此判决的依据却存在分歧。一审法院认为赔偿的依据在于周某的缔约过失，而二审法院则认为双方受旨在订立劳动合同的预约合同约束，周某应当就其拒绝订立劳动合同的行为承担违约责任。笔者认为，周某的行为既构成缔约过失也满足违约的相关要件，勃林格殷格翰公司可以自由选择诉讼的请求权。

（一）违约责任的证成

周某在勃林格殷格翰公司发出的录用通知书上签字的行为构成对勃林格殷格翰公司要约的承诺，周某最终未按约定与勃林格殷格翰公司订立劳动合同是对预约合同的违反。

预约合同起源于罗马法[①]，是当事人双方为将来订立一定内容合同的事先安排。[②] 随着磋商程度的不断加深，当事人双方会倾向于在预约合同中对本约合同的相关条款进行约定，从而使预约合同逐渐具有了本约合同的相关特征。本案中，勃林格殷格翰公司在向周某发送的录用通知书中，明确约定了入职时间、职位、薪资待遇等内容满足了《劳动合同法》第十七条规定的劳动合同应当具备的要素。为此，司法实践中有观点认为具备劳动合同基本条款的录用通知书应当认定为劳动合同。然而，预约合同与本约合同的根本区别在于当事人双方签订合同的目的，预约合同中的条款是否与本约合同相同并非判断的关键，《最高人民法院关于审理商品房买卖合同纠纷案件适用法律若干问题的解释》第五条虽然规定认购、订购、预订等协议具备商品房买卖合同的主要内容的可以认定为商品房买卖合同，但也必须同时满足出卖人按照约定收受购房款这一要件以明确双方具有将上述协议视为本约合同的意思表示。本案中，勃林格殷格翰公司在录用通知书中明确表示将另行签订为期 3 年的固定期限劳动合同，而周某亦对此签字确认，故而应当认定双方依据录用通知书达成的仍为预约合同的合意，目的在于约束双方按期签订劳动合同。因此，周某未与勃林格殷格翰公司订立劳动合同，违反了双方已经达成的预约合同的约定，应当承担违约责任。

---

① 预约合同最初是为了弥补要物合同的缺陷而产生的一种合同类型，其适用范围一直受到限制。在我国，最初也仅在买卖合同以及商品房买卖合同的相关司法解释中对预约合同有过规定。但目前主流的观点是预约合同适用于所有合同之中，我国《民法典》也认可了这一观点，在合同编的通则部分对此进行了规定。

② 参见刘承韪：《预约合同层次论》，载《法学论坛》2013 年第 6 期。

(二)缔约过失责任的证成

周某与勃林格殷格翰公司基于录用通知书达成的合意本身也是劳动合同缔约磋商过程的重要组成部分,周某拒绝签订劳动合同的行为同样构成缔约过失。

耶林指出,“合同当事人在缔约过程中最重要的应当是尽到必要的勤勉义务,否则不仅是已经产生的合同关系,正在形成过程中的合同关系也应当得到过错规则的保护”。[①]《劳动合同法》虽然未明确规定劳动合同不成立情况下的缔约过失责任,但该法第三条强调的诚实信用原则与缔约过失责任设立的初衷具有一致性,因此可以从该条推知一方因过错未订立劳动合同时需要承担缔约过失责任的结论。[②] 而在司法实践中,一方当事人以对方在磋商后拒绝签订劳动合同为由要求对方承担缔约过失责任的情况并不少见,法院亦多对此多持支持态度。[③] 本案中,周某在录用通知书上签字的行为足以使勃林格殷格翰公司产生周某会按照约定建立正式劳动合同关系的预期,然而周某在将近一个月之后又拒绝入职,侵害了勃林格殷格翰公司的信赖利益,违背了双方之间基本的诚实信用,勃林格殷格翰公司有权依照缔约过失责任请求周某赔偿相应损失。

综上所述,勃林格殷格翰公司既可以依照违约责任也可以依照缔约过失责任要求周某承担赔偿责任。一审中,勃林格殷格翰公司明确表示要求周某赔偿违约金 51,500 元,即选择了依照违约责任作为请求权基础,而非要求周某承担缔约过失责任。

## 二、规范场域的选择:民事纠纷或劳动争议

本案中,勃林格殷格翰公司先行向劳动仲裁委提出了仲裁申请,但劳动仲裁委以违约责任纠纷不属于受理范围为由驳回了勃林格殷格翰公司的申请。根据《劳动争议调解仲裁法》第二条规定,因订立劳动合同发生的争议属于劳动仲裁的受案范围。有观点认为,因订立劳动合同发生的争议包括两种类型,

---

① See Jhering Cupla in contrahendo, S. 363.

② 《劳动合同法》第三条第一款:“订立劳动合同,应当遵循合法、公平、平等自愿、协商一致、诚实信用的原则。”第八十六条:“劳动合同依照本法第二十六条规定被确认无效,给对方造成损害的,有过错的一方应当承担赔偿责任。”

③ 参见江苏省无锡市无锡高新技术产业开发区人民法院(2014)新民初字第 1073 号民事判决书。

一种是因前合同义务的违反发生的争议，另一种是因续订劳动合同产生的争议。[①] 勃林格殷格翰公司与周某基于录用通知书达成的预约合同约定了双方订立劳动合同的前合同义务，周某的违约行为应当属于劳动争议受案范围并受劳动法律规范调整。笔者认为，勃林格殷格翰公司与周某之间成立的预约合同仍属于民事法律关系，应当受民事法律规范调整。

（一）标准一：立约主体的地位是否平等

勃林格殷格翰公司与周某在订立预约合同过程中仍属于平等民事主体。劳动关系区别于劳务、委托等民事法律关系的核心，即建立劳动关系双方当事人之间处于不平等的法律地位。劳动者在生产过程中对用人单位具有较强的人身依附性，受用人单位指挥并接受用人单位管理。然而勃林格殷格翰公司与周某在商定预约合同的过程中，勃林格殷格翰公司并非用人单位而周某仅为求职者而非劳动者，双方在劳动力市场上可以通过平等的沟通，依据自身的需求对双方的权利义务进行磋商，若一方对商议的条件不满，则可以选择放弃双方之间的接触并寻找下家，并不会出现一方过于强势以致侵害另一方合法权益的情形。

（二）标准二：法律适用是否合理

以民事法律规范对双方争议进行调整具有合理性。就立法层面而言，目前关于预约合同的规定均集中在民事合同领域，《最高人民法院关于审理商品房买卖合同纠纷案件适用法律若干问题的解释》、《最高人民法院关于审理买卖合同纠纷案件适用法律问题的解释》以及《民法典》对预约合同的认定、违约损害赔偿责任的范围等问题作出了较为详细的规定。而《劳动合同法》等劳动法律规范中对于预约合同并没有具体的规定，如果依照劳动法律规范对预约合同进行审理，则会过分扩大法官的自由裁量造成适法的不统一。同时，由于劳动法律规范对预约合同未作规定，即便将预约合同纳入劳动关系来处理，实践中也需要参照民事法律规范进行审理，[②]因而直接将双方关于预约合同的争议纳入民事法律关系的调整范围更为方便和妥当。

---

① 参见黄昆、刘文华、李海明：《就业协议争议属于劳动争议受案范围吗》，载《中国劳动》2010 年第 1 期。

② 对此可做借鉴的是人民法院关于劳动合同缔约过失责任的处理方式。由于《劳动合同法》对缔约过失责任没有规定，实践中的做法主要是通过参照《合同法》关于缔约过失责任的相关规定进行判决。

### (三)标准三:纠纷解决是否存在障碍

预约合同与劳动合同分别由两种法律规范调整并不会产生衔接障碍。双方当事人在预约合同中往往会对本约合同的内容进行约定,这些内容在双方签订本约合同时不得更改,否则违约一方需要承担违约责任。例如,双方在预约合同中约定:工作年限为 3 年,实习期为 1 年。若一方当事人以预约合同中关于实习期的规定违反《劳动合同法》而拒绝签约,能否支持另一方当事人的违约损害赔偿请求即是法院需要解决的核心问题。笔者认为,《合同法》第五十二条规定,违反法律、行政法规的强制性规定的合同无效,因此预约合同中关于实习期的规定由于违反《劳动合同法》而不产生效力。然而,预约合同部分条款的无效并不产生预约合同整体无效的法律后果,双方当事人仍需受预约合同之约束而履行订立劳动合同的义务。由于实习期条款对双方未生效力,双方在订立劳动合同时,应当以诚信原则为基础就该条款进行磋商进而订立劳动合同。因此,一方当事人不得以预约合同中的有关条款违反劳动法律规范为由拒绝订立本约合同,否则应当承担违约责任,但如若双方在相关条款的磋商过程中因未达成一致而未订立本约合同,则不需要承担违约责任。

综上所述,本案中双方的预约合同纠纷属于民事纠纷,应当依照《合同法》等民事法律规范进行审理。

## 三、损害赔偿数额的确定:履行利益或信赖利益

本案中,勃林格殷格翰公司与周某就预约合同的违约金数额已经形成合意,周某在诉讼过程中并未以违约金过高为由要求法院予以酌减,因此本案中周某应当依照双方生效的预约合同的约定向勃林格殷格翰公司支付 51,500 元。然而,并非所有当事人均会在预约合同中对损害赔偿数额作出具体安排,因此如何确定预约合同违约损害赔偿数额仍具有讨论的价值。

一种观点认为,设置预约合同违约责任的目的在于保护善意预约人并在双方当事人之间保持利益的平衡,因此主张以本约合同的信赖利益为赔偿范围,仅对缔约过程中为缔约的目的而实际支出的成本、费用等作出赔偿。[①] 另一种观点认为,预约合同的违约损害赔偿数额应当以本约合同的履行利益为标准,

---

① 参见最高人民法院民事审判第二庭编著:《最高人民法院关于买卖合同司法解释理解与适用》,人民法院出版社 2016 年版,第 54~62 页。

在可预见性规则的限制之下赔偿一切履行本约合同后可获得的利益。[①]

笔者认为,预约合同的损害赔偿数额应当以本约合同的履行利益为限。第一,预约合同虽然形成于本约合同的磋商阶段,但其本质仍为合同,仍应当依照《合同法》第一百一十三条的一般规定确定违约损害赔偿范围。基于预约合同的违约责任与缔约过失责任存在竞合,就认为预约合同的违约责任亦应当以信赖利益为赔偿标准的观点并无依据。《民法典》确立了预约合同的一般规范,但未就预约合同的违约损害赔偿范围作特殊规定也可以证明笔者的观点。由于预约合同的履行旨在订立本约合同,因此预约合同的履行利益应当以本约合同的履行利益为限。第二,预约合同作为大陆法系国家的一项制度,在域外经过了长时间的讨论和实践。目前通说的观点认为,虽然预约合同与本约合同在效力上存在差异,但从预约合同的违约救济方式来看,两者却具有相似性,一方当事人可基于对方的违约行为请求赔偿预约对应本约合同的履行利益。[②] 第三,法院在判断损害赔偿数额时,应当考虑预约合同的内容。根据预约合同与本约合同的关联性强弱,将预约合同分为简单预约、典型预约以及完整预约。[③]简单预约中,由于本约合同中的大部分条款仍需要进一步磋商,因此双方最终无法订立本约合同的可能性较大,若仍要求违约方赔偿本约合同的全部履行利益并不合理,也难以体现区分原则。因此,法院应当根据预约合同的具体内容,结合双方最终订立本约合同的可能性,综合确定违约方应当承担的违约损害赔偿数额。

综上所述,在确定预约合同的违约损害赔偿数额时,法官应当遵循以下思路:双方对于违约损害赔偿数额有约定的(包括约定了定金、违约金或损害赔偿的计算方式等),依照其约定;在没有约定或约定不明时,应当以本约合同履行利益为基础,结合预约合同的内容综合确定违约损害赔偿的数额。

对上述求职者承诺入职后又拒绝按期订立劳动合同的责任承担的梳理见图2。

---

① 参见韩世远:《合同法总论》(第3版),法律出版社2011年版,第68页。

② 参见汤文平:《德国预约制度研究》,载《北方法学》2012年第1期。

③ 简单预约,即在预约合同中仅包含当事人、标的和数量这三个合同得以成立的最基本要素的预约合同。典型预约,即除了上述三要素之外,在预约合同中规定了价款、履行地点等本约合同主要条款的预约合同。完整预约,即在预约合同中已经约定了本约合同的主要条款,即使不再签署本约合同,也能正常履行的合同。具体内容参见刘承韪:《预约合同层次论》,载《法学论坛》2013年第6期。

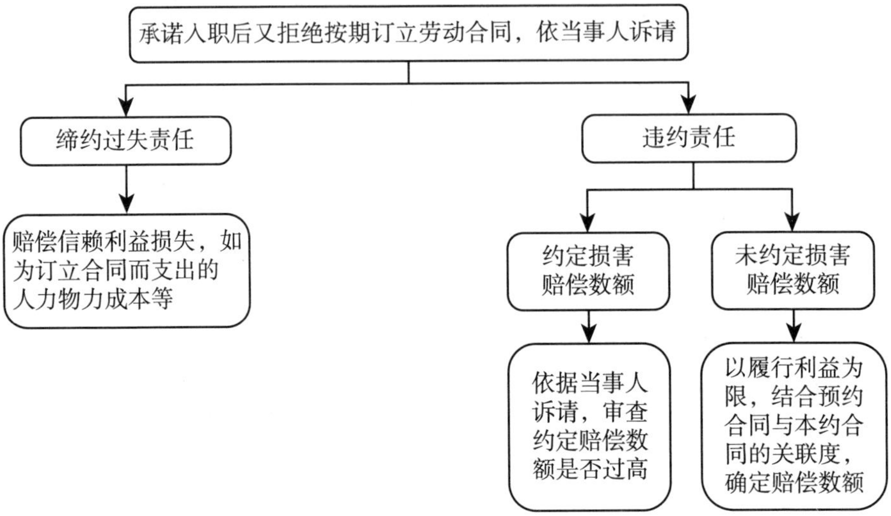


**图2　责任承担梳理**

一审审判组织成员：王百勤

二审审判组织成员：李迎昌　顾继红　郭征海

编写人：上海市第二中级人民法院　潘　喆

# 王某诉上海连飞投资发展有限公司商品房预售合同纠纷案

## ——《民法典》格式条款订入规则与效力规则的司法适用路径分析

**关键词**｜格式条款　订入规则　效力认定

**裁判要旨**

当合同相对方主张与其有重大利害关系的格式条款不成为合同内容时，法院才需审查格式条款提供方是否已履行提示及说明义务，从而判断格式条款是否成立。若相对方未主张格式条款不成为合同内容或经审查认定格式条款成立，对与合同相对方有重大利害关系的格式条款，法院则应当通过合理性审查来判断其效力。

**法条链接**

《民法典》第四百九十六条第二款、第四百九十七条

**案例索引**

一审：上海市嘉定区人民法院(2019)沪0114民初14436号(2019年9月29日)

二审：上海市第二中级人民法院(2020)沪02民终941号(2020年4月7日)

**基本案情**

原告王某诉称，2016年10月12日，王某与上海连飞投资发展有限公司(以下简称连飞公司)签订了上海市商品房预售合同，约定王某向连飞公司购买位于上海市嘉定区×××路×××弄×××号×××层×××室办公用房(以下简称系争房屋)，房屋总价2,633,628元。合同签订当日，王某支付了首付款1,843,628

元(含定金),之后又通过银行贷款支付剩余房款 790,000 元,房款已经全部付清。合同约定的交房时间为 2018 年 9 月 30 日,交房条件为:必须取得《建设工程竣工验收备案证书》,连飞公司亦应于 2018 年 9 月 30 日前办理大产证。但连飞公司迟迟未交房。王某于 2019 年 1 月去现场查看时,发现系争房屋还是工地状态,无法收房。故王某于 2019 年 1 月 3 日委托律师发函给连飞公司,要求解除合同,但未得到连飞公司答复。后王某又至售楼处再次提出解除合同,连飞公司工作人员表示可以解除合同,但不承担相应责任。王某认为合同约定的违约金过低,不足以弥补损失,故另行主张了贷款利息损失。为此,王某请求法院判令:(1)解除王某、连飞公司双方签订的上海市商品房预售合同;(2)连飞公司返还王某购房款 2,633,628 元;(3)连飞公司按总房价款的 3%的标准支付违约金 79,008.84 元;(4)连飞公司向王某支付贷款利息损失(以 790,000 元为基数,自 2017 年 1 月计算至判决生效之日止,以银行实际贷款利息为准)。

被告连飞公司辩称,不同意王某全部诉请。首先,取得大产证并非交房的核心标准。连飞公司通知交房时,房屋的功能性条件已经具备,装修也已经基本完成,故王某提出解除合同,缺乏依据。其次,根据合同补充条款一第十一条第一款的约定,王某若主张解除合同,解除前应该注销相关的预告抵押登记。在房屋上存在抵押或者有其他权利限制的情况下,王某不能单方解除合同。若法院判令解除合同,要求一并处理备案合同的撤销以及预告抵押登记的注销。最后,不同意承担违约责任。若法院判决连飞公司承担责任,则仅同意按照合同约定的房屋总价 3%支付违约金。其项目受政策影响,连飞公司本身并不存在违规,不具有违约的故意。不同意支付贷款利息,因合同约定的违约责任并不包含贷款利息损失,且并非连飞公司不愿意继续履行合同。

法院经审理查明,2016 年 10 月 12 日,王某(乙方)与连飞公司(甲方)签订上海市商品房预售合同一份,约定王某向连飞公司购买系争房屋,房屋类型为办公,建筑面积 100.93 平方米,总价 2,633,628 元,王某应于签约之日支付首付款 1,843,628 元,剩余房款 790,000 元通过申请银行贷款的方式支付,贷款部分应于签约后 60 日内到账;双方约定交房时间为 2018 年 9 月 30 日前;房屋交付必须符合以下条件:"该房屋取得了《建设工程竣工验收备案证书》,甲方承诺在 2018 年 9 月 30 日前办理房地产初始登记手续、取得新建商品房房地产权证(大产证)。"若逾期交付,连飞公司应当向王某支付违约金,违约金按王某已支付的房价款的日万分之二计算,违约金自约定的最后交付期限之第二天起算至实际交付之日止。逾期超过 90 天,王某有权单方面解除本合同;王某行使本合同条款中约定的单方面解除本合同的权利时,应书面通知连飞公司,连飞公司应当在收到王某的书面通知起 90 天内将王某已支付的房价款(包括利息,利息按中国人民银行公布的同期存款利率计算)全部退还王某,并承担赔偿责任,赔偿金额为总房价款的 3%,在退还房屋价款时一并支付给王某。合同补充条款一第七条约定,连飞公司逾期取得大产证超过 180 日,王某有权单方面解除合同。合同补充条款一第十一条第一款约定,王某行使法律规定或合同约定的单方解除合同的权利时,若王某已对该房屋设定抵押或者设置存在其他任何权利限制的,则王某行使单方解除权的书面通知中应附该房屋已经办理注销抵押或者已消除权利限制的相关证明文件,否则,王某无权解除合同。

上述合同签订后,王某于当日向连飞公司付清首付款 1,843,628 元(含定金)。2016 年 11 月 24 日,王某与上海浦东发展银行黄浦支行签订了《个人购房担保借款合同》,以系争房屋作为抵押,向上海浦东发展银行黄浦支行借款 790,000 元,连飞公司作为保证人在合同上盖章。上述贷款已于 2016 年 12 月放款至连飞公司账户。至此,王某房款已经全部付清。涉案项目于 2018 年 12 月 13 日取得竣工验收备案登记证书。连飞公司于 2019 年 6 月 11 日取得系争房屋的大产证。

**裁判结果**

上海市嘉定区人民法院于 2019 年 9 月 29 日作出(2019)沪 0114 民初 14436 号民事判决:(1)解除王某与连飞公司于 2016 年 10 月 12 日签订的关于上海市嘉定区×××路×××弄×××号×××层×××室房屋的上海市商品房预售合同;(2)连飞公司应于判决生效之日起 10 日内返还王某购房款 2,633,628 元;(3)连飞公司应于判决生效之日起 10 日内偿付王某违约金 79,008.84 元;(4)连飞公司应于判决生效之日起 10 日内偿付王某 790,000 元自 2017 年 1 月 1 日起至判决生效之日止的贷款利息损失(以银行实际利息为准);(5)王某应于连飞公司履行完毕判决主文第二项义务后 10 日内涤除上述房屋上的抵押并协助连飞公司办理预售合同的网签撤销手续。

一审宣判后,连飞公司依法提起上诉。二审法院审理中,连飞公司申请撤回上诉。2020 年 4 月 7 日,上海市第二中级人民法院作出(2020)沪 02 民终 941 号民事裁定,准许连飞公司撤回上诉,一审判决自裁定送达之日起生效。

**裁判理由**

法院生效判决认为,连飞公司未在约定的时间交付符合合同约定的房屋,显属违约,王某按约有权解除合同并要求返还房款。至于连飞公司以王某尚未归还贷款注销抵押等为由根据合同补充条款一第十一条第一款的约定认为尚不符合解除权行使条件。因房款包含按揭贷款部分已经支付至连飞公司,在合同解除之前却要求王某先行归还贷款注销抵押,才能行使解除权,明显不合理,故不予采纳连飞公司上述抗辩意见。因王某主张的违约金和贷款利息损失之和未超过其实际损失(所有房款的利息损失),故对该违约金和贷款利息损失的请求,均予以支持。最终判决解除双方预售合同,连飞公司先行向王某返还购房款后,王某涤除系争房屋上的抵押权并协助连飞公司办理网签撤销手续。

**案例注解**

随着社会经济的发展,有效节约交易成本、提高交易效率的格式条款得到广泛使用。在房产案件中商品房预售(出售)合同、房屋买卖合同、房屋租赁合同及居间合同均包含了大量的格式条款。格式条款存在一定便利的同时,也对契约正义造成了冲击,背离了契约自由原则,所以必须对其弊端予以规制和防范。《民法典》合同编以第四百九十六条、第四百九十七条及第四百九十八条构建了格式条款规则体系。其中,第四百九十六条为格式条款订入规则,第四百九十七条为格式条款效力规则,第四百九十八条为格式条款解释规则。本案例所涉及的法律规范即《民法典》第四百九十六条第二款的格式条款订入规则及第四百九十七条的格式条款效力规则。

### 一、我国格式条款规制路径的演进

在制定并出台《民法典》前,我国规制格式条款的主要法律规范为《合同法》第三十九条至第四十一条以及《最高人民法院关于适用〈中华人民共和国合同法〉若干问题的解释(二)》第六条、第九条、第十条。[①] 对于上述主要法律规范可划分为几种类型,学界存在两规则说及三规则说两种观点。两规则说认为,《合同法》第三十九条、第四十条及《最高人民法院关于适用〈中华人民共和

① 另外,《保险法》第十七条及第十九条、《消费者权益保护法》第二十六条、《海商法》第一百二十六条等特别法中亦有零星规定。

国合同法〉若干问题的解释(二)》第六条、第九条、第十条均为格式条款效力规范,[1]《合同法》第四十一条则为格式条款解释规范。三规则说主要参考了德国及日本学说,主张按照其法律效果划分为三种类型:订入规则、效力规则及解释规则,[2]又称为订入控制规则、内容控制规则及解释规则。[3] 订入规则(《合同法》第三十九条第一款、《最高人民法院关于适用〈中华人民共和国合同法〉若干问题的解释(二)》第六条、第九条)的法律效果是相对人有权请求法院撤销格式条款,效力规则(《合同法》第四十条、《最高人民法院关于适用〈中华人民共和国合同法〉若干问题的解释(二)》第十条)的法律效果是格式条款无效。但由于我国《合同法》将格式条款视为已经订入合同的条款,[4]司法审判实务中法官亦常依据《合同法》第三十九条第一款及《最高人民法院关于适用〈中华人民共和国合同法〉若干问题的解释(二)》第十条否定格式条款效力,故而我国立法及司法实质上采取了两规则说。

即使将《合同法》第三十九条第一款及第四十条均视为效力规范,司法审判实务中也呈现了两种适用路径:部分法院首先考察格式条款提供方是否尽到《合同法》第三十九条第一款规定的提示与说明义务,若未履行,则依当事人申请撤销该格式条款;[5]其次考察是否满足第四十条规定的内容控制要求,若满足则认定条款有效,[6]若不满足则认定条款无效。部分法院则任意考察格式条款是否满足《合同法》第三十九条第一款及第四十条的要求,并择一作为评价格式条款效力的依据。[7]

适用路径产生分歧的根本原因在于《合同法》及其司法解释将订入规则及内容控制规则均纳入效力规范中,致使订入规则与内容控制规则之间存在逻辑矛盾:第一,《合同法》层面的矛盾。根据《合同法》第三十九条第一款规定格式免责条款只要履行提示说明义务就应为有效,与第四十条认定“免除责任”的

---

① 参见黎珞:《〈合同法〉格式条款效力规范之重构》,载《江汉论坛》2016年第5期。

② 参见吴一平:《论格式条款的法律规制》,载《扬州大学学报》(人文社会科学版)2011年第6期。

③ 参见贺栩栩:《〈合同法〉第40条后段(格式条款效力审查评注)》,载《法学家》2018年第6期。

④ 参见王利明:《对〈合同法〉格式条款规定的评析》,载《政法论坛》1999年第6期。

⑤ 刘某捷诉中国移动通信集团江苏有限公司徐州分公司电信服务合同纠纷案。

⑥ 参见谢某华诉赣州铭豪实业有限公司房屋买卖合同纠纷案及白某梅诉怀来荣峰房地产开发有限公司、北京意家科技有限公司、北京房悦惠网络科技有限公司房屋买卖合同纠纷案。

⑦ 参见诸城市金源房屋中介服务中心诉阚某华买卖合同纠纷案及庞维、欧阳某生诉南昌紫金园置业有限公司商品房预售合同纠纷案。

格式条款无效的规定相悖。[①] 第二,司法解释层面的矛盾。《最高人民法院关于适用〈中华人民共和国合同法〉若干问题的解释(二)》第九条规定违反提示说明义务的,合同相对方享有撤销权,而第十条却规定违反上述义务且落入《合同法》第四十条的五种情况的,格式条款无效。第三,《合同法》与其司法解释之间的矛盾。《最高人民法院关于适用〈中华人民共和国合同法〉若干问题的解释(二)》第九条规定违反《合同法》第三十九条第一款规定者可撤销,但《合同法》第四十条规定的却是无效,即使按照《最高人民法院关于适用〈中华人民共和国合同法〉若干问题的解释(二)》第十条规定的无效情形也必须附加违反第三十九条之条件。[②]

为了解决前民法典时代格式条款规范逻辑矛盾问题,同时要在法律效果上更加侧重于合同相对方利益的保护,[③]《民法典》采取了与《合同法》迥然不同的规制路径:以三个条文分别明确了订入规则、效力规则和解释规则,并严格区分违反订入规则与违反效力规则的法律后果。

## 二、《民法典》第四百九十六条第二款的制度创新

《民法典》第四百九十六条第二款是我国格式条款规制规范的重大创新条文,相较于《合同法》第三十九条第一款及相关司法解释,其创新之处主要体现在以下三点:

### (一)体系上更好地协调了与内容控制规则的关系

《合同法》第三十九条第一款及相关司法解释的法律效果,使格式条款订入规则成为格式条款效力规范的真子集。因适用关系含混不清,故而在司法实践中有法官根据《合同法》第三十九条第一款或者《合同法》第四十条的规定来否定格式条款的效力。

而《民法典》通过区分法律效果的方式明确了订入规则与内容控制规则之间的关系。《民法典》第四百九十六条第二款规定合同相对方可主张未被提示及说明与其有重大利害关系的格式条款不成为合同内容,故该条款系属合同订立制度;《民法典》第四百九十七条属于合同成立后的效力评价规范,属于合同

---

① 参见梁慧星:《统一合同法:成功与不足》,载《中国法学》1999 年第 3 期。

② 参见周清林:《论格式免责条款的效力层次——兼谈〈合同法〉及其司法解释之间的矛盾及其协调》,载《现代法学》2011 年第 4 期。

③ 参见黄薇主编:《中华人民共和国民法典合同编释义》,法律出版社 2020 年版,第 86 页。

效力制度。故而在适用关系上，当且仅当以下情况时，两个条文才存在“先考察《民法典》第四百九十六条第二款而后考察《民法典》第四百九十七条”的顺序关系：某款格式条款被确定为与合同相对方有重大利害关系，且相对方主张不成为合同内容。若格式条款并非与相对方有重大利害关系，或相对方并未主张不成为合同内容时，人民法院应当认为该格式条款经由相对方签字行为表示同意，意思合致已达成，人民法院可直接依据《民法典》第四百九十七条认定格式条款的效力。

（二）扩大了提示及说明义务的射程范围

1.《民法典》第四百九十六条第二款的优越性

《民法典》第四百九十六条第二款将适用范围扩大至包括格式免责条款及限责条款在内的所有与合同相对方有“重大利害关系”的格式条款。该法条采用了“一般条款与法定示例”相结合的立法技术。无论从纵向的我国民事立法历史进行梳理，还是从横向的立法例进行比较，《民法典》第四百九十六条第二款的规定均堪称先进。

《合同法》第三十九条第一款将提示及说明义务的射程范围局限于格式免责条款及限责条款，而不涉及诸如限制对方主要权利、制定不对等违约金条款等其他对于合同相对方订立合同意义重大的格式条款。《合同法》在此等重要条款上放弃对合同合意原则的要求，[①]导致规制范围过于狭窄，对合同相对方保护不力。[②]《民法典》第四百九十六条第二款吸收了《消费者权益保护法》第二十六条第一款“重大利害关系”的表述，扩大了提示及说明义务的射程范围，有利于合同相对方更加全面地获取合同重要信息、缩小与格式条款提供者之间信息获取、认知能力的差距，[③]从而更利于保护合同相对方的利益。然而《民法典》第四百九十六条第二款并非简单照搬特别法规范，相较于《消费者权益保护法》第二十六条第一款列举九种重大利害关系条款类型，《民法典》第四百九十六条第二款将“重大利害关系”作为兜底内容意义更为明显，为将来解释论创新及司法续造创造基础。

格式条款订入规则的外国法立法例主要包括两种类型：（1）同时规定积极

① 参见贺栩栩：《〈合同法〉第40条后段（格式条款效力审查评注）》，载《法学家》2018年第6期。

② 参见张良：《我国民法典合同法编格式条款立法研究》，载《四川大学学报》（哲学社会科学版）2019年第1期。

③ 参见马辉：《格式条款信息规制论》，载《法学家》2014年第4期。

要件和消极要件，代表立法例为《德国民法典》。《德国民法典》在“通过一般交易条款来形成法律行为上的债务关系”这一章节中规定，一般交易条款要有效地纳入合同，必须满足：使用者必须明确地提示；顾客必须能够以合理方式知悉一般交易条款的内容；顾客必须对一般交易条款的适用表示同意；根据具体情况尤其是合同外观而定，若一般交易条款的个别内容不同寻常、出人意料，则该条款不成为合同内容。[①] (2)仅规定明示原则等积极要件，代表立法例为英国法和法国法。英国司法实践中根据1977年《不公平合同条款法》，要求印制条款要引起合同当事人的足够注意，才能使条款成为合同的组成部分。[②] 法国法上附和合同的要约人要使受要约人在订立合同时完全了解合同的条款，必须履行告知的义务，且必须是在合同订立时告知。[③] 可以看到，比较法立法例的适用范围相较于我国《民法典》第四百九十六条第一款更为宽泛，所有的格式条款均需通过订入规则的考察方可进入合同，我国《民法典》则以“重大利害关系”作为“分流”标准，非涉重大利害关系的一般格式条款经签字自动成为合同内容，具有重大利害关系的重要格式条款还需经过提供方提示及说明方可成为合同内容。分流过滤合同中不同种类的格式条款后，合同缔约方可将时间成本更精确地安排在重要条款的提示及说明上，《民法典》第四百九十六条第二款的创新有助于节省交易成本，提高交易效率。

2.“重大利害关系条款”的认定

《民法典》第四百九十六条第二款虽堪称先进，但理论界对“重大利害关系”的认定标准仍存在两种不同观点：第一种观点为应视格式条款的具体情况而定，《中华人民共和国民法典合同编释义》即持该观点。[④] 第二种观点为应依据抽象类型标准来认定，《中华人民共和国民法典合同编理解与适用(一)》提出，《民法典》第四百七十条规定的合同一般应包括的条款均属于《民法典》第

---

① 参见[德]汉斯·布罗克斯、[德]沃尔夫·迪特里希·瓦尔克：《德国民法总论》(第33版)，张艳译，杨大可校，中国人民大学出版社2014年版，第105~107页。

② 参见[英]A. G. 盖斯特：《英国合同法与案例》，张文镇等译，中国大百科全书出版社1998年版，第144~149页。

③ 参见尹田：《法国现代合同法：契约自由与社会公正的冲突与平衡》(第2版)，法律出版社2009年版，第147~152页。

④ 参见黄薇主编：《中华人民共和国民法典合同编释义》，法律出版社2020年版，第85页。

四百九十六条第一款所称的"有重大利害关系"的条款。①

然而依据《民法典》格式条款规制路径的思路,合同条款必须被认定为格式条款之后方可考察其是否为与合同相对方有重大利害关系的格式条款,其后再考察格式条款提供者是否履行了提示及说明义务。故而无论是《消费者权益保护法》第二十六条第一款还是《民法典》第四百七十条,列举的具体情况不能当然地视为《民法典》第四百九十六条第二款提示及说明义务的适用对象。因为一方面,合同数量、价款、报酬、履行期限等内容经常有待合同缔结双方反复磋商以达成意思合致,个别磋商条款不属于格式条款,更不具备适用格式条款订入规则的基础。具体到房地产案件中,房屋总价款、中介费用、买受方支付首付款及尾款的时间等条款内容均因个案而异,并不满足格式条款"不能协商"的要件要求。另一方面,从法律效果的角度来看,若格式条款提供者未就《消费者权益保护法》第二十六条第一款及《民法典》第四百七十条列举的具体合同条款进行提示及说明,则相对方可以主张该条款不成为合同内容,此时合同一般应包括的条款均不构成合同内容,合同亦已实质消灭。极端情况下将有损市场交易秩序的稳定。

故而笔者认为,在审判活动中应当根据个案具体情况及有名合同的类型特征来判断何为重大利害关系格式条款。

(三)厘清了违反提示及说明义务的法律效果

若格式条款提供方未能履行提示及说明义务,《民法典》第四百九十六条第二款的法律效果是"对方可以主张该条款不成为合同内容",通过比较《最高人民法院关于适用〈中华人民共和国合同法〉若干问题的解释(二)》第九条、第十条及典型比较法立法例明确其内涵可以看到不同的法律效果(见表1)。

**表1 条文对比**

| 法条 | 《最高人民法院关于适用〈中华人民共和国合同法〉若干问题的解释(二)》第九条 | 《最高人民法院关于适用〈中华人民共和国合同法〉若干问题的解释(二)》第十条 | 《民法典》第四百九十六条第二款 | 《德国民法典》第二编第二章"通过一般交易条款来形成法律上的债务关系"① |
|---|---|---|---|---|

① 最高人民法院民法典贯彻实施工作领导小组:《中华人民共和国民法典合同编理解与适用(一)》,人民法院出版社2020年版,第246页。

续表

| | | | | |
|---|---|---|---|---|
| 法律效果 | 相对方可向法院请求撤销该格式条款 | 无效 | 相对方可主张该条款不成为合同内容 | 不成为合同组成内容 |

①参见《德国民法典》(第4版),陈卫佐译注,法律出版社2015年版,第101~102页。

有别于《最高人民法院关于适用〈中华人民共和国合同法〉若干问题的解释(二)》赋予相对方撤销权或认定格式条款无效的立场,《民法典》的立场明确为与相对方有重大利害关系的格式条款,若未被合理提示及说明,可认定相对方对要约内容并未在知晓或理解后作出承诺的意思表示,也即该条款未经合同缔约方意思合致,不成为合同内容(未订入合同),自无须再行效力判断。

## 三、商品房预售(出售)合同中常见争议格式条款

我国司法实践中商品房预售/出售合同(以下简称预售合同)纠纷中常见争议格式条款类型包括:(1)广告为要约邀请条款;(2)认购协议中的不返还定金条款;(3)强制委托租赁条款;(4)付清首付款后再签房屋买卖合同条款;(5)行使合同解除权的期限及方式条款;(6)不对等标准违约金条款等。[①] 这些格式条款或对房屋买受人订立契约意愿产生重要影响,或对合同给付均衡产生影响,或对房屋买卖合同终止及清算程序产生影响。换言之,上述条款均出现在合同订立、合同履行、合同终止及清算环节中与合同目的相关,直接影响合同相对方决策。

预售合同相较于其他有名合同,其订立过程存在特殊性。预售合同通常包括三大组成部分:主体条款、附件以及补充条款。主体条款必须使用当地商品房预售合同格式文本,如上海市预售合同须使用网签版本的上海市商品房预售合同示范文本,具体内容如房屋基本情况、房屋交付时间和交付条件、小产证办理时间、违约金的具体约定以及解除权行使等条款由开发商通过填空的方式制定。附件则通常为开发商与购房者就付款方式及期限等进行协商后确立的内容。由于开发商亦不可对合同主体文本进行自由增减,故开发商主要通过预先拟定的补充条款,就其他未约定和特殊事项进行约定。

① 参见晏芳:《格式合同的司法规制研究》,西南政法大学2015年博士学位论文,第116~119页。

现在常见的预售合同的补充条款主要呈现出如下特征:(1)条文篇幅非常大且内容广泛,如本案例所涉预售合同主体条款仅 34 条,而补充条款多达 26 条;(2)合同载明补充条款约定与合同正文不一致时,以补充条款为准;(3)字体小,重要条款并未被加粗、以足以引起购房者注意的文字或符号特别标识,重要条款及非重要条款无法通过外观区分;(4)由开发商单方制定,没有与购房者协商的空间。正是由于上述原因,导致补充条款成为预售合同中常见争议格式条款重灾区。这些争议格式条款多为细微至极的文字,且夹杂着大量的专门术语,致使欠缺相关知识的合同相对方无法也无意阅读。即便法律人本着谨慎签约的态度欲细读每款补充条款,也会马上被销售人员告知:"不用仔细看,有异议也不能修改。"

案涉预售合同的合同补充条款一即鲜明地呈现了上述特征,争议的合同补充条款一第十一条第一款属于上述常见争议格式条款的第五种类型,对购房者的合同解除权进行了特别的限制。该条文显然可被解释为"与相对方有重大利害关系的条款",却隐藏于篇幅较大的补充条款中,未被加粗、以足以引起购房者注意的文字或符号特别标识,购房者对该条款及其他一般补充条款的注意机会是均等的。审理中开发商亦未能举证证明其对该条款履行了提示和说明的义务。

## 四、格式条款的审查路径

### (一)格式条款规制规则审查路径

人民法院在审理格式条款纠纷案件时,笔者建议遵循以下路径就案件事实与《民法典》格式条款规制规则进行涵摄考察(见图 1)。

第一步,依据《民法典》第四百九十六条第一款审查争议条款是否为格式条款。若争议条款不能同时满足"为了重复使用""预先拟定""相对方不能协商"的要求,则无须适用格式条款规制规则;若可同时满足,则认定为格式条款,并需进一步考察其是否为与相对方有重大利害关系的条款。

第二步,依据《民法典》第四百九十六条第二款审查争议条款是否为"与相对方有重大利害关系"的条款。若争议条款并不为重大利害关系条款,则直接审查格式条款含义是否明确;若争议条款为重大利害关系条款,则需进一步考察该条款是否成为合同内容。

第三步,考察合同相对方是否主张争议条款不成为合同内容。若相对方已

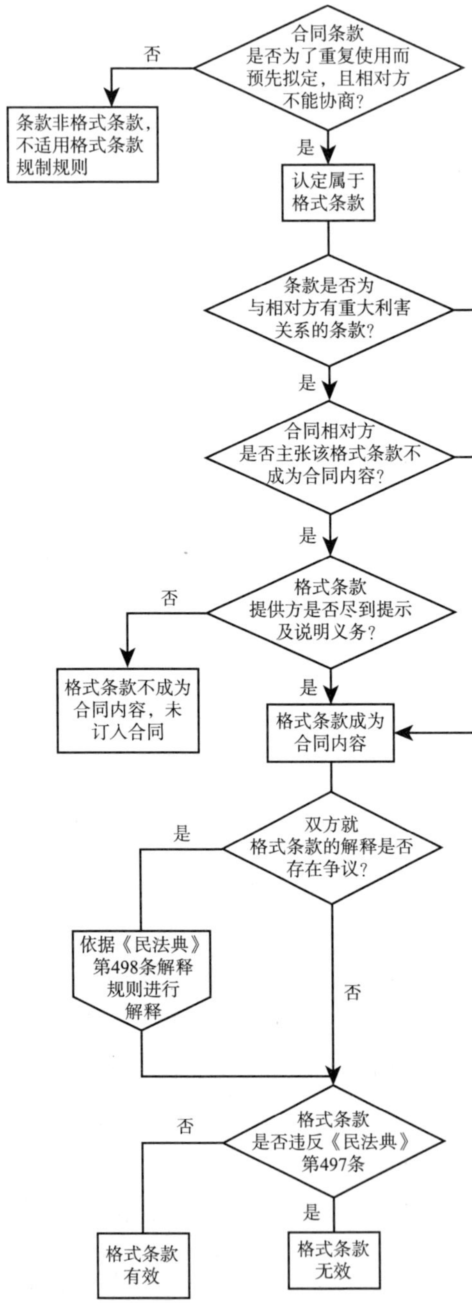


**图1　格式条款规制规则审查路径**

经向人民法院或提供方主张,则需进一步依据《民法典》第四百九十六条第二款审查格式条款是否已被提示说明,当该条款已被合理提示及说明,则条款已订入合同,反之不构成合同内容;若相对方并未主张,则直接审查格式条款含义是否明确。

第四步,审查格式条款含义是否明确。若双方就争议条款含义存在争议,则依据《民法典》第四百九十八条对格式条款进行解释;若争议条款含义并无异议,则直接依据《民法典》第四百九十七条评价格式条款效力。

第五步,依据《民法典》第四百九十七条考察争议条款是否存在法定无效情况,是否不合理免除或减轻提供方责任以及不合理限制相对方主要权利,是否排除相对方主要权利。若违反上述规定则无效,反之有效。此处的"免除或减轻其责任、加重对方责任、限制对方主要权利"的条款当然属于"与对方有重大利害关系的条款",但与《民法典》第四百九十六条第二款中"免除或者减轻其责任等与对方有重大利害关系的条款"不同,效力规则射程范围仅限于不合理的免责减责条款、不合理的限权条款及排除相对方主要权利的条款,人民法院要对上述条款"是否合理"进行审查,该审查属于利益权衡而非事实判断。具体合理性的判定,可从是否违反任意性规范、是否妨碍合同目的、是否导致利益严重失衡进行审查,其中利益是否失衡的判定应结合格式条款订入的目的、合同当事人的类型、合同的性质以及是否存在替代给付等因素综合考量。[①]

(二)本案司法审查路径分析

具体到本案,争议的合同补充条款一第十一条第一款由开发商连飞公司为了重复使用而预先拟定,且购房者王某不能与之协商。连飞公司抗辩称,该条款是基于商品房交易管理及连飞公司潜在的法律和风险而进行的特殊约定。连飞公司未能举证证明争议条款系个别约定,抗辩内容与法院查明事实不符,故该争议条款确属格式条款。争议条款载明王某行使法定或合同约定单方解除权时,必须确保合同标的房屋上不存在任何权利限制,否则无权解除合同。该"前置条件"致使王某必须腾挪巨额资金,经济上存在重大利害影响。故可以认为该争议条款对于王某(合同相对方)系有重大利害关系。

虽然开发商连飞公司未就履行提示说明义务进行举证证明,但王某仅向人民法院主张该格式条款不合理,兼之双方未对该格式条款含义存在争议。故法

---

① 参见茆荣华:《〈中华人民共和国民法典〉适用与司法实务》,法律出版社 2020 年版,第 304 页。

院不主动审查格式条款的订入问题,而直接对格式条款的合理性进行审查。《合同法》及其司法解释的格式条款规制规则并未规定合理性审查,也未明确列举“限制对方主要权利”的情形,《民法典》第四百九十七条第二项新增包含“限制对方主要权利”等三种情形下格式条款的合理性审查。法院在案件审理过程中,对争议条款是否具备合理性进行审查,符合了《民法典》精神。若依据《民法典》第四百九十七条新规定及前述审查路径,可得分析思路如下:

合同正文第十二条及合同补充条款一第七条均约定了购房者王某的合同解除权,同时连飞公司未能在约定期限内履行办理大产证的合同义务。依据《民法典》第五百六十二条第二款及第五百六十三条第一款第四项之规定,王某可以解除合同,此系解除权行使的正常模式。争议条款限制王某行使合同解除权,必须具备相当之合理性,否则依据《民法典》之规定,应当被认定为无效。

依交易习惯,上海市商品房交易过程中购房者出资支付不低于总房款金额35%的首付款,购房者以交易标的房产为抵押物向商业银行申请按揭贷款以支付剩余房款,抵押权担保的主债权金额巨大。本案中,王某必须先向商业银行偿还790,000元的贷款,方可将抵押权涤除。若资力不足,王某将继续陷于已发生履行障碍的合同泥淖中,即使王某资力尚可,亦致使王某完全改变资金规划。故该格式条款若订入合同且有效,将使王某在经济上负担沉重。若该格式条款未订入合同或被认定为无效,连飞公司所称会给其带来法律风险的抗辩亦不合理。合同进入清算程序后,依据《民法典》第五百六十六条规定,连飞公司需要向王某返还购房款,王某需要向连飞公司返还无权利限制的系争房屋,双方互负有返还财产、恢复原状的次合同义务。连飞公司可以通过协商、诉讼等方式使系争房屋恢复“洁净状态”,而限制合同相对方王某的合同解除权并非实现目的唯一方式。故该格式条款若被认定无效,连飞公司并不当然遭遇商业及法律上的风险。

综上所述,法院认为该格式条款对王某合同解除权的限制将导致整体利益失衡,并不合理。若依据《民法典》第四百九十七条第二项之规定,应认定争议条款无效。但由于本案审理适用的是《合同法》及其司法解释,故法院在判决书中并未直接认定争议条款的效力,而以争议条款不合理为由不采纳被告连飞公司的抗辩意见,符合《民法典》第四百九十六条第二款及第四百九十七条之精神。

## 五、总结

《民法典》第四百九十六条第二款在构成要件及法律效果上的更新堪称先进:将“重大利害关系”作为分流格式条款的“过滤器”,有助于节省交易成本,提高交易效率;赋予合同相对方主张格式条款不成为合同内容的权利,理顺了该条文与《民法典》第四百九十七条的适用关系。然而,如何认定“有重大利害关系”的格式条款成为司法审判中的难题。笔者主张应当依据个案情况及有名合同类型特征来进行认定,并梳理了《民法典》格式条款规则规制思路,以供理论与实践参考。

一审审判组织成员:邓　珍

二审审判组织成员:彭　辰　姚　跃　徐　江

编写人:上海市嘉定区人民法院　邓　珍　罗宇驰

# 王某等人诉徐某房屋租赁合同纠纷案

## ——直接以诉讼方式解除合同之合同解除时间的确定

**关键词**｜合同解除权　通知　直接诉讼

**裁判要旨**

合同一方当事人未向对方发出通知，直接起诉主张解除合同，经审查符合解除条件的，人民法院可予支持，并以起诉状副本送达之日为合同解除日。

**法条链接**

《民法典》第五百六十五条

**案例索引**

上海市静安区人民法院（2017）沪0106民初4471号（2017年4月21日）

**基本案情**

王某、杨某1、杨某2诉称：上海市×××路×××弄×××号×××室房屋（以下简称系争房屋）是三人名下的产权房。2016年8月27日，王某与徐某签订房屋租赁合同，由王某将系争房屋出租于徐某，租金先付后用。合同履行后不久，王某发现徐某未经同意，擅自将系争房屋转租于他人，经多次交涉无果后，故起诉要求判令：（1）王某与徐某签订的《上海市房地产租赁合同》于起诉状副本送达之日解除，徐某立即腾空并退还系争房屋；（2）徐某支付王某违约金5000元；（3）徐某按5000元/月的标准支付2017年3月5日起至其退还系争房屋之日止的房屋使用费。

徐某辩称：不同意王某等人的全部诉讼请求，认为其已按照合同约定支付租金。虽然徐某确实已将系争房屋转租他人，但合同并未禁止转租，其就有权转租，其转租的行为并未违反合同。

法院经审理后查明：王某、杨某1、杨某2为系争房屋权利人。2016年8月

27日，王某与徐某签订《上海市房地产租赁合同》，合同约定：王某将系争房屋出租于徐某，租赁期限自2016年9月5日起至2018年9月4日，每月租金5000元，保证金5000元，租金按3个月为一期支付。合同并约定：双方若有任何一方违约，按5000元支付违约金；租赁期满，徐某向王某交还系争房屋并结清租金、电话费、水电费、煤气费、有线电视费、宽带费等费用后3天内，王某将保证金无息返还给徐某。

合同签订后，王某向徐某交付了系争房屋，徐某亦向王某支付了租赁保证金5000元、首期租金15,000元。2016年9月25日，徐某未经王某同意，擅自将系争房屋转租于他人。王某认为，徐某的行为已违反相关法律规定，故起诉要求判如所请。另查，徐某已将租金支付至2017年3月5日。

法院诉讼材料载明的事实：案件于2017年1月27日受理，起诉状副本于2017年3月9日送达徐某。

**裁判结果**

上海市静安区人民法院于2017年4月21日作出(2017)沪0106民初4471号民事判决：(1)王某与徐某2016年8月27日就上海市×××路×××弄×××号×××室房屋签订的《上海市房地产租赁合同》于2017年3月9日解除；(2)徐某应于判决生效之日起10日内搬出王某、杨某1、杨某2所有的上海市×××路×××弄×××号×××室房屋；(3)徐某应于判决生效之日起10日内支付王某2017年3月6日至9日的租金666.68元；(4)徐某应于判决生效之日起10日内，以每月5000元的标准向王某支付2017年3月10日至实际搬离之日的房屋使用费；(5)徐某应于判决生效之日起10日内支付王某违约金5000元。

一审宣判后，双方均未上诉，本判决于2017年5月10日生效。

**裁判理由**

法院生效判决认为：王某与徐某签订的《上海市房地产租赁合同》系当事人的真实意思表示，合法有效，双方均应恪守履行。房屋租赁合同未约定可以转租的，承租人转租房屋应当征得出租人书面同意；未征得出租人同意转租房屋的，出租人可以解除租赁合同。本案中，双方签订的租赁合同中并未约定可以转租，徐某要将系争房屋转租，理应先征得王某的书面同意。现徐某未提供证据证明王某对此已书面同意，故王某据此要求解除双方签订的《上海市房地产租赁合同》,于法有据,应予支持。

现王某主张诉状副本送达之日为合同解除日,法院认为,王某诉请要求解除合同,即为要求解除合同的意思表示,诉状副本送达之日即为该意思表示送达之日。故王某主张诉状副本送达之日即2017年3月9日为合同解除日,于法无悖,一并应予支持。合同解除后,徐某理应交还系争房屋,故对王某的该项诉请,亦予以支持。

对于王某要求徐某支付违约金的诉请,因双方租赁合同的解除系徐某的违法转租行为所致,故合同解除的责任在于徐某。王某要求徐某支付违约金5000元,有合同依据,应予支持。同时,合同解除后,王某理应在双方结清租金、电话费、水电费、煤气费、有线电视费、宽带费等费用后,退还保证金余款。但因徐某现仍继续占有、使用系争房屋,相关费用尚未结清,故保证金退还条件尚未成就,本案中不作处理。

现双方之间合同于2017年3月9日解除,而徐某仅将租金支付至2017年3月5日,故对于2017年3月6日至9日的租金,徐某理应按约支付。合同约定每月租金5000元,则每日租金为166.67元,即徐某还应支付王某2017年3月6日至9日的租金666.68元。然而,徐某现仍占有、使用系争房屋,徐某的行为妨害了王某对系争房屋行使权利,客观上造成了王某的损失。结合双方租赁合同中约定的租金,确定2017年3月10日至徐某实际交还房屋之日止的占有使用费,徐某应以每月5000元的标准向王某支付。

## 案例注解

《民法典》第五百六十五条规定:"当事人一方依法主张解除合同的,应当通知对方。合同自通知到达对方时解除;通知载明债务人在一定期限内不履行债务则合同自动解除,债务人在该期限内未履行债务的,合同自通知载明的期限届满时解除。对方对解除合同有异议的,任何一方当事人均可以请求人民法院或者仲裁机构确认解除行为的效力。当事人一方未通知对方,直接以提起诉讼或者申请仲裁的方式依法主张解除合同,人民法院或者仲裁机构确认该主张的,合同自起诉状副本或者仲裁申请书副本送达对方时解除。"对于有合同解除权的一方直接以起诉或申请仲裁的方式主张解除合同的,《民法典》明确规定自起诉状副本或仲裁申请书副本送达对方时合同解除。

然而,本案诉讼发生于《民法典》颁布前两年,无法援引《民法典》予以裁判。根据当时的法律，解除合同的主要依据是《合同法》第九十六条之规定，主张解除合同的，应当通知对方。合同自通知到达对方时解除。对于该条的理解，理论界很多人主张未向对方发送通知，不得直接起诉要求解除合同，并认为，有权起诉确认合同解除效力的仅有异议方。但是，审判实践中，合同一方当事人未向对方发出通知，直接起诉主张解除合同的案件比比皆是，而提出解除权异议诉讼的案件却比较罕见。

对此，本案结合理论学说及审判实践的探索，对合同解除权行使方式进行比较分析，从而对直接起诉主张解除合同的方式予以确认，为《民法典》第五百六十五条的施行提供了实践支撑。

## 一、合同解除权的行使方式

对于合同解除权的行使方式，目前国际上主要有三种立法模式，即通知解除、司法解除、自动解除。

### （一）通知解除

享有法定解除权的合同一方当事人，其可以直接通知对方解除合同，通知到达对方当事人时合同即告解除，而无论对方当事人同意与否。该解除权立法模式以德国为代表，《德国民法典》第三百四十九条规定：解除合同应向对方当事人以意思表示为之。[①] 这种通知解除方式与司法解除相比，确实更为经济、效率。但亦很容易导致当事人滥用解除权，给相对方造成损失。

### （二）司法解除

解除权人将解除通知送达相对方的行为，并不能发生合同解除的效力，合同只有通过法院或仲裁机构的裁决才能解除。该解除权立法模式以法国为代表，《法国民法典》第一千一百八十四条规定：债权人解除契约，必须向法院提起之。[②] 这种制度设计的优点在于效力更加确定，亦更具有公信力，同时也限制了当事人的任意解除权，有利于维护交易的持续稳定。但缺陷是耗时较长，亦有一定的滞后性，大大降低了交易效率，不利于市场的发展。

### （三）自动解除

自动解除是指在发生了法定解除或合同约定解除的情形时，不需要法院裁

---

① 汪张林、杜凯：《论合同解除权的行使》，载《西南政法大学学报》2005 年第 7 期。

② 参见最高人民法院民法典贯彻实施工作领导小组主编：《中华人民共和国民法典合同编理解与适用（一）》，人民法院出版社 2020 年版，第 653 页。

判,亦不需要当事人作出解除合同的意思表示,合同自动终止。该解除权立法模式以日本为代表,《日本商法典》第五百二十五条规定:当符合法律规定时,合同自然解除,无须由法院裁判或者当事人作出。该解除方式的优势在于便捷,一旦发生违约事实,合同第一时间自动解除。劣势在于合同将处于非常不稳定的状态,尤其在双方对违约事实本身产生争议的时候,合同是否解除将会陷入双方各执一词的境遇。

## 二、我国的合同解除权行使方式

从《合同法》第九十六条的规定可以看出,我国现行法律采纳的是通知解除模式,但亦未否定解除权人以诉讼的方式主张合同解除权。那么,在我国,合同解除权能否直接通过诉讼来行使,是否能由法院来确认合同解除的效力?由此引发了理论界与审判实务界的争论,并形成了"否定说"和"肯定说"两种观点。

(一)否定说

"否定说"认为:"如果允许解除权人通过起诉的形式行使解除权,就违反了《合同法》第九十六条之规定。合同解除权是形成权,不是请求权。形成权的实现既不需要进行强制执行,也不需要向法院提出请求。为了防止当事人滥用合同解除权,一方当事人行使解除权时,对方当事人有异议权。合同解除权的行使不能以直接诉请法院或仲裁机构的方式来行使。"[①]该观点从字面意义来看是解读了法条的含义,但是,该解读却置解除权人(守约方)于被动地位。

其一,解除权人将解除通知送达相对方后,相对方对该解除通知提出异议,但却迟迟不起诉,致使合同解除的效力始终处于悬而未决的状态。此时,解除权人应该继续履行合同还是终止履行合同,将陷入进退两难的境地。若解除权人直接终止履行合同,那么一旦相对方的异议诉讼得到法院支持,解除权人将要承担根本性违约的法律责任。若解除权人仍继续履行合同,那么只要相对方拖延诉讼,解除权人的解除效力将长期处于不确定状态。

其二,不直接赋予解除权人诉讼的权利,那么解除通知发送给相对方后,对于合同解除后果,解除权人又该如何主张?若赋予解除权人单独主张违约责任

---

① 王纳新:《合同解除在实践中存在的几个误区》,载人民法院网,https://www.chinacourt.org/article/detail/2004/07/id/122918.shtml,最后访问日期:2004年7月3日。

等诉讼权利,那么在相对方未提起反诉或异议诉讼却提出了异议抗辩的情况下,法院审理违约责任纠纷等案件时,是否能一并审查合同解除的效力?如果可以,那么这与解除权人直接提起确认之诉又有何区别?如果不能,那么又将如何处理解除后果?正所谓“皮之不存,毛将焉附”。合同解除效力是处理违约责任的前提,在前提未确定之前,又何谈解除后果。

(二)肯定说

“肯定说”认为,在私法领域,法无禁止皆可为。法律虽然没有明确规定解除权人可以提起解除合同之诉,但也没有条款禁止,并且这种方式也没有违背强制性法律规范或者损害国家、社会、第三人利益,因此不应该限制。①

其一,当事人通过发送解除通知的方式向相对方告知解除合同的意思表示,是解除权人自己通过合法手段行使权利的方式,是一种私力救济的行为。在法律允许的范围内,如果不介入公权力而能达到行权人想要达到的目的,那么我们更应当鼓励这种私力救济。

其二,当事人通过向法院起诉来确定权利义务关系,则是一种公力救济。综上所述,当事人通知解除合同的私力救济形式,很可能会使合同解除效力长期处于不确定状态,不利于交易的有序发展。而公力救济是权利保障的最后一道防线,具有公信力和确定性。当事人双方发生争议后,通常会互相推诿。实践中,在合同履行过程中很可能会出现双方违约的情形。那么,在这种情况下,公力救济就显得尤为重要了。

随着法制的不断完善,普通民众的法律意识不断增强。公力救济和私力救济更多时候是相互补充、相互融合的。两者并不是相互排斥的关系,而是可以相互转化、相辅相成的关系。因此,较之“否定说”的片面,“肯定说”更具有实践意义和价值。

(三)采用“肯定说”的依据

1. 法律解释之“举轻以明重”

立法者不可能事先预测到所有将来可能发生的情形,因此法律具有一定的滞后性。在法律没有明确规定时,我们可以结合实际情况,根据一般规定作出进一步解释,以此来完善法律规定并加以运用。法律解释可以根据不同的标准进行不同的分类,其中,当然解释就是我们经常会运用到,也更符合立法目的的

---

① 刘翕然:《论合同解除权以形成诉权方式行使》,载《法制与社会》2018 年 12 月(中),第 60 页。

一种解释方法。

当然解释是指法律虽无明文规定，但依规范目的的衡量，其事实较之法律所规定者更有适用理由，而直接适用该法律规定的一种法律解释方法。[①] 当然解释主要包括“举重以明轻”和“举轻以明重”两种形式逻辑。其中，“举轻以明重”是指如果出现比法律规定情形更重的行为，那么按照立法原意，既然较轻的行为都适用该规则，较重的行为就更有理由适用该法律规定。“举轻以明重”的逻辑推理方式常见于刑法的解释之中，但在民法中也有一定的运用。

尽管《合同法》第九十六条规定了通知解除方式，但不意味着解除权的行使只能采取诉讼外的方式，适当的解释方法应是举轻以明重，即连采取诉讼外的方式行使解除权都许可，采取诉讼方式行使会更为稳定和稳妥，更有认可的必要。[②]

2. 相关司法解释对诉讼解除合同方式的肯定

《最高人民法院关于审理建设工程施工合同纠纷案件适用法律问题的解释》第九条：“发包人具有下列情形之一，致使承包人无法施工，且在催告的合理期限内仍未履行相应义务，承包人请求解除建设工程施工合同的，应予支持……”《最高人民法院关于审理商品房买卖合同纠纷案件适用法律若干问题的解释》第十五条第一款：“根据《合同法》第九十四条的规定，出卖人迟延交付房屋或者买受人迟延支付购房款，经催告后在三个月的合理期限内仍未履行，当事人一方请求解除合同的，应予支持，但当事人另有约定的除外。”《最高人民法院关于审理买卖合同纠纷案件适用法律问题的解释》第四十四条第二项：“买受人主张出卖人应支付违约金、赔偿损失或者要求解除合同的，应当提起反诉。”

虽上述司法解释并非适用于所有的合同，但从中可以看出，我国是认可以诉讼方式行使合同解除权的。综上所述，本案中，对于未发送通知，但直接起诉要求解除合同的主张，在《民法典》尚未颁布前，基于学理分析和司法实践的探索，对该项主张予以支持。

### 三、解除时间的认定

根据《合同法》第九十六条的规定，以通知方式解除的，合同自通知到达对

---

① 梁慧星：《民法解释学》，中国政法大学出版社1995年版，第225页。

② 崔建远：《合同法总论》（中卷），中国人民大学出版社2012年版，第651~652页。

方时解除。那么,对于以诉讼方式解除的,又应如何确定合同解除时间。理论界和实务界对此亦有两种不同的观点,即“裁判生效解除说”和“起诉状副本送达解除说”。

(一)裁判生效解除说

理论界如王利明教授认为:“在人民法院最终确定之前,还无法认定合同是否具备解除条件,既然当事人提出了异议,就说明解除权可能不符合行使条件,在此情况下,应当由法院作出判决。如果简单以法院受理通知之时作为解除合同之时,不仅不利于纠纷的解决,而且不符合合同解除制度的本旨。所以,以载有诉请解除的诉状副本送达违约方处为合同解除发生时间点不妥当。”①最高人民法院民事审判第一庭、民事审判第二庭曾在2011年《全国民事审判工作会议纪要》中规定:当事人向人民法院起诉解除合同,人民法院判决解除合同的,合同自判决生效之日起解除。

实践中,采用该观点的判决相对较少,有些法院曾作出过以判决书生效日作为合同解除日的判决,但最终仍被最高人民法院改判。如湖北省宜昌市中级人民法院审理的武汉武商量贩连锁有限公司、宜昌馨安泰商贸有限公司房屋租赁合同纠纷一案中,湖北省宜昌市中级人民法院一审判决双方之间的租赁合同解除,虽判决主文并未明确表述解除日期为判决生效之日,但从法院的论述以及判决主文第二条要求租金支付至判决生效之日来看,解除日期应为判决生效之日。后该案经湖北省高级人民法院二审判决驳回上诉,维持原判。但是,该案最后又经最高人民法院再审,再审民事判决书中明确将双方合同解除日期确定为起诉状副本送达之日。②

(二)起诉状副本送达解除说

理论界如崔建远教授认为:“当事人就解除合同的意思表示有效与否发生争执时,虽然必须诉请法院或仲裁机构裁判,但主审法院或仲裁机构认为此项解除合同的意思表示有效的,解除合同的效力仍应于此项意思表示到达相对人处或为他所了解时即已发生,而非自判决或裁决时始行发生。”③实践中,各级人民法院的判决书、裁定书中也均有该观点的体现,其中,最高人民法院

---

① 王利明:《合同法新问题研究》,中国社会科学出版社2003年版,第564页。

② 参见湖北省宜昌市中级人民法院(2018)鄂05民初322号民事判决书、湖北省高级人民法院(2018)鄂民终1386号民事判决书、最高人民法院(2019)最高法民再313号民事判决书。

③ 崔建远:《合同法总论》(中卷),中国人民大学出版社2012年版,第651~652页。

(2017)最高法民终397号民事裁定书中明确:起诉状副本的送达应可认定为解除合同意思表示的到达,产生解除合同的效果。[①]

《民法典》在第五百六十五条第二款规定中明确:当事人一方未通知对方,直接以提起诉讼或仲裁的方式依法主张解释合同的,人民法院或者仲裁机构确认该主张的,合同自起诉状副本或者仲裁申请书副本送达对方时解除。解除权是一种形成权,形成权是单方法律行为,因一方行为人的意思表示就能成立。我国对合同解除时间的确定系采通知到达的立法模式,解除时间的确定是以当事人在表达解除合同的意思表示时享有解除权,即约定或法定的解除条件已经成就为前提。合同解除条件已经成就的,合同自起诉状副本送达对方时解除。[②]

(三)本案司法审查路径分析

由此可见,对于直接以诉讼方式解除合同的,合同的解除日仍然是一个争议较大的问题。本案中,当事人直接起诉主张以起诉状副本送达之日为合同解除日。对于当事人的诉请,法院不得拒绝裁判,但对于案件中出现新情况时,法院又应如何裁判?

面对法律没有明确规定的情形,法院裁判时,更应追本溯源,遵循立法原意。从本案发生时可适用的法律来看,根据《合同法》第九十六条的规定,我国对于合同解除时间的认定采用的是通知到达模式,即在解除权人享有解除权的前提下,解除的意思表示到达相对方之时合同解除。同样地,在直接以诉讼方式主张合同解除时,只要当事人在起诉状上已明确了要求解除合同的意思表示,那么起诉状副本送达相对方时,解除合同的意思表示亦已到达相对方,理应发生合同解除的效力,亦即起诉状副本送达之日应被认定为合同解除日。

反之,若以裁判文书生效日作为合同解除日,既与我国的通知解除模式相悖,更可能会使本可以服判息讼的当事人为了拖延合同解除日而上诉,造成对方当事人的讼累和司法资源的浪费。极端情况下会出现判决书生效时,合同都已届期终止的情况。此时,合同解除权的设立无异于形同虚设,不利于保护解除权人的合法权利。

---

① 参见最高人民法院(2017)最高法民终397号民事裁定书。

② 参见最高人民法院民法典贯彻实施工作领导小组主编:《中华人民共和国民法典合同编理解与适用(一)》,人民法院出版社2020年版,第654页。

综上所述，本案中，对于当事人直接起诉主张起诉状副本送达日为合同解除日的诉讼请求，通过对比两种观点的优劣，结合《民法典》的立法精神，法院对该诉讼请求予以支持，判决以起诉状副本送达日为合同解除日。

## 四、结语

合同解除是根据一方或双方当事人的意思表示使合同关系归于终了的制度。[①] 合同解除权是一种形成权，并且是一种简单形成权，通知到达即产生解除的效力。

虽本案确认了直接以诉讼方式提出解除合同的解除权行使方式，但并未认定解除合同必须经诉讼才发生解除的效力，亦不认为合同解除权系一种形成诉权。直接以诉讼方式提出解除合同只是通知解除的一种补充，并未否认合同解除权系简单形成权的理论分类，且以起诉状副本送达之日作为解除合同的时间，更符合理论逻辑和现行立法。

在立法尚无明确规定的前提下，本案通过理论分析、实践探索以及对立法目的的深入理解，肯定了直接以诉讼方式提出解除合同的解除权行使方式，并确定了起诉状副本送达之日作为合同解除日，亦符合《民法典》的立法精神，为进一步适用《民法典》第五百六十五条之规定提供了些许思路。

审判组织成员：姚　峥

编写人：上海市静安区人民法院　蒋　洁

---

① 韩世远：《合同法总论》，法律出版社 2018 年版，第 644 页。

# 上海寰宇汇商业管理有限公司诉中藏宫(北京)文化传媒有限公司上海分公司、中藏宫(北京)文化传媒有限公司房屋租赁合同纠纷案

## ——守约方减损义务在房屋租赁合同纠纷中的审查标准

**关键词**｜房屋租赁合同　减损义务　承租人违约　及时收回房屋　违约责任

**裁判要旨**

当承租人拒不支付租金且不实际占有使用租赁房屋时,出租人负有在合理期限内及时收回房屋的减损义务,以发挥资源的社会效益,实现效率的最大化。对出租人减损义务的负担及减损的合理期限的确定应结合案情从主观上善意、客观上可行两个方面综合确定。其中,守约方的主观善意可从其对减损义务的认知分析,具体可结合签约时的认知、违约行为发生后的认知及是否有收取高额房屋占有使用费的利益驱动等因素综合判定。客观上可行应从租赁房屋的状态进行分析,既注重时效性又注重可行性。出租人长期不收回租赁房屋而主张高额占有使用费的,对其未履行减损义务所致的损失,法院不予支持。

**法条链接**

《民法典》第五百九十一条

《合同法》第一百一十九条

**案例索引**

一审:上海市黄浦区人民法院(2019)沪0101民初12070号(2020年1月3日)

二审:上海市第二中级人民法院(2020)沪02民终3179号(2020年11月2日)

**基本案情**

2018年,原告上海寰宇汇商业管理有限公司(甲方,以下简称寰宇汇公司)与被告中藏宫(北京)文化传媒有限公司上海分公司(乙方,以下简称中藏宫上海分公司)签订《房屋租赁合同》,约定甲方将上海市黄陂南路838弄1号4幢之中海国际中心A座3层09B单元(以下简称系争房屋)租赁给乙方。租期自2018年11月1日起至2021年11月30日。管理费每月12,299.08元,首年月租金83,015.55元。

合同约定,乙方应于2018年11月1日前支付当月租金及管理费。剩余租赁期限内,乙方应于前1个月25日前足额支付下个月租金及管理费。乙方应于合同签署5个工作日内付足相当于3个月租金及管理费的租赁保证金。乙方未按约定交付租金、管理费及租赁保证金等的,应按照应付未付金额1‰每日支付逾期付款滞纳金。若乙方超过甲方书面催款通知规定3日后,仍不缴纳的,甲方可以采取停电措施,直至乙方履行相关付款义务为止。

乙方逾期支付租金、管理费等超过30天的,甲方有权以书面方式解除合同,乙方应支付相当于4个月租金、管理费之和的违约金,甲方有权没收租赁保证金用以冲抵违约金。乙方应于租赁合同终止之日起5日内,将房屋恢复原状交还甲方。乙方违约的,无论何种原因,交还期限届满之次日起,乙方仍未按合同约定交还房屋的,应按合同终止时房屋日租金、日管理费之和的双倍向甲方支付房屋占有使用费,直至交还完成。乙方交还期限届满后,房屋内的物品、附属设施设备、装修装饰等未清空或拆除的,甲方有权选择采用下述方法之一收回租赁房屋,因此而产生的费用均由乙方承担,甲方有权追偿:(1)将该房屋的一切可移动物品搬离,该房屋之装修及附属设备/设施归甲方所有,甲方无须给予乙方任何补偿。(2)将该房屋内的一切可移动物品搬离,并将该房屋内的一切装修、附属设备/设施拆除。

双方于2018年11月1日交接房屋,中藏宫上海分公司随后进行装修。其间,因中藏宫上海分公司仅支付102,231.25元的租赁保证金而未按约支付剩余租赁保证金、租金及管理费,寰宇汇公司催讨未果后于2019年1月31日发函告知于当日解除合同。该解除函于当日送达中藏宫上海分公司,其中用加黑字体告知中藏宫上海分公司应于5日内交还房屋,交还期限届满后,尚未搬离、拆除的任何装饰装修、设施设备、物品等均视为中藏宫上海分公司放弃了遗留物品的所有权，寰宇汇公司有权自行予以处置，由此产生的处置费用，包括但不限于搬运费、保管费及仓储费等，均由中藏宫上海分公司承担。此后，双方未有其他交涉。

2019 年 4 月，寰宇汇公司提起诉讼，要求判令：(1)租赁合同于 2019 年 1 月 31 日解除；(2)中藏宫上海分公司与中藏宫（北京）文化传媒有限公司（以下简称中藏宫公司）共同支付此前欠付的租金、管理费；(3)中藏宫上海分公司与中藏宫公司按照双倍租金、管理费标准支付自 2019 年 2 月起至实际迁出之日止的房屋占有使用费；(4)中藏宫上海分公司与中藏宫公司支付相当于 4 个月租金、管理费标准的违约金；(5)中藏宫上海分公司与中藏宫公司支付逾期付款滞纳金。

在一审法院审理过程中，中藏宫上海分公司于 2019 年 11 月 8 日向寰宇汇公司发出告知函，载明寰宇汇公司于 2019 年 1 月下旬对系争房屋采取停电措施，导致装修队撤场，装修队于撤场前已将房屋钥匙交寰宇汇公司工作人员。现重申该房屋已于 2019 年 1 月下旬归还寰宇汇公司，放弃该房屋内装修及相关物品。寰宇汇公司确认于 2019 年 11 月 11 日收回房屋，并不认可中藏宫上海分公司在告知函中已将房屋钥匙交寰宇汇公司工作人员的陈述。

**裁判结果**

上海市黄浦区人民法院于 2020 年 1 月 3 日作出（2019）沪 0101 民初 12070 号判决：双方租赁合同于 2019 年 1 月 31 日解除，中藏宫上海分公司应支付此前的租金、管理费 285,943.89 元，并按照双倍租金、管理费之和的标准支付 2019 年 2 月 1 日至 11 月 8 日的房屋占有使用费 1,766,497.80 元，没收已付的 102,331.25 元租赁保证金作为违约金，中藏宫上海分公司支付逾期付款滞纳金 78,072.97 元，中藏宫公司承担连带责任。

一审法院宣判后，中藏宫上海分公司、中藏宫公司提起上诉。上海市第二中级人民法院于 2020 年 11 月 2 作出（2020）沪 02 民终 3179 号民事判决：撤销一审法院关于占有使用费、违约金及中藏宫上海分公司承担连带付款义务的判决，改判中藏宫上海分公司支付 2019 年 2 月的房屋占有使用费（参照租金、管理费标准）95,314.63 元，支付相当于 4 个月租金、管理费之和的违约金，租赁保证金冲抵后为 306,593.75 元，中藏宫公司承担补充付款责任。

**裁判理由**

法院生效判决认为，根据本案中各方当事人的诉辩称，对系因中藏宫上海分公司逾期支付租赁保证金、租金等以致《房屋租赁合同》于2019年1月31日解除均无异议。本案的主要争议焦点为：(1)寰宇汇公司是否负有在解除合同后及时收回系争房屋的减损义务？(2)何时为寰宇汇公司应采取减损措施的时间点？

关于争议焦点一，法院从两个方面进行分析：(1)从寰宇汇公司主观上对减损义务的认知分析。首先，对签约时的认知进行分析。租赁合同多处约定承租人逾期交还房屋的，寰宇汇公司有权收回房屋，处置费用由承租人负担。可见，寰宇汇公司作为专业经营商业地产租赁的公司，对于承租人逾期交还房屋的预见性较高。其次，对承租人根本违约时的认知进行分析。寰宇汇公司发出的《房屋租赁合同解除通知书》中用加黑字体再次重申如中藏宫上海分公司未按期搬离，其有权自行处置中藏宫公司尚未搬离的物品。寰宇汇公司在解除合同时，对系争房屋内的装饰装修、物品存放情况应知晓并明了，其发出解除函告知其有权自行收回系争房屋，是对其权利的重申和再次明确。寰宇汇公司在法院审理中抗辩为避免与中藏宫上海分公司因装修的财产产生争议而未自行收回房屋，显与合同条款的设置及其解除合同时的主张相悖，法院难以采信。最后，从寰宇汇公司未及时收回房屋可能存在的利益驱动分析。诉讼中，寰宇汇公司依据合同约定的双倍租金、管理费标准主张长达10个月的房屋占有使用费，可能存在追求高额对价的利益驱动。(2)从寰宇汇公司自行收回房屋防止损失扩大的可能性分析。依照各方当事人的陈述，系争房屋的装修尚未完工，且寰宇汇公司自2019年1月起采取停电措施，直至2019年11月。在此期间，中藏宫上海分公司亦未实际占用系争房屋。寰宇汇公司如在发出解除函后自行收回房屋，并没有太大障碍，且具有充分的便利性和可能性。寰宇汇公司在一审法院审理期间自行收回了系争房屋，而系争房屋空关期间的状况并未发生变化，亦证明其在此前就可自行收回房屋。

《合同法》第一百一十九条第一款规定，当事人一方违约后，对方应当采取适当措施防止损失的扩大；没有采取适当措施致使损失扩大的，不得就扩大的损失要求赔偿。综合上述分析，寰宇汇公司在合同解除后应及时收回房屋再行出租，避免损失扩大，实现资源充分流转利用，这不仅是其在合同条款中设置的对己方的权利,亦属于守约方的法定义务,应当履行。

关于争议焦点二,法院认为:租赁合同约定,租赁合同期限届满之日或者因其他原因而终止之日起5日内,为中藏宫上海分公司向寰宇汇公司交付房屋的期限。《房屋租赁合同解除通知书》中,寰宇汇公司要求中藏宫上海分公司应于2019年2月3日前缴清所欠各项费用并按照合同约定将系争房屋如期交还。因租赁合同于2019年1月31日解除,因此,中藏宫上海分公司应于2019年2月5日前交还系争房屋。逾期未交还的,寰宇汇公司应及时自行收回。但该期间恰逢春节,对于寰宇汇公司及时收回系争房屋的期限,应从两个方面进行综合考量。首先,寰宇汇公司作为专业的商业地产租赁公司,在合同中约定了自行收回房屋的条款,因此,其对于自行收回房屋具有一定的便利性及专业性。其次,在此期间恰逢春节,收回系争房屋存在人力物力方面的客观限制。综合以上因素,法院酌情确定2019年2月28日前应为寰宇汇公司收回系争房屋的合理期间,此后的系争房屋空关损失系寰宇汇公司未及时采取减损措施产生的扩大损失,应自行负担。

此外,法院还认定双倍租金、管理费标准的房屋占有使用费含有违约金性质,对2019年2月的房屋占有使用费调低为参照合同约定的租金、管理费标准。另依据合同约定支持了寰宇汇公司主张的相当于4个月租金、管理费标准的违约金。改判中藏宫公司承担补充支付义务。

**案例注解**

本案是一起较为典型的承租人弃租情形下出租人未及时减损而导致其扩大损失未获法院支持的案件。本案的争议焦点是作为守约方的出租人寰宇汇公司是否负有减损义务,何时应为其进行减损的合理时点。笔者对减损规则在房屋租赁合同纠纷中的适用进行解析,结合理论与实践探索,尝试提出法院在适用减损规则时应从主观上善意、客观上可行两方面进行综合确定,亦对在房屋租赁合同纠纷中减损规则与违约方申请解除合同的司法适用进行了分析。

## 一、减损规则之由来及法理基础

### (一)减损规则之由来

减损规则又称减损义务(the duty to mitigate the damage),是由英美法系发展而来的,早在1677年英国的Vertue v. Bird一案中该规则即已初露端倪。该案中，原告依合同要送货至Ipswith时，被告在指定地点这件事上迟延了6个小时。原告的马很热，又站在一个不合适的地方，它们不久便死掉了。法院否决了原告对该损害的赔偿请求，理由是"让马站着是原告的蠢行"，因为他本可以把马从车上解开或是把货物卸在Ipswith的任何地方。[①] 经过300多年的发展，该规则已经较为成熟。例如，《美国合同法重述》（第2版）第三百五十条规定，不可赔偿的损失是指如果受害方在不承受过度风险、负担的情况下，本可以避免的损失；但只要受害方做了"合理但没有成功的努力来避免损失"，他就不能被剥夺对该损失要求赔偿的权利。[②] 1980年《联合国国际货物销售合同公约》第七十七条规定："声称另一方违反合同的一方，必须按情况采取合理措施，减轻由于该另一方违反合同而引起的损失，包括利润方面的损失。如果他不采取这种措施，违反合同一方可以要求从损害赔偿中扣除原可以减轻的损失数额。"[③]

我国法律体系中关于减损规则的规定体现在《民法通则》第一百一十四条、《合同法》第一百一十九条[④]及《民法典》第五百九十一条。[⑤] 其中《民法典》的规定与《合同法》内容基本相同，仅作文字上的修改，将第一款中"要求"改为"请求"、第二款中"承担"改为"负担"，实质内容未发生变化。依照《民法典》的规定，减损规则的构成要件有：（1）违约方的违约行为导致了损害的发生，受损害方对损害的发生没有过错；（2）受损害方未采取合理措施造成了损失扩大的后果；（3）受损害方对损失的扩大有过失；（4）扩大的损失与受损害方未及时采取合理的、适当的措施之间存在因果关系。[⑥] 实践中，对于减损规则适用的争议和难点主要在于第二点的确定上。

（二）减损规则的理论基础

减损义务虽然名为"义务"，但并非严格意义上的义务，属于不真正义务、

① 参见韩世远：《合同法总论》，法律出版社2011年版，第642~643页。

② 高贺新：《美国法律对期待利益的限制》，载《法制与社会》2009年第7期。

③ 汪海：《减损原则在国际货物买卖合同中的适用》，西南政法大学2003年硕士学位论文，第1页。

④ 《合同法》第一百一十九条规定，当事人一方违约后，对方应当采取适当措施防止损失的扩大；没有采取适当措施致使损失扩大的，不得就扩大的损失要求赔偿。当事人因防止损失扩大而支出的合理费用，由违约方承担。

⑤ 《民法典》第五百九十一条规定，当事人一方违约后，对方应当采取适当措施防止损失的扩大；没有采取适当措施致使损失扩大的，不得就扩大的损失请求赔偿。当事人因防止损失扩大而支出的合理费用，由违约方负担。

⑥ 参见最高人民法院民法典贯彻实施工作领导小组主编：《〈中华人民共和国民法典〉合同编理解与适用（二）》，人民法院出版社2020年版，第830页。

间接义务。韩世远教授曾评论道，减损义务的相对人通常不得请求履行，而其违反一般认为并不发生强制执行或赔偿损失之后果，而致使发生义务人权利或利益的减损或丧失。[①]

减损规则的理论基础在学理上主要有三个方面：

一是基于诚信原则。减轻损害规则的主要依据是民法的诚实信用原则。[②]诚信原则是民事主体参加民事活动的基本原则，是《合同法》中的“帝王原则”。在承认和接受“减损规则”的大陆法系国家，大多将诚信原则作为理论基础。诚实信用要求守约方积极作为，防止违约导致的损失扩大，降低其扩大违约损失的利益驱动。

二是基于经济效率理论。经济效率理论追求社会财富的最大化。如守约方放任损失扩大，不仅涉及合同双方之间的利益分配，也是对社会财富的侵害，降低了资源的有效利用率。为了增进社会整体经济利益，或者说为使资源趋近最佳配置，制度设计层面有必要给予受损一方特定的激励，以使其行为更加符合社会利益的要求。[③] 正是基于此理论，减损规则用赋予守约方及时减损的义务来督促其行为的经济合理性。虽然是在一定程度上保护了违约方的利益，但更是基于促进社会资源的有效利用。

三是基于近因理论。近因理论主要来源于因果关系，而因果关系又可详细划分为近因和远因。近因是损害赔偿的必要条件。远因理论对违约行为与损失并不能很好地界定，而近因理论则能够对违约行为的损失加以确定并进行预防。[④] 减损规则语境下，损失与违约的直接因果关系被切断。违约方不可预见的扩大部分的损失，近因是守约方本应减少而未减少所致，而违约方的违约行为则属于远因，违约方不应对扩大的损失进行赔偿。

## 二、房屋租赁合同纠纷中减损规则的“适当措施”之审查标准

### （一）可采取的减损措施的类型

一般而言，减损措施的类型主要有停止履行、替代交易、变更合同、继续履

---

① 参见韩世远：《合同法总论》，法律出版社2011年版，第643页。

② 王利明：《违约责任论》，中国政法大学出版社2003年版，第549页。

③ 王利明、郭明瑞、方流芳：《民法新论》（上），中国政法大学出版社1999年版，第502页。

④ 汪海：《减损原则在国际货物买卖合同中的适用》，西南政法大学2003年硕士学位论文，第829页。

行、控制减损措施费用等。在房屋租赁合同中,减损措施最主要的适用空间为停止履行及替代交易。停止履行与替代交易的适用具有内在逻辑的一致性,也即在承租人拒不履行支付租金的主要合同义务达到一定程度时,出租人应及时解除合同、收回房屋另行出租。特别是在承租人已经不实际使用租赁场所的情况下,出租人更应及时收回房屋另行实现其经济价值。司法实践中,常见承租人以出租人在其自行搬离租赁房屋后未能及时减损为由对出租人的租金主张进行抗辩。值得注意的是,基于债权的平等性,出租人采用替代交易的方式进行减损,并不要求事先解除原合同,也即解除合同并非替代交易的前置条件。

(二)应采取减损措施时点的审查标准

减损规则直接影响守约方可获得损害赔偿的范围,其中的关键在于如何判断守约方行为的"合理性"。英国詹姆斯法官在 1878 年将"合理性标准"表述为"原告们有权获得的是对他们因违约而业已实际遭受之损害的全部赔偿,违约人不负担因原告们没有作为通情达理之人本应做到的事情而造成的额外的费用,原告们亦没有任何义务去做任何在正常经营过程之外的事情"。[①] 理论界对于合理措施的判定,主要有"合理人标准""经济性标准""善意标准"三种标准。而《民法典》第五百九十一条规定的"适当措施"是开放性、不确定的概念,其内涵不确定,外延是开放性的,实践中需要司法裁判者根据具体案情作出判定。综上分析,房屋租赁合同纠纷中,出租人实施减损措施的主要方式为及时收回房屋,在其应收回的合理时点上,可以综合运用上述标准,从主客观两个方面进行综合分析判断。

1. 主观上,守约方主观上应是善意的。守约方应该履行作为一个正常的、理智的、智力健全的人在正常交易活动中出于主观上的善意普遍都会作出的行为,而不会放任损失扩大却不采取任何措施。在承租人发生根本违约的情况下,特别是出现弃租时,善意的出租人应该意识到继续空关会造成资源的浪费,应及时收回房屋另行出租,发挥其应有价值。如果出租人拒不收回房屋,坚持继续履行合同,虽然其继续履行可能会带来租金收益,但与承租人不实际占用租赁房屋而需要负担的租金相比,明显不对等。出租人解除合同、收回房屋另行出租的损失可通过解约违约金等方式向承租人主张。实践中,出租人在此情况下拒不收回房屋往往有两种可能,一种是承租人预付了较长期限的租金,出

---

① 参见韩世远:《减损规则论》,载《法学研究》1997 年第 1 期。

租人以消极方式待租金消耗殆尽再行收回;另一种是合同约定了远高于租金标准的房屋占有使用费,拒不收回房屋有更大的获利空间,两者均非合理地行使权利的方式。

本案中,出租人寰宇汇公司作为专业的商业地产租赁公司,整幢楼宇均作为办公楼出租经营,其对承租人可能会出现弃租现象有着比普通人更高的认识。正是基于此种原因,寰宇汇公司在签订租赁合同时特别多次约定其有权自行收回房屋,对承租人在房屋内的物品、装修等均可不负任何代价的处置,甚至约定处置费用亦应由承租人中藏宫上海分公司负担。在承租人发生严重逾期支付租金的根本违约情形下,其及时解除了合同,并在解除函中再次重申了其有权于5日后自行收房。然而寰宇汇公司在此后长达10个月时间内并未自行收房,而是按照合同约定向承租人主张双倍租金标准的房屋使用费,其未及时收房而获得超过租金收益的行为亦存在利益驱动。从上述情况综合分析,很难认定寰宇汇公司未能及时收回房屋是善意的,所以应对其科以减损义务。

2. 客观上,出租人具有减损的可能性。对于适当措施的审查应考虑守约方客观上进行减损的可能性。既注重减损措施的时效性,也不应苛求守约方去冒险减损。其中时效性指应以非违约方尽减损义务或应尽减损义务的情况加以判断,不能以事后的情况来衡量先前的行为是否合理。

本案中,寰宇汇公司具有充分的及时收回房屋的客观条件。首先,系争房屋未装修完成,承租人未在系争房屋正式经营,系争房屋内存有的装修及物品价值不高。其次,寰宇汇公司已经采取断电措施,系争房屋对承租人而言失去了租赁物的价值。最后,寰宇汇公司在此实际经营,具有发现承租人撤场的充分便利。而从减损的时间来分析,二审法院确定以合同解除后的1个月时限为其自行收回房屋另行出租的时间,已经充分考虑到了等待对方自行交房、出租人自行收回房屋的专业性及便利性、客观上是春节期间所受的限制,较为合理。实践中,如承租人自行搬离承租房屋而未告知出租人,出租人无法及时知晓该事实的,应对出租人知道或应当知道出租人搬离的时间进行认定。

对守约方科以及时收回房屋的减损义务,并不影响其向违约方主张解约违约金及逾期付款违约金。实践中,解约违约金的认定应以合同约定为基准,综合考量出租人另行出租的实际损失,一般以合同约定的3个月到6个月的租金为宜。本案中,寰宇汇公司要求按照合同约定的4个月租金、管理费标准支付违约金,既符合合同约定,又与合理的实际损失相当,因此,法院予以照准。

减损的时间点在房屋租赁合同纠纷减损规则的适用中具有非常重要的意义。违约行为发生后,合同双方一般会进行协商、催告等,减损义务不是承租人违约后立即产生。房屋租赁合同纠纷中,即使承租人弃租,也应给予出租人合理的时间自行收回房屋。实践中,在承租人根本违约的情形下,常有以下两种发展模式:一种是根本违约时点—应减损时点—实际或视为实际收回房屋时点;另一种是根本违约时点—守约方解除合同时点—应减损时点—实际或视为实际收回房屋时点。两种模式下的区别在于守约方有没有解除合同,综上分析,是否解除合同不影响法院对于守约方减损义务的适用,在应减损时点后的损失应由守约方自行承担。本案中,出租人寰宇汇公司及时行使了合同解除权,但未能及时收回房屋,对于解除合同时间的法律适用并无疑难之处,双方也均无异议。假设本案中寰宇汇公司未解除合同,对于其减损义务的认定,亦不实质性地影响法院对于承租人关于减损义务抗辩的审查和采信。

### 三、房屋租赁合同纠纷中减损规则与违约方申请解除合同的司法适用

最高人民法院在2019年11月8日发布的《全国法院民商事审判工作会议纪要》第四十八条对违约方起诉解除合同作出了规定。[①]《民法典》合同编(草案)二审稿曾作出类似规定,[②]但因理论界的激烈争议,三审稿删除了该规定。而最终颁布的《民法典》第五百八十条较《合同法》第一百一十条增加了“有前款规定的除外情形之一,致使不能实现合同目的的,人民法院或者仲裁机构可以根据当事人的请求终止合同权利义务关系,但是不影响违约责任的承担”的规定。虽然上述规定被有的学者认为是“突然袭击条款”和“一个危险的信号”,但赋予违约方申请解除合同的权利,有利于打破合同僵局,实现实质正义,促进社会资源的合理使用。司法实践中,一些突破性的裁判也取得了良好的社会效果。

虽然最高人民法院在《〈全国法院民商事审判工作会议纪要〉理解与适用》

---

① 该条规定,违约方不享有单方解除合同的权利。但是,在一些长期性合同如房屋租赁合同履行过程中,双方形成合同僵局,一概不允许违约方通过起诉的方式解除合同,有时对双方都不利。在此前提下,符合下列条件,违约方起诉请求解除合同的,人民法院依法予以支持:(1)违约方不存在恶意违约的情形;(2)违约方继续履行合同,对其显失公平;(3)守约方拒绝解除合同,违反诚信信用原则。人民法院判决解除合同的,违约方本应当承担的违约责任不能因解除合同而减少或免除。

② 该条规定,有解除权的当事人不行使解除权,构成滥用权利对对方显失公平的,人民法院或者仲裁机构可以根据对方的请求解除合同,但是不影响违约责任的承担。

中直接表明在房屋租赁合同中，违约方愿意补偿守约方较长期间如6个月或1年的租金，而守约方仍然拒绝解除合同，通常应当认定其行为违反了诚信原则。[①] 但因房屋租赁合同属于继续性合同，租金债务是继续性的金钱给付债务，每期的时间经过会产生增量的债权债务关系。因此，在房屋租赁合同纠纷这种长期继续性合同案件中，更有减损规则的适用空间。程序上，符合条件的违约方必须通过诉讼或仲裁的方式才能真正解除合同。如作为违约方的承租人向法院申请解除合同，自提起诉请至裁判生效，需要的时间存在很大的不确定性，且通常情况下需要较长时间，极端情况下可能发生租赁期限届满而裁判尚未生效的情形，承租人的权利救济的效率较低，不能有效地将非恶意违约方从已经失去履行利益的合同中解脱出来。对于承租人弃租情形下的房屋租赁合同纠纷，应首先适用减损规则，将更有利于遏制出租人扩大损失，甚至追求不当利益的情形，有效促进社会资源的充分利用。实践中，常见承租人在出租人诉请其支付租金时提出出租人未履行减损义务的抗辩，而少见承租人主张因自身违约而解除合同。

一审法院审判组织成员：严　奇　李　慧　方少华
二审法院审判组织成员：卢薇薇　王晓梅　陈　俊
编写人：上海市第二中级人民法院　卢薇薇　王晓梅

① 参见最高人民法院民事审判第二庭编著：《〈全国法院民商事审判工作会议纪要〉理解与适用》，人民法院出版社2019年版，第318页。

# 上海垲捷管理咨询有限公司诉上海玖悦文化传播股份有限公司房屋租赁合同纠纷案

## ——违约责任认定中过失相抵规则的适用

**关键词**｜过失相抵　违约责任　司法适用

**裁判要旨**

在合同纠纷案件中，一方违约造成对方损失，违约方有证据证明受害人自身的行为助成损害的发生且其主观上存在过错的，法院应当综合考虑违约方与受害人各自的行为对损害发生的原因力大小以及双方的过错程度，酌情确定违约方与受害人对损害的发生应当承担的责任比例，并依据该责任比例确定违约方实际承担的损失赔偿数额。

**法条链接**

《民法典》第五百九十二条

**案例索引**

一审：上海市静安区人民法院（2019）沪0106民初40559号（2019年11月28日）

二审：上海市第二中级人民法院（2020）沪02民终932号（2020年2月21日）

**基本案情**

原告上海垲捷管理咨询有限公司（以下简称垲捷公司）诉称：垲捷公司与被告上海玖悦文化传播股份有限公司（以下简称玖悦公司）就上海市静安区×××路×××弄×××号×××楼×××单元房屋（以下简称系争房屋）签订《房屋租赁合同》，约定：玖悦公司向垲捷公司承租系争房屋，租赁期限自2016年5月1日至

2025 年 4 月 30 日。玖悦公司自 2018 年 9 月起拖欠租金、物业管理费及公共事业费，垲捷公司因多次催讨未果，故向一审法院起诉请求：(1)判令垲捷公司、玖悦公司签订的《房屋租赁合同》于 2018 年 12 月 25 日解除；(2)判令玖悦公司支付 2018 年 10 月至 12 月租金 460,188.90 元、物业管理费 31,080 元和公用事业费 69,672.55 元，共计 560,941.45 元；(3)判令玖悦公司支付违约金计 540,200.01 元(按照月租金 180,066.67 元标准计算 3 个月)；(4)判令玖悦公司支付房屋占有使用费 3,658,560 元(按照日租金 11,840 元标准计算，自 2018 年 12 月 26 日起至 2019 年 11 月 1 日)；(5)判令玖悦公司支付逾期付款滞纳金(以 50,000 元为本金按照日 1‰标准计算自 2018 年 9 月 25 日起至实际支付之日止，以 140,426.67 元为本金按照日 1‰标准计算自 2018 年 9 月 25 日起至实际支付之日止，以 190,426.67 元为本金按照日 1‰标准计算自 2018 年 10 月 25 日起至实际支付之日止，以 190,426.67 元为本金按照日 1‰标准计算自 2018 年 11 月 25 日起至实际支付之日止)。

玖悦公司辩称：同意垲捷公司第一项诉讼请求；确认双方于 2019 年 11 月 1 日办理系争房屋交接手续；确认未支付 2018 年 10 月至 12 月租金 460,188.90 元、物业管理费 31,080 元和公用事业费 69,672.55 元，共计 560,941.45 元；关于违约金，纠纷发生时系争房屋处于征收范围，双方就相关征收补偿事宜进行磋商，故玖悦公司没有违约行为，无须支付违约金；关于房屋占有使用费，玖悦公司曾多次以书面或口头方式要求搬离系争房屋，2019 年 6 月在另案中也明确表示 2019 年 6 月底将搬离系争房屋，逾期垲捷公司可自行处置系争房屋内物品，故房屋占有使用费最多应支付至 2019 年 6 月。

上海市静安区人民法院经审理查明以下事实：

2016 年 4 月 18 日，垲捷公司(甲方、出租人)与玖悦公司(乙方、承租人)就系争房屋签订《房屋租赁合同》，约定：(1)租期自 2016 年 5 月 1 日起至 2025 年 4 月 30 日。(2)2017 年 5 月 1 日至 2019 年 4 月 30 日租金为每月 180,066.67 元，按月支付，先付后用。(3)物业管理费为每月 10,360 元，按月支付，先付后用。(4)乙方在租赁合同终止之日当日返还租赁标的物和附属设施设备，乙方返还系争房屋应当符合正常使用时的状态，甲方根据约定进行验收，并相互结清各自应当承担的费用。(5)有下列情形之一的，本合同自行终止，互不承担违约以及补偿责任，如涉及相关补偿内容，双方另行协商解决：租赁标的物被政府批准动迁的。(6)有下列情形之一的，违约方应当在守约方通知之日起 30

日内给予纠正,违约方在30日内未纠正的,守约方有权书面通知违约方解除本合同:乙方违反上述约定,逾期支付租金超过30日的。(7)乙方违反上述约定,逾期5日仍未支付租金或物业管理费,应每天按该期应付租金额的1‰向甲方支付滞纳金。(8)乙方违反上述约定,逾期返还系争房屋和附属设施设备的,每逾期1日,乙方应按双倍租金向甲方支付占用费。(9)一方约定,违约方应向守约方支付合同解除当月月租金3倍金额的违约金,且该违约行为给另一方造成损失的,违约方还应向守约方支付直接损失金额同违约金的差额部分。合同另对其他内容进行了约定。

2018年9月7日至12月18日期间,垲捷公司曾多次向玖悦公司送达《催款通知》,要求玖悦公司支付系争房屋租金、物业管理费及公共事业费。

2018年11月16日,玖悦公司向垲捷公司送达情况说明,载明因店铺经营状况不佳,故向垲捷公司申请延后付款。

2018年12月14日,上海市静安区人民政府(以下简称静安区政府)作出《张园地块房屋征收决定》。

2018年12月25日,垲捷公司向玖悦公司寄送告知函,告知因玖悦公司拖欠租金、物业管理费及公共事业费,双方签订的合同即日解除。玖悦公司于2018年12月26日签收上述函件。

2018年11月9日至2019年3月2日期间,双方工作人员曾多次通过微信就拖欠房租及终止合同一事进行协商。

2019年3月2日,玖悦公司向垲捷公司提交申请书,要求与垲捷公司办理系争房屋的腾退交接手续。

2019年3月,玖悦公司向垲捷公司寄送律师函,载明:系争房屋被纳入征收范围后,玖悦公司多次与垲捷公司进行沟通,希望就原合同的履行重新达成一致意见,垲捷公司口头答应却不肯签订书面协议,双方就此事一直搁置。根据双方签订的《房屋租赁合同》约定,租赁标的物被政府批准动迁的,本合同自行终止,双方互不承担违约以及补偿责任。

2019年5月10日,玖悦公司在上海市静安区人民法院(2019)沪0106民初25552号案件询问笔录中陈述:同意在2019年5月17日之前交接系争房屋,玖悦公司将清空系争房屋内所有物品,如逾期房屋内所有物品任垲捷公司自行处置。

一审庭审中,双方确认:2018年12月21日,垲捷公司对系争房屋采取了停水停电措施;2019 年 11 月 1 日,双方完成系争房屋的交接手续,就交接事宜没有争议。

**裁判结果**

上海市静安区人民法院于 2019 年 11 月 28 日作出(2019)沪 0106 民初 40559 号民事判决:(1)垲捷公司与玖悦公司就系争房屋签订的《房屋租赁合同》于 2018 年 12 月 25 日解除;(2)玖悦公司应于判决生效之日起 10 日内支付垲捷公司 2018 年 10 月 1 日至 12 月 25 日期间房屋租金 100,055.56 元(已抵扣房屋租赁保证金 360,133.34 元)、2018 年 10 月 1 日至 12 月 31 日期间物业费 31,080 元、2018 年 9 月 1 日至 11 月 30 日期间公共事业费 69,672.55 元;(3)玖悦公司应于判决生效之日起 10 日内支付垲捷公司违约金 540,200.01 元;(4)玖悦公司应于判决生效之日起 10 日内支付垲捷公司 2018 年 12 月 26 日至 2019 年 5 月 17 日期间房屋占有使用费 423,279.98 元;(5)玖悦公司应于判决生效之日起 10 日内支付垲捷公司逾期付款滞纳金(以 50,000 元为本金按照每日 5‰的标准计算自 2018 年 9 月 25 日起至 12 月 18 日计 2125 元,以 140,426.67 元为本金按照每日 5‰的标准计算自 2018 年 9 月 25 日起至实际支付之日止,以 190,426.67 元为本金按照每日 5‰的标准计算自 2018 年 10 月 25 日起至实际支付之日止,以 190,426.67 元为本金按照每日 5‰的标准计算自 2018 年 11 月 25 日起至实际支付之日止);(6)垲捷公司其余诉讼请求,不予支持。

一审宣判后,玖悦公司依法提起上诉。上海市第二中级人民法院于 2020 年 2 月 21 日作出(2020)沪 02 民终 932 号民事判决:驳回上诉,维持原判。

**裁判理由**

法院生效判决认为,依法成立的合同,对当事人具有法律约束力。

关于违约金之争。玖悦公司主张,双方签订的《房屋租赁合同》约定,因租赁标的物被政府批准动迁的,租赁合同自行终止,互不承担违约以及补偿责任。根据已查明的事实可知,静安区政府于 2018 年 12 月 14 日作出《张园地块房屋征收决定》,将系争房屋所在地块纳入动拆迁范围。结合在案证据,玖悦公司自 2018 年 9 月起即拖欠房租,垲捷公司多次向其发送催款通知,玖悦公司于 2018 年 11 月 16 日就此作出情况说明,表示因店铺经营状况不佳申请延后付款,玖悦公司此后并未履行承诺。双方亦曾在微信中就拖欠房租及终止合同一事进行协商,均未陈述系因动拆迁事宜要求降低房租并导致租赁合同解除。玖悦公司抗辩称因动迁原因导致租赁合同解除,故其无须支付违约金,缺乏依据,不予采信。因玖悦公司拖欠房屋租金、物业管理费、公共事业费等,经多次催缴亦未履行,违反双方合同中相关约定,理应支付垲捷公司相应违约金。

关于房屋使用费之争。垲捷公司于 2018 年 12 月 25 日掌控系争房屋,曾数次催促玖悦公司搬离,玖悦公司均予以拖延,直至 2019 年 3 月 2 日提出腾退房屋申请。一审法院认为,2018 年 12 月 21 日起垲捷公司即对系争房屋采取停水停电措施,导致玖悦公司使用受限;并综合考虑房屋实际情况、违约责任、双方协商、玖悦公司并未搬离等情节,酌情认定房屋占有使用费按照每月 90,033.33 元标准支付,二审法院予以认同。一审法院另结合玖悦公司在(2019)沪 0106 民初 25552 号一案询问笔录中陈述其将于 2019 年 5 月 17 日之前清空系争房屋内所有物品,如逾期,房屋内所有物品任垲捷公司自行处置一节,确认玖悦公司支付房屋占有使用费期限为 2018 年 12 月 26 日至 2019 年 5 月 17 日,对此垲捷公司亦无异议,二审法院一并予以确认。综上,玖悦公司的上诉理由不能成立,其请求应予驳回。

**案例注解** ▶▶

过失相抵规则在《合同法》中并未明文规定,而仅在《最高人民法院关于审理买卖合同纠纷案件适用法律问题的解释》第三十条有所体现。在违约责任认定中是否应当普遍适用过失相抵规则,我国学界存在较大分歧。对于此项争议,《民法典》第五百九十二条吸收了《最高人民法院关于审理买卖合同纠纷案件适用法律问题的解释》第三十条的规定,将过失相抵规则提升为合同法领域的一般规则,相较于《最高人民法院关于审理买卖合同纠纷案件适用法律问题的解释》第三十条的规定又存在一定变化,在适用过程中值得加以注意。本案的违约责任认定中体现了双方当事人的过失相抵,对分析和梳理该规则的法律适用问题具有典型意义。

## 一、合同法视角下的过失相抵规则

过失相抵是当受害人对于损害的发生或者损害结果的扩大具有过错时,依法减轻或者免除义务人的损害赔偿责任,从而公平合理地分配损害的一项制度。[①] 过失相抵规则是我国侵权责任法领域的一项重要规则,在合同法领域的可适用性存在一定争议。

(一)比较法上的考察

大陆法系违约责任采过错责任原则,违约损害赔偿需以违约方的过错为构成要件。根据过错责任的要求,在受害人本身存在过错的情况下,亦应承担相应责任,由此,过失相抵规则在过错责任领域有其适用空间,不生疑问。在大陆法系国家,过失相抵规则一般以概括形式规定在债法总则部分,普遍适用于违约责任和侵权责任认定,如《德国民法典》第二百五十四条[②]、《意大利民法典》第一千二百二十七条。[③]

英美法系违约责任采严格责任原则,如果合同项下义务的履行到期,任何不履行行为都构成违约。[④] 由此,违约责任的认定仅考量违约方的客观违约行为,而不关注其主观过错。一般认为,在英美法系国家,过失相抵规则仅适用于侵权责任认定,而不适用于违约责任认定。[⑤] 结合英美法系国家的相关判例来看,在违约责任与侵权责任发生竞合时,有过失相抵规则的适用空间;如果违反的是严格的合同义务,则一般不适用过失相抵规则。[⑥]

(二)我国法上的沿革

我国的合同立法主要参考了《联合国国际货物销售合同公约》(CISG)的相关规定,对违约责任认定中适用过失相抵规则的立场与英美法系一致,与大陆法系相左。1986年制定的《民法通则》第六章规定民事责任,下设三节:第一节"一般规定"未规定过失相抵规则;第二节"违反合同的民事责任"规定减损规则(第一百一十四条),而未规定过失相抵规则;第三节"侵权的民事责任"则

---

① 史尚宽:《债法总论》,中国政法大学出版社2003年版,第303页。

② 《德国民法典》第二百五十四条:被害人对损害的发生有共同过错的,应根据情况,特别是根据损害在多大程度上是由当事人一方或者另一方造成的,确定赔偿义务和赔偿范围。

③ 《意大利民法典》第一千二百二十七条:因债权人的过失致使损害发生的,根据过失的程度及其所致后果的严重程度减少赔偿额。债权人只要尽勤勉注意即可避免的损失,不予赔偿。

④ RESTATEMENT(SECOND)OF CONTRACTS §235(2):When performance of a duty under a contract is due,any non-performance is a breach.

⑤ 梁慧星:《中国合同法:是否承认过失相抵规则?——买卖合同解释(法释〔2012〕8号)第三十条解读》,载中国法学网,http://www.iolaw.org.cn/showArticle.aspx?id=3522,最后访问日期:2020年10月10日。

⑥ 参见曹瑛族:《过失相抵规则之比较研究——以违约责任为视角》,载《黑龙江省政法管理干部学院学报》2011年第2期。

明确规定过失相抵规则（第一百三十一条）。1997 年公布的《合同法（征求意见稿）》第一百零四条规定减损规则、第一百零五条规定过失相抵规则。1998 年公布的《合同法（草案）》又删去过失相抵规则的条文。最终通过的《合同法》也沿袭《民法通则》的立法模式，保留减损规则，未规定过失相抵规则。[①]

虽然立法上未认可过失相抵规则在合同领域的适用，但实务中始终认为，在《合同法》采严格责任原则的背景下排除适用过失相抵规则将过分加重违约方的责任。为此，《最高人民法院关于审理买卖合同纠纷案件适用法律问题的解释》中明确规定审理买卖合同纠纷案件时可以适用过失相抵规则。结合《合同法》第一百七十四条的规定，过失相抵规则在其他有偿合同纠纷案件中亦有适用空间。而从近年的裁判文书来看，过失相抵规则也被普遍适用于各类合同纠纷案件中，如居间合同、仓储合同、承揽合同、建设工程合同、储蓄存款合同。[②] 最终，《民法典》也采纳实务立场，将过失相抵规则明确规定为合同法领域的一般规则，普遍适用于各类合同纠纷案件中。

## 二、合同法视角下过失相抵规则的概念辨析

合同法视角下的过失相抵规则是何意涵，与减损规则及双方违约两项关联制度之间是何关系，实务中多有困惑。考虑到《民法典》以三个条文分别规定减损规则（第五百九十一条）、双方违约（第五百九十二条第一款）和过失相抵（第五百九十二条第二款），宜将三者理解为并行关系。

### （一）过失相抵与减损规则

当事人一方违约后，对方应当采取适当措施防止损失的扩大；没有采取适当措施致使损失扩大的，不得就扩大的损失请求赔偿。这一规则称为减损规则，规定于《民法典》第五百九十一条。

减损规则的核心在于减损义务的违反，因而也可以看作是受害人的一种过失。无论是过失相抵还是减损规则，实质都是在受害人本身存有过错的情况下，基于公平原则对违约方责任范围的酌减。就制度目的而言，两者是一致的；但就运作逻辑而言，两者仍然存在实质性差异：（1）过失发生的时间不同。适

---

① 参见梁慧星：《合同法的成功与不足》（上），载《中外法学》1999 年第 2 期。

② 参见（2017）京 03 民终 6995 号民事判决书；（2017）浙 06 民终 2516 号民事判决书；（2017）苏 05 民终 560 号民事判决书；（2017）沪 01 民终 9056 号民事判决书；（2016）最高法民再 231 号民事判决书等。

用过失相抵的情形下，受害人的过失作用于损害发生的阶段；适用减损规则的情形下，受害人的过失则作用于损害扩大的阶段。(2)损失发生的原因不同。适用过失相抵的情形下，损失的发生是违约方的违约行为与受害人的过失共同作用的结果；适用减损规则的情形下，扩大部分的损失则是受害人的原因造成的。(3)责任酌减的机理不同。过失相抵的适用采"责任分担"模式，双方依据各自的责任比例分担损失；减损规则的适用采"全有或全无"(all or nothing)模式，即受害人就扩大部分的损失无权主张损害赔偿。

本案中，玖悦公司拖欠租金，垲捷公司发函解除合同。依据双方之间《房屋租赁合同》的约定以及双方往来函件、微信聊天记录中的陈述可知，玖悦公司进入系争房屋内搬取物品需经垲捷公司同意，而垲捷公司则要求玖悦公司先行付清租金。由此，自合同解除之日起至实际收回系争房屋之日止，垲捷公司因无法使用系争房屋而产生相应的租金损失(房屋空置损失)。对于该损失的发生，一方面是因玖悦公司的违约行为导致，另一方面也因垲捷公司限制玖悦公司搬离物品导致，据此可以适用过失相抵规则，即以系争房屋的市场租金价格为标准认定房屋空置损失，再依据双方各自的责任比例确定玖悦公司的赔偿金额。此外，垲捷公司作为受害方亦有义务防止损失扩大，玖悦公司明确要求办理房屋的腾退交接手续后，垲捷公司未予配合，导致房屋空置损失扩大，应当适用减损规则，即设定合理交接期限，对该期限后的房屋空置损失，不再予以支持。

(二)过失相抵与双方违约

当事人都违反合同的，应当各自承担相应的责任，即双方违约制度，规定于《民法典》第五百九十二条第一款。

在《民法典》将过失相抵规则明确规定为合同法领域的一般规则之前，有观点将双方违约制度视为过失相抵规则的另一种表达形式，认为我国《合同法》规定双方违约制度就是对过失相抵规则的确认。[①] 而在将双方违约与过失相抵视为并行的两项制度的情况下，两者的区别应当是明确的：(1)违反的义务类型不同，双方违约场景下双方当事人违反的均是法定义务或合同义务；过失相抵场景下违约方违反的是法定义务或合同义务，受害人违反的是对自身利益的注意义务或保护义务(不真正义务)。(2)造成的损害结果不同。双方违

① 郭明瑞：《合同法学》，复旦大学出版社2005年版，第239页。

约场景下双方当事人均存在违约行为,各自造成一定损害,即存在两个独立的损害结果;过失相抵场景下则是违约方的违约行为与受害人的过失共同作用导致一个损害结果的发生。(3)导致的法律后果不同。双方违约场景下双方当事人承担各自的违约责任,在明确各自的赔偿责任的情况下,可抵销相应的给付数额;过失相抵场景下损害赔偿请求权部分消灭,导致的是违约方赔偿责任本身的减轻。

结合本案所呈现的场景来看,系争房屋被纳入动迁范围可能导致玖悦公司无法正常使用,由此可能被认定为垲捷公司的违约行为。而双方之间的《房屋租赁合同》在静安区政府作出《张园地块房屋征收决定》之前已经解除,因而不存在出租人违约的情形,但此类案件事实上也存在双方违约制度的适用空间。在双务合同中,如果双方当事人均违反各自的合同义务,而两项义务之间不具有牵连性和对价性,不能适用同时履行抗辩权,即可能成立双方违约。如出租人提供的房屋存在一定瑕疵,但不直接影响承租人租赁目的的实现,此时承租人并不享有同时履行抗辩权,如果其以房屋存在瑕疵为由拒绝支付租金,则应当适用双方违约制度,由出租人承担瑕疵交付的违约责任,由承租人承担迟延履行的违约责任,两项损害赔偿数额可相互抵销以明确最终的损害赔偿责任。

## 三、违约责任认定中过失相抵规则的适用

违约责任认定中如何适用过失相抵规则,我国学界尚未形成普遍共识。考虑到过失相抵规则在侵权责任法领域已经是一项较为成熟的制度,以下将结合侵权责任法的相关原理与共识,就违约责任认定中过失相抵规则的具体适用问题作一探讨。

### (一)过失相抵的构成要件

违约责任认定中适用过失相抵规则,应当具备如下要件:

1. 受害人须为合同当事人

过失相抵在合同法领域的适用限于合同相对方之间,如果当事人一方的违约行为对第三人造成了损害,依据合同相对性原理,则该第三人无权提出违约损害赔偿请求,只能提出侵权损害赔偿请求。

2. 受害人须因违约行为而受到损害

过失相抵的前提在于违约方就其造成的损失承担赔偿责任,如果违约方的

违约行为未对相对方造成实际损失,或者受害人的损失并非违约方的违约行为导致,则不存在过失相抵规则的适用空间。

3. 受害人主观上须有过错

过失相抵的作用机理在于“责任分担”,而要求受害人承担责任的前提在于其自身存在过错。其判断标准在于受害人对损害的发生应当预见或可以预见,仍实施致害行为或者怠于避免损害。

4. 受害人的行为须助成损害的发生

过失相抵要求受害人过错是损害发生的共同原因。如果损害结果是由加害人或违约方的行为单独引起,或者受害人的过错与损害结果之间不存在因果关系,也不存在过失相抵规则的适用空间。

(二)过失相抵的认定标准

过失相抵规则适用中的核心问题,在于依据何种标准对责任范围进行酌减。

1. 侵权责任法领域的认定标准

在侵权责任认定中适用过失相抵规则,主要存在两个方面的认定标准:一是比较过错程度,即比较加害人与受害人对自身注意义务的违反程度;二是比较原因力大小,即比较加害人与受害人行为对损害结果所发挥的作用力大小。我国通说认为,在认定侵权责任的范围时,前者起决定性作用,而后者起相对性作用。①

然而,在适用严格责任(无过错责任)的情况下,无论加害人是否存在过错,其均应当承担相应的损害赔偿责任,而在加害人不存在过错时,双方的过错程度将无从比较。为此,我国学者认为,在严格责任(无过错责任)领域,应当主要依据加害人和受害人行为对损害发生的原因力大小认定责任的范围。②

2. 合同法领域的认定标准

就我国的合同立法来看,违约责任的归责原则以严格责任为主、过错责任为辅,并非一律采取严格责任原则,如供电人责任、承揽人责任、保管人责任、承租人保管责任等均采过错责任原则。结合合同义务的类型来看,合同义务分为

---

① 参见杨立新:《侵权法论》(第4版),人民法院出版社2011年版,第686~691页。

② 程啸:《论侵权行为法上的过失相抵制度》,载《清华法学》2005年第6辑。

给付义务和附随义务;一方违反给付义务时,将导致受害人履行利益的损失;而一方违反附随义务时,则导致受害人固有利益的损失。[1] 就违反附随义务的责任而言,一般仍采用过错责任原则。由此,在违约责任认定中适用过失相抵规则,应考虑归责原则的差异,适用不同的认定标准:

(1)一方违反附随义务造成对方固有利益损失,对方对损失的发生有过错的,应当依据违约方与受害人各自的过错程度,结合双方行为对损害发生的原因力大小,认定双方的责任比例。

(2)对于采取过错责任原则的违约责任类型,一方违反合同义务造成对方履行利益损失,对方对损失的发生有过错的,应当依据违约方与受害人各自的过错程度,结合双方行为对损害发生的原因力大小,认定双方的责任比例。

(3)对于采取严格责任原则的违约责任类型,一方违反合同义务造成对方履行利益损失,对方对损失的发生有过错的,应当依据违约方与受害人各自的行为对损害发生的原因力大小,结合双方过错程度,认定双方的责任比例。

(三)过失相抵的适用方式

从《最高人民法院关于审理买卖合同纠纷案件适用法律问题的解释》第三十条的表述(违约方主张扣减相应的损失赔偿额的,人民法院应予支持)来看,违约责任认定中适用过失相抵原则应以当事人提出相应主张为前提。而《民法典》第五百九十二条在吸收过失相抵规则的同时,删除了"违约方主张扣减相应的损失赔偿额"这项要求。

据此,应当认为法院在违约责任认定中可以依职权主动适用过失相抵规则,这也与我国学界的主流观点契合。如史尚宽教授认为:在实务中,只要成立与有过失,并符合过失相抵的构成要件,法院可以不待当事人的主张,而依职权减轻加害人的赔偿责任。[2] 其逻辑基础在于,因过失相抵而减轻或者免除违约方的责任,是受害人损害赔偿请求权的部分或者全部消灭,因此法院可以依职权适用。

需要注意的是,法院依职权适用过失相抵规则时,不能突破辩论主义与处分主义的约束,即法院依职权主动适用过失相抵规则的前提在于违约方就受害

---

① 参见王洪亮:《债法总论》,北京大学出版社 2016 年版,第 20~24 页、第 278 页。
② 史尚宽:《债法总论》,中国政法大学出版社 2003 年版,第 309 页。

人存在过失一节提出事实主张并承担举证责任。如王利明教授主张:法官可以依据职权来斟酌损害赔偿的范围,但过失相抵中的受害方过失之事实,需由违约方举证证明,法官不可依据职权主动认定受害方的过失。[①]

一审审判组织成员:吴　瑛

二审审判组织成员:孙　斌　章晓琳　易苏苏

编写人:上海市第二中级人民法院　沈　宸

---

① 王利明:《合同法新问题研究》,中国社会科学出版社2011年版,第698页。

# 张某诉何某、毛某1、毛某2一般人格权纠纷案

## ——祭奠权的认定

**关键词**｜祭奠权　一般人格权　人格尊严　身份权

**裁判要旨**

祖坟是后代追忆、祭祀已逝祖先的特定场所，对后人有着重大的精神寄托意义。墓碑上的姓名和关系暗含着亲人之间身份关系的认可，属于当事人的人格权益。维护祖坟的完好乃公序良俗，祖坟墓碑上的名字被毁坏会影响死者近亲属的祭祀、追思权利，实质上侵害了名字被毁坏之人的人格权益，侵权人应当承担恢复原状、赔礼道歉等法律责任。被侵权人如遭受严重精神损害的，还可依法请求精神损害赔偿。

**法条链接**

《民法典》第九百九十条

**案例索引**

一审：上海市嘉定区人民法院（2019）沪0114民初12237号（2019年9月27日）

二审：上海市第二中级人民法院（2019）沪02民终11036号（2019年12月27日）

**基本案情**

原告张某诉称，张某与毛某1、毛某2系姑嫂关系。1990年，张某的公公毛某3、婆婆何某、张某配偶的兄长毛某4（1974年去世）的墓穴购置于上海市×××墓园。2013年12月，墓穴重建，并将毛某3、何某的子女、媳妇、女婿、孙子女姓名均列在墓碑上。后毛某3去世，骨灰葬入墓穴。2019年2月6日，张某得知

其墓碑上的姓名被何某、毛某1、毛某2用铁器凿去。何某、毛某1、毛某2的行为已侵犯张某的合法权益。现请求:(1)判令何某、毛某1、毛某2停止侵权行为,对墓碑上张某的姓名恢复原状,并负担重新制作墓碑的费用;(2)判令何某、毛某1、毛某2向张某书面赔礼道歉;(3)判令何某、毛某1、毛某2共同赔偿张某精神损害抚慰金5000元。

被告毛某1、毛某2辩称,2018年4月的某日,毛某2的儿子开车送毛某1、毛某2、何某前往上海市×××墓园,而后毛某1、毛某2、何某进入墓园,在墓园内何某单独将墓碑上的名字用铁器凿去。毛某1、毛某2不是侵权人,故要求驳回张某对毛某1、毛某2的诉讼请求。

被告何某辩称,事发当天,毛某1、毛某2说要带其去墓园看看,其同意了。到了墓地后,其在边上看其他人的墓地,回来时看见毛某1、毛某2在叮叮咚咚地敲。墓碑上的名字不是其凿去的,其不同意承担责任。

上海市嘉定区人民法院经审理查明事实如下:毛某3(已去世)与何某系配偶,两人育有两子毛某4(已去世)、毛某5及三女毛某6、毛某2、毛某1,毛某5配偶为张某,毛某6配偶为傅某。20世纪90年代,毛某3、何某在上海市×××墓园购置墓穴。2013年,毛某3、何某位于上海市×××墓园的墓穴重建施工,墓碑上刻有毛某3、何某及其子女、媳妇、女婿、孙辈名字。2018年4月某日,毛某1录制视频显示,何某说要把坟墓上张某的名字去掉。之后,毛某2之子驾车搭载何某、毛某1、毛某2到上海市×××墓园,何某、毛某1、毛某2进入墓园内的墓穴处,毛某2录制视频显示,何某说“今天来把她(张某)的名字弄掉拉倒”,视频中何某持钳子在墓碑上张某的名字处敲击十余秒钟,未见明显破坏痕迹。之后墓穴上张某的名字被凿去。2019年2月春节期间,毛某6、毛某1两家人吃饭,其间毛某1说及墓碑上张某的名字被去掉了。之后,毛某5及其家人得知此事。何某几次对毛某5、毛某6说墓碑上的名字是她们二人(毛某1、毛某2)敲的,我(何某)没有力气敲的。毛某2几次对毛某5说妈妈(何某)动手敲的,后来发现敲不掉,毛某1和我(毛某2)动手了。毛某5、毛某6均录制视频。2019年3月6日,毛某1、毛某2在上海市公安局嘉定分局方泰派出所接受调查询问,均陈述2018年4月的一天,两人应母亲何某的要求,带何某到上海市嘉定区×××墓园父亲的墓地并携带工具,两人亲眼见母亲把墓碑上张某的名字用凿子凿掉了。

**裁判结果**

上海市嘉定区人民法院于2019年9月27日作出(2019)沪0114民初12237号民事判决:(1)毛某1、毛某2、何某应于判决生效之日起10日内对坐落于上海市×××墓园处毛某3、墓碑上张某的姓名恢复原状,并连带负担相应费用;(2)毛某1、毛某2、何某应于判决生效之日起10日内向张某书面赔礼道歉(内容需经法院审核);(3)毛某1、毛某2、何某应于判决生效之日起10日内连带赔偿张某精神损害抚慰金5000元。一审宣判后,毛某1、毛某2依法提起上诉。上海市第二中级人民法院于2019年12月27日作出(2019)沪02民终11036号民事判决:驳回上诉,维持原判。

**裁判理由**

法院生效判决认为,祖坟是后代追忆、祭祀已逝祖先的特定场所,是后人重大的精神寄托,墓碑上的姓名和关系还暗含着亲人之间身份关系的认同,是当事人的人格权益。维护祖坟的完好是一种公序良俗,祖坟墓碑上的名字被毁坏,影响其作为死者近亲属的祭祀、追思,实质上侵害了名字被毁坏之人的人格权益。故法院将本案确定为一般人格权纠纷。毛某3、何某坐落于上海市×××墓园的坟墓经购置、重建,其墓碑上刻有张某的名字,是家人对张某作为毛某3、何某儿媳妇的认同,也符合公序良俗。根据现已查明的事实,事发当日,毛某1、毛某2、何某三人到墓地后,墓碑上张某的名字被凿去。嗣后,具体由谁凿去,三人说法不一。在墓地处录制的视频显示,何某持工具凿击张某的名字,但视频中未见张某的名字被明显破坏,故该视频不足以证实侵权行为仅由何某一人独自实施。结合事发时、事发后何某关于要凿去张某名字、毛某2关于两人帮助何某凿去名字的第一时间的说法,并考虑到何某的年事已高难以独自实施侵权行为,法院认定侵权行为起意于何某,毛某1、毛某2共同帮助实施具有高度盖然性。当事人之后的相反陈述可信度相对较弱,法院不予采信。根据《侵权责任法》第八条、第九条之规定,共同实施侵权行为、帮助他人实施侵权行为,造成他人损害的,应承担连带责任。故对于张某因三人侵权行为所受的损失,三人应负连带责任。张某的诉讼请求,法院予以支持,张某主张的精神损害抚慰金,结合本案案情并无不当,法院予以确认。

## 案例注解

### 一、"祭奠权"的性质探究

祭奠,简单地说,是活着的人对逝世的人——通常是去世的亲人,表达悼念和敬意的情感活动。作为一种风俗习惯,祭奠在中国传统文化当中占据非常独特的地位。它关涉传统礼法文化的核心价值理念——孝。也正是因为弘扬孝道的礼法文化在中华大地上绵延不绝、长盛不衰,并形成了一种大传统的有效统治,才使祭奠作为一种习俗,本身具有了一定意义上的法律属性。[①] 那么何谓"祭奠权"?从法律权利的视角来看,现行法律没有明文规定祭奠权为一种具体的法定权利。所谓权利,可以理解为受法律认可与保护的特定利益。这种特定利益既包含财产利益,也包含生命、身体、健康、自由、人格尊严、名誉、隐私等非财产利益。人格权就是典型的非财产利益,以自然人固有的存在价值与尊严为基础。人格权保护问题在现代社会越发受到关注,其将人格之尊重视为基本理念与目标,以此作为人类文明的先进标志。祭奠,不仅仅是追念逝者的方式,也是极为普遍的风俗习惯,体现了对生命的尊重,由此产生情感上的价值。如果法律不承认它的法益属性,会使逝者亲属感到尊严受创,遭受极大精神痛苦。因此,祭奠权属于依赖法律之力保护的特定人格利益。通说认为,祭奠权虽不属于法定的具体人格权,但因其具有一般人格权性质,应归入一般人格权领域进行保护,具体属于公民身份权的范畴。而身份权,就是民事主体基于在婚姻家庭中某种特定的身份而享有的民事权利。具体而言,亲属是由血缘、婚姻、收养等缘由而产生的人与人之间的社会关系,配偶、父母(包括配偶方父母)子女、兄弟姐妹、祖父母与孙子女均是社会传统认可的紧密身份关系,基于这样特殊的身份自然应当认同互相间拥有合理祭奠的权利,此乃依附于亲属人格之上的不可分割的权利。尤其是父母子女之间的权利义务,从家事法领域的立法精神和法律逻辑亦可推知,子女对父母有赡养以及死葬的义务,他人不得无理妨碍。

### 二、一般人格权的法律规制

纵观人格权制度的发展历史,首先出现具体的人格权种类,然后形成一般

---

① 姜福东:《祭奠的习俗与祭奠权纠纷》,载《河北法学》2008 年第 5 期。

人格权的概念。将人格尊严转化为一般人格权的实践最早出现在德国,[①]我国则自1982年《宪法》开始确认对人格尊严的严格保护。我国《宪法》第三十八条规定:"中华人民共和国公民的人格尊严不受侵犯。禁止用任何方法对公民进行侮辱、诽谤和诬告陷害。"此后,诸如《未成年人保护法》《妇女权益保障法》《残疾人保障法》《消费者权益保护法》等特别法都先后重申了对人格尊严的保护。值得注意的是,人格尊严虽早已是一项宪法基本权利,但必须通过人格权制度将其具体化,并且转化为一项民事权利,确切获得民法的保护救济。[②]《最高人民法院关于确定民事侵权精神损害赔偿责任若干问题的解释》开篇即承认了"人格尊严权",将其规定为一般人格权。此外,《民法总则》第一百一十条第一款规定:"自然人享有生命权、身体权、健康权、姓名权、肖像权、名誉权、荣誉权、隐私权、婚姻自主权等权利。"《侵权责任法》第二条规定:"侵害民事权益,应当依照本法承担侵权责任。本法所称民事权益,包括生命权、健康权、姓名权、名誉权、荣誉权、肖像权、隐私权、婚姻自主权、监护权、所有权、用益物权、担保物权、著作权、专利权、商标专用权、发现权、股权、继承权等人身、财产权益。"即将施行的《民法典》还专门设置人格权编,于第九百九十条明确定义了人格权:"人格权是民事主体享有的生命权、身体权、健康权、姓名权、名称权、肖像权、名誉权、荣誉权、隐私权等权利。除前款规定的人格权外,自然人享有基于人身自由、人格尊严产生的其他人格权益。"鉴于人格权系民事主体对其特定的人格利益享有的权利,关系到每个人的人格尊严,属于民事主体最基本的权利,因此《民法典》通过单独成编的形式对人格权予以保护。除将身体权、姓名权、肖像权、名誉权、隐私权等常见类型明文罗列出来外,还通过兜底条款纳入了自然人基于人身自由和人格尊严所产生的其他人格权益,充分考虑到了人格权不断发展扩大的动态属性。因为新型的人格权益在科技时代飞速前进中持续涌现,采用概括性条款规定源自人格尊严的一般人格权,可对现行法起到弥补作用,统一规范司法裁判,具有十分重要的意义。

## 三、"祭奠权"的权利范畴与表现形式

祭奠权的特殊性表现在其是源自逝者亲属精神利益的一种人格权利。因

---

① 王利明:《人格权法中的人格尊严价值及其实现》,载《清华法学》2013年第5期。

② 王利明:《人格权法中的人格尊严价值及其实现》,载《清华法学》2013年第5期。

立法对于具体人格权类型的列举有限,无法涵盖层出不穷的新型人格权,理论界与实务界多将涉及人格尊严的祭奠权归于一般人格权予以规范。具体来说,祭奠权作为一种一般人格权,有着区别于其他人格权的明显特征:一是祭奠权的主体是逝者的近亲属,主要是指逝者的配偶、父母、子女等具有婚姻血缘关系的家庭成员,一般认为岳父母与女婿、公婆与儿媳、祖父母与孙辈、养父母子女之间同样产生祭奠权。同时,基于血缘关系的祭奠权自出生起便拥有,独立而对世,天然不被剥夺;基于婚姻关系和收养关系的祭奠权则始自法律关系形成之时。二是祭奠权的权利客体乃精神利益,即通过行使该项权利缓解内心悲伤,同时行使祭奠权也影响逝者亲属的外部社会评价。祭奠权被侵犯会降低相关亲属的公众道德评价乃至其名誉受损。三是祭奠权的权利内容十分丰富,应依据其一般人格权的属性以及公序良俗等多项因素界定其权利范围。根据风俗习惯与司法案例,祭奠权的权利内容主要包括获悉逝者葬礼信息并参加葬礼、祭奠事宜,安排处置墓碑、骨灰、遗像、遗物,确保墓碑刻字完整性和公平性等。值得注意的是,行使权利的边界在于不得妨害其他亲属正当行权,并应积极履行与权利相应的义务,如通知义务、合理协作义务,不得擅自安葬或处分相关物品。

由于法律没有针对祭奠权的明文规定,实践中法院审理此类案件主要参照民法基本原则特别是习惯与公序良俗,对祭奠权的权利边界和具体表现形式作出解释。比如,在父母与配偶的祭奠权发生冲突之时,鉴于夫妻关系是家庭存在的基石,关系最为密切,配偶应为祭奠事务管理的第一顺位主体,其次为父母、子女,最后为兄弟姐妹、祖父母、外祖父母等其他近亲属,如果在先顺位的管理人未尽管理义务或管理不当,其他近亲属有权要求予以纠正;近亲属可起诉要求墓碑上的姓名以统一字体并依照长幼次序排列;处置骨灰、遗像、遗物等物品应优先尊重逝者生前明示意思;子女没有义务将自己父母的丧葬信息通知非直系亲属。

## 四、"祭奠权"受侵害时的救济途径

早年《民法总则》《侵权责任法》尚未出台,《民法通则》中也无兜底条文规范一般人格权。考虑到祭奠体现了基本道德伦理观念,经过长期实践已形成一定社会共识,符合民事习惯和公序良俗的定义,法院基于民法原理以及婚姻法上子女对父母有赡养扶助义务,推定子女对父母不但负有生养的责任,同样也有死葬的义务。根据权利义务相统一的原则,子女有资格请求他人为或不为一定行为,以完成对父母的生养死葬。配偶关系亦依此思路分析有关权利义务。倘若子女、配偶等近亲属间发生争议,应本着协商解决的原则,优先尊重逝者生前意愿,综合考量双方当事人与逝者的亲疏关系、对逝者生前的照料程度等因素,就丧葬事宜、墓碑及骨灰遗像的处置等作出合乎道德传统与善良风俗习惯的妥善裁判。《民法典》正式施行后,遇到涉及祭奠权被侵害的案件,法院可以援引《民法典》第九百九十条确认祭奠权的一般人格权属性,依据相关法律判决侵害人承担相应的民事责任,发挥一般人格权条文的补充功能。

根据《民法总则》第一百七十九条以及《侵权责任法》第十五条之规定,承担侵权责任的方式包括停止侵害、排除妨碍、消除危险、返还财产、恢复原状、赔偿损失、赔礼道歉、消除影响恢复名誉等,既可以单独适用,也可以合并适用。而《最高人民法院关于确定民事侵权精神损害赔偿责任若干问题的解释》第一条规定:“自然人因下列人格权利遭受非法侵害,向人民法院起诉请求赔偿精神损害的,人民法院应当依法予以受理:(一)生命权、健康权、身体权;(二)姓名权、肖像权、名誉权、荣誉权;(三)人格尊严权、人身自由权。”祭奠权正好与上条所述的人格尊严权相契合。依据该解释第十条,精神损害的赔偿数额需根据侵权人的过错程度,侵害的手段、场合、行为方式等情节,侵权行为所造成的后果,侵权人承担责任的经济能力,受诉法院所在地平均生活水平等因素综合考量决定。如果受害人因祭奠权受到侵害而遭受生活、心理上的痛苦,如侵害行为使受害人内心悲痛、精神失常或使受害人的社会声望、评价、名誉、信用降低等,其还有权诉请侵害人赔偿精神损失费。

本案中,张某的名字被人为从墓碑上凿去,系对其作为逝者儿媳身份的否认,是对其人格尊严的贬低,客观上造成了张某社会评价的降低,给其带来了精神痛苦。法院基于何某、毛某 1、毛某 2 故意侵害张某的人格权,判决恢复原状、赔礼道歉并支持了一定数额的精神损害赔偿金,合法合理,具有正向的法律效果和社会导向。

综上所述,墓碑不仅是逝者安葬地的标志,也是承载亲属哀思的纪念物,墓碑的署名体现着署名者与逝者特定的身份关系。对大多数人来说,父母的墓碑上缺少子女的名字是不可想象的事情。祭祀是孝道的延伸,而所谓孝,是指子女奉养父母的道德义务和行为规范。根据《礼记·祭统》,孝主要体现在“生则养,没则丧,丧毕则祭”三个方面,这也是我国自古以来的传统习惯。子女把父母赡养送终后，在清明、冬至时节祭奠父母，祈求先人保佑子孙，是每个普通家庭例行的祭奠，也是子女对父母尽上的最后一份孝心。虽然现在社会高速发展，但这种延续千年的祭奠活动并没有因为时代的发展而衰退。因此，祭奠作为一种风俗习惯，在中国传统文化当中占据非常独特和重要的地位。[①] 在处理祭奠权纠纷时，宜充分考虑到祭奠权作为礼和孝的一种外延，除却其人格权利属性外还兼有道德伦理性质，尽量用情理劝导当事人化解矛盾，争取调撤结案。

一审审判组织成员：纪学鹏

二审审判组织成员：王冬寅　武之歌　黄　亮

编写人：上海市第二中级人民法院　姜　翌

① 张蓉、张敏娴：《祭奠权的性质及其法律保护》，载《人民司法·案例》2010年第8期。

# 赵某诉Y公司劳动合同纠纷案

## ——性骚扰行为能否成为单位解除劳动合同的理由

**关键词**｜性骚扰　解除劳动合同　职业道德

### 裁判要旨

职场共同处事、交流与沟通应遵循公序良俗、公司规章制度以及劳动合同的规定，劳动者应对自己的行为尽严格约束之责，不应给他人带来生理、心理上的不适，影响办公氛围。劳动者若有违基本职业道德和公序良俗，作出不当行为，令他人感到羞辱与不适，引发不良言论，用人单位可以依据规章制度和劳动合同的相关条款，以劳动者严重违反公司规章制度、劳动纪律及劳动者基本职业道德为由解除劳动合同。

### 法条链接

《民法典》第一千零一十条

《劳动合同法》第三十九条

### 案例索引

一审：上海市杨浦区人民法院(2019)沪0110民初733号(2019年4月28日)

二审：上海市第二中级人民法院(2019)沪02民终5965号(2019年9月2日)

### 基本案情

原告赵某系被告Y公司员工，双方之间签有无固定期限劳动合同。2018年5月11日，Y公司收到多名女员工发送的主题为“办公室性骚扰”的联名邮件，举报称在工作期间被赵某摸手、碰胳膊、拍大腿等，赵某利用职务之便对女性实施性骚扰，并多次带一名女员工频繁、长时间进入办公室。之后，Y公司就此事分别与上述多名女员工以及赵某做访谈记录。2018年7月31日，Y公司出具《纪律处分通知书》，言明赵某“在工作中有严重违反公司规章制度、劳动纪律以及劳动者基本职业道德的行为”,并以此解除与赵某的劳动合同。赵某向上海市杨浦区劳动人事争议仲裁委员会申请仲裁,要求Y公司支付违法解除劳动合同赔偿金。该仲裁委员会裁决不支持赵某请求。赵某不服诉至法院。一审审理中,双方确认,上述《纪律处分通知书》所述的违反规章制度、劳动纪律及职业道德的行为,指向的是赵某存在的办公室性骚扰行为。赵某、Y公司所签《劳动合同》载明:赵某应遵守劳动纪律,不得有弄虚作假和欺诈行为,不得有暴力和不道德行为;应时刻自觉约束自己的行为,使之与Y公司的工作相适应,赵某不能作出有损Y公司名誉和利益的言行,不能作出有损社会公德和损毁他人利益的言行;赵某在Y公司工作期间,有扰乱工作秩序及性骚扰行为的,Y公司可立即与赵某解除劳动合同且不支付任何补偿。

**裁判结果**

上海市杨浦区人民法院于2019年4月28日作出(2019)沪0110民初733号民事判决:驳回赵某的诉讼请求。一审宣判后,赵某依法提起上诉。上海市第二中级人民法院于2019年9月2日作出(2019)沪02民终5965号民事判决:驳回上诉,维持原判。

**裁判理由**

法院生效判决认为,Y公司5位员工出庭所作证言与访谈记录记载内容相吻合,证人证言彼此之间相互印证,结合微信聊天记录等内容,Y公司提供的证据已达到高度可能性并形成完整证据链,可以证明赵某存在性骚扰行为的事实。同事之间相处应保持礼貌、恰当距离,同时需恪守道德底线。赵某对数名女同事均存有肢体接触,并有不恰当言论,引发众多女同事反感,给他人带来心理不适及负担。其前述行为不尊重女性且涉及范围较广,严重影响办公氛围,亦有违劳动者基本职业道德。基于此,Y公司依据双方劳动合同相关条款,以赵某严重违反公司规章制度、劳动纪律及劳动者基本职业道德为由,解除双方劳动合同,并无不当。

**案例注解**

### 一、关于性骚扰的界定

性骚扰行为在我国职场中并不鲜见,该行为不仅体现出劳动者自身基本职业道德的缺失,更会严重影响用人单位的劳动氛围,使相对人产生生理上与心理上的不适与负担。如何界定性骚扰行为,此前法律无明确规定。《民法典》第一千零一十条第一款规定,违背他人意愿,以言语、文字、图像、肢体行为等方式对他人实施性骚扰的,受害人有权依法请求行为人承担民事责任。从该条款的规定来看,性骚扰行为的构成要件主要体现在两个方面,一是行为违背他人意愿,即骚扰者的行为违背了被骚扰者的主观意愿,会引起被骚扰者的心理抵触、反感等;二是行为人实施了以言语、文字、图像、肢体行为等与性有关的骚扰行为,如向他人发送具有性内容或性暗示的文字、语音或视频资料。该条款并未对受害者的主体作出限制,即男性、女性均可能成为性骚扰的受害者。

实践中,上述条款适用的难点在于,如何认定存在性骚扰行为的事实。根据"谁主张,谁举证"的一般民事诉讼程序规则,应当由受害人举证证明存在性骚扰行为。但是性骚扰行为具有隐秘性,受害人往往难以迅速固定、保留证据,而且在机关、企业、学校等单位中,常常发生利用职权、从属关系实施的性骚扰,受害人迫于种种压力,事中可能忍气吞声,事后无法有效举证,导致事实认定的困难。就本案而言,Y 公司提交的访谈记录、微信聊天记录及出庭作证的 5 位证人的证言可以证明,赵某对女员工存在摸手、拍大腿等行为;赵某亦承认其存在拍女员工手背、肢体上的触碰等情形。故法院认为,Y 公司 5 位员工出庭所作证言与访谈记录记载内容相吻合,证人之间彼此证言相互印证,结合微信聊天记录内容,前述证据已达到高度可能性并形成完整证据链,可以证明赵某存在性骚扰行为的事实。

## 二、关于骚扰者的责任

《民法典》出台前,立法层面上并没有明确规定性骚扰行为属于侵权行为,因此在司法实践中,受害人主张权利存在法律依据不足的问题。虽然《妇女权益保障法》在修订时,第四十条增加了"禁止对妇女实施性骚扰。受害妇女有权向单位和有关机关投诉"的规定,但该规定并没有明确怎样去保护受害者权利、制裁性骚扰行为。《民法典》第一千零一十条明确规定性骚扰行为人应承担民事责任,奠定了性骚扰规制的法律基础,受到性骚扰的受害人可以据此向法院提起诉讼。从立法体例来看,《民法典》第一千零一十条位于人格权编的"生命权、身体权和健康权"章节,可见性骚扰侵害的是他人对其身体自由支配的权利。实施性骚扰行为对他人的身心健康造成损害的,属于侵害人格权的侵权行为,被侵权人可要求行为人承担侵权责任。

除民事责任外,职场性骚扰还会涉及劳动法律问题。比如,本案所呈现的场景,即用人单位能否以员工存在办公室性骚扰行为为由单方解除劳动合同?对此,需要根据性骚扰行为的严重程度、用人单位的规章制度、劳动合同的约定等因素作出具体判断。比如,我国《劳动合同法》第三十九条规定:“劳动者有下列情形之一的,用人单位可以解除劳动合同:……(二)严重违反用人单位的规章制度的……”①该条规定了用人单位可以单方解除劳动合同,即过失性辞退的情形。若用人单位规章制度将员工发生性骚扰行为明确规定为属于解除劳动合同的情形,则用人单位可以以该员工严重违反公司规章制度、劳动纪律为由,解除双方劳动合同。若用人单位与劳动者的劳动合同中明确约定,劳动者存在性骚扰行为的,用人单位有权解除劳动合同,则用人单位亦可依合同约定行使解除权。若员工的性骚扰行为涉及范围较广,给相对人造成生理及心理上的不适与负担,给工作环境造成不良影响,有违劳动者基本职业道德的,即使规章制度对此类行为的后果没有明确规定,用人单位应该也可以按照劳动法基本原则,以违反公序良俗、职业道德等事由解除双方之间的劳动合同。

本案中,赵某与Y公司的劳动合同中明确约定,赵某在Y公司工作期间,有扰乱工作秩序及性骚扰行为的,Y公司可立即与赵某解除劳动合同且不支付任何补偿。而根据法院查明的事实,赵某在Y公司工作期间对数名女同事均存有肢体接触,并有不恰当言论,引发众多女同事反感,给他人带来心理不适及负担。赵某的上述行为构成性骚扰行为,严重影响办公氛围,亦有违劳动者基本职业道德,故Y公司有权解除与赵某的劳动合同。

### 三、关于用人单位的性骚扰防治义务

解决性骚扰问题需要各方通力合作,其中用人单位更是责无旁贷。受害人在受到性骚扰之后,虽然可以通过追究侵权人的民事责任来获得一定救济,但这毕竟是事后补救,损害已然发生,且司法程序相对耗时耗力。更有效的方式

① 《劳动合同法》第三十九条:“劳动者有下列情形之一的,用人单位可以解除劳动合同:(一)在试用期间被证明不符合录用条件的;(二)严重违反用人单位的规章制度的;(三)严重失职,营私舞弊,给用人单位造成重大损害的;(四)劳动者同时与其他用人单位建立劳动关系,对完成本单位的工作任务造成严重影响,或者经用人单位提出,拒不改正的;(五)因本法第二十六条第一款第一项规定的情形致使劳动合同无效的;(六)被依法追究刑事责任的。”

是建立一定的机制预防性骚扰行为的发生,或者在性骚扰行为发生之后,以一种比司法途径更有效率的方式对受害者进行救济。现实中,很多性骚扰案件中的骚扰者本身处于管理者等强势地位,容易受到用人单位的包庇袒护,用人单位往往视性骚扰为个人作风问题而不愿严肃处理。因此,从预防性骚扰行为的角度出发,法律应当规定用人单位对职场性骚扰行为的防治义务,让用人单位承担起应有的社会责任。

《民法典》颁布之前,我国《女职工劳动保护特别规定》第十一条规定,在劳动场所,用人单位应当预防和制止对女职工的性骚扰。《民法典》第一千零一十条第二款则在此基础上进一步扩展和细化,规定机关、企业、学校等单位应当采取合理的预防、受理投诉、调查处置等措施,防止和制止利用职权、从属关系等实施性骚扰。该款规定了单位反性骚扰的义务,这里的单位不限于企业,还扩展到机关、学校等。具体到劳动关系中,用人单位应该完善自身的合规体系,建立和完善一整套、全流程的反性骚扰机制。例如,在规章守则、劳动合同中明确规定反性骚扰条款、定期举办反性骚扰培训,明确受理性骚扰投诉的渠道、部门,建立内部调查机制,在发现职工存在性骚扰行为后及时搜集固定证据并严肃处置等。

就本案而言,在事前预防方面,Y 公司与赵某签订的《劳动合同》中明确约定,赵某在 Y 公司工作期间,有扰乱工作秩序及性骚扰行为的,Y 公司可立即与赵某解除劳动合同且不支付任何补偿。在事中调查方面,在受到关于赵某性骚扰的员工投诉后,Y 公司分别向各举报人以及赵某作访谈记录。在事后处置方面,Y 公司出具《纪律处分通知书》,言明赵某"在工作中有严重违反公司规章制度、劳动纪律以及劳动者基本职业道德的行为",并以此解除与赵某的劳动合同。可见,Y 公司采取了较为合理的预防、受理投诉、调查处置等措施,基本尽到了用人单位对于性骚扰行为的防治义务。

一审审判组织成员:王芩菲

二审审判组织成员:孙 斌 章晓琳 易苏苏

编写人:上海市第二中级人民法院 梁 芳

# 覃某诉刘某健康权纠纷案

## ——文体活动中自甘冒险原则的理解与适用

**关键词**｜文体活动　自甘冒险　故意或重大过失

### 裁判要旨

自愿参加篮球运动等具有群体性、高强度对抗性及人身危险性的竞技体育运动的参加者，对于运动中的对抗性和可能造成的人身损害后果主观上为知晓或应当知晓，并应视为愿意承受由此所带来的后果。只要其他参加者没有侵害受害人的故意或重大过失，也没有严重违反体育道德或者比赛规则，自愿参加者的损害后果一般应由其本人自行承担。

### 法条链接

《民法典》第一千一百七十六条

### 案例索引

一审：上海市嘉定区人民法院(2020)沪0114民初3963号(2020年4月29日)

二审：上海市第二中级人民法院(2020)沪02民终5428号(2020年7月9日)

### 基本案情

原告覃某诉称，2019年11月14日晚，覃某与刘某在公司内部与同事打篮球，刘某手肘撞击到覃某，导致覃某牙齿断裂。覃某当即至医院治疗。经诊断，覃某两颗门牙根折。覃某主动与刘某沟通，刘某未否认撞伤覃某，但拒绝赔偿任何费用。覃某认为其因本次事故导致生活拮据、精神紧张，身心受到严重影响。现诉请：判令刘某赔偿医疗费20,413元、精神损失费3000元、伙食补助费1000元。

被告刘某辩称，不同意覃某的诉讼请求。刘某确在与覃某打篮球过程中手肘撞击到覃某，但系覃某犯规冲到刘某右后侧盲区，并将自己置于危险的状态；篮球运动具有对抗性，极易导致受伤，覃某自愿与刘某打篮球，且刘某无伤害覃某的故意，根据自甘冒险原则，应由覃某自行承担风险。

上海市嘉定区人民法院查明事实如下：覃某、刘某系同一公司员工。2019年11月14日晚，覃某、刘某自发在公司内部打篮球。其间，刘某在篮筐下方持球，覃某在刘某右后侧30厘米处协防，处于刘某视野盲区。刘某右转时右手肘撞击到覃某前牙，覃某感觉上牙松动，当即至医院治疗。经诊断，覃某上前牙根折，亚冠Ⅲ°松动，须种植牙齿。覃某为此支付医疗费20,413元，且后续治疗尚未结束。

**裁判结果**

上海市嘉定区人民法院于2020年4月29日作出（2020）沪0114民初3963号民事判决：驳回覃某的全部诉讼请求。一审宣判后，覃某依法提起上诉。上海市第二中级人民法院于2020年7月9日作出（2020）沪02民终5428号民事判决：驳回上诉，维持原判。

**裁判理由**

法院生效判决认为，结合双方当事人陈述及在案证据可知，覃某系在自发组织的篮球运动中，遭受刘某碰撞后受伤。而篮球运动系一项具有群体性、高强度对抗性及人身危险性的竞技体育运动，出现人身伤害事件是正常现象，损害后果除因行为人主观故意所致之外，一般应由受害人自行承担。覃某作为完全民事行为能力人，自愿参与篮球运动，故对该运动中的对抗性和可能造成的人身损害后果理应知晓，并应视为愿意承受可能发生的危险所带来的后果，即同意自甘冒险，且仅凭现有证据尚不足以证明刘某对损害发生存有主观故意。覃某表示其受伤超出所能预见和承受的范围，应根据公平原则由刘某分担损失。但公平原则系《侵权责任法》根据实际情况作出的特别规定，仅适用于特殊情形，且应限制在极少数意外伤害事件中，而体育运动系正常生活必不可少的部分，一般不应将调整极少数意外伤害情况的公平原则适用于日常体育活动的风险负担。故对覃某的诉讼请求不予支持。

**案例注解**

近年来，随着文体活动的日渐兴盛，在给大众带来娱乐的同时，也存在相当的风险和隐患。尤其是体育运动赛事，因其本身所固有的竞争性和对抗性会带来风险，在文体活动中发生人身伤害时该如何确定各方当事人的责任是一个值得研究的问题。笔者认为，在文体活动领域适用自甘冒险原则既可以鼓励大众参与有益身心健康的活动，又可以设定一定的行为界限，较为妥当，亦与《民法典》的规定及精神相契合。

## 一、自甘冒险原则的立法沿革

自甘冒险可以溯源至古罗马的法谚"自愿者不构成违法"，指"原告在明知危险存在的情况下，主动同意自行承担被告行为(不作为)可能引起的后果，从而达到免除被告过失侵权责任的效果"。[①] 它"阻却了受害人无视自己有意识地制造或参与了危险处境的事实而向加害人就危险的实现提出诉讼的可能性"。[②] 英美法上的自甘冒险最早适用于18世纪中期雇员的工伤事故索赔案件，雇主多以雇员明知工作中的风险仍然接受雇佣应视为默示接受风险进行抗辩，自甘冒险在多数工业事故中发挥了拒绝给予赔偿的重要作用。[③] 此后，自甘冒险逐渐扩展至其他领域，最开始被用于组织者抗辩已尽到了合理的安全保障义务：在 Wright v. Mansfield Lift Inc. 案中，原告称她在被告经营的滑雪场沿着一条有标记的轨道滑雪，却撞到了被雪覆盖的树桩，导致腿摔成骨折。法院认为，作为滑雪区的经营者，被告有义务告知作为受邀请者的原告本应预见和控制的显而易见的任何风险，而对于所从事的运动的固有风险，被告则没有告知的义务。该案中，原告所经过的路线平坦而光滑，并被冰雪厚厚覆盖，根本察觉不出障碍的存在，被告已经履行了通常的注意义务，原告只是接受了滑雪运动中的固有风险，因而其受到伤害属于自甘冒险。可见，在最初的案件中，自甘冒险作为一种重要的抗辩事由在过失侵权领域发挥了重要的作用，其宣扬着一种"胆小者请待在家中的理念"，只要组织者尽了通常的注意义务，则可援用

---

① 李响：《美国侵权法原理及案例研究》，中国政法大学出版社2004年版，第427页。

② [德]克里斯蒂·冯·巴尔：《欧洲比较侵权行为法》(下卷)，张新宝、焦美华译，法律出版社2001年版，第631页。

③ 刘璐：《侵权法自甘冒险规则研究》，吉林大学2011年硕士学位论文，第4页。

自甘冒险作为抗辩，从而免除责任。[①] 此后的发展过程中，自甘冒险从组织者责任的抗辩事由又逐渐向其他领域扩张。

我国《侵权责任法》对自甘冒险原则并未作出明文规定，规范性文件中唯一一次出现自甘冒险原则是《学生伤害事故处理办法》第十二条规定："因下列情形之一造成的学生伤害事故，学校已履行了相应职责，行为并无不当，无法律责任：……（五）在对抗性或者具有风险性的体育竞赛活动中发生意外伤害的……"而我国学术界对自甘冒险原则早有研究，王利明教授、杨立新教授等在课题研究中均多次提出应将自甘冒险作为侵权行为的免责事由之一，梁慧星教授认为："考虑到参加体育竞赛都有风险，因此，体育竞赛当中，运动员相互之间所发生的损害，原则上是免责的。"[②]《民法典》第一千一百七十六条规定："自愿参加具有一定风险的文体活动，因其他参加者的行为受到损害的，受害人不得请求其他参加者承担侵权责任；但是，其他参加者对损害的发生有故意或者重大过失的除外。活动组织者的责任适用本法第一千一百九十八条至第一千二百零一条的规定。"自此，自甘冒险原则正式有了立法规定，为处理相应的民事侵权纠纷提供了明确的法律依据。

## 二、自甘冒险原则的适用条件

### （一）参与者明知其参与的是具有一定风险的文体活动

第一，《民法典》将自甘冒险原则的适用范围限定了"具有一定风险的文体活动"。所谓一定风险，应指不违背法律法规和社会善良风俗的固有风险。固有风险是和衍生风险相对应的一个概念，固有风险是文体活动本身所带有的、无法预知其是否会发生亦无法通过措施进行有效防范的风险。应当注意的是，不同项目所具有的对抗性和风险性是不同的，比如，有的项目往往存在参与主体身体上的直接对抗、冲撞，比较有代表性的有足球、篮球、拳击等项目；有的项目则隔网相争，参与主体之间不存在身体上的直接接触，而是通过运动器具完成相互竞技，比较有代表性的有羽毛球、乒乓球、排球等项目；还有的项目属于技术性比赛，参与主体并不同时出场，而是需要按照规定顺序依次进行比赛，如

---

① 刘璐：《侵权法自甘冒险规则研究》，吉林大学 2011 年硕士学位论文，第 13~14 页。

② 陈华荣、刘娟：《论体育活动中的自甘风险原则》，载《体育研究与教育》2018 年第 4 期。

体操、跳水、射箭类项目。[①] 这些项目的固有风险也存在明显差异。

第二,从主观要件上来说,文体活动的参与者对文体活动本身存在的固有风险应有充分的认知。该认知通常不应超过社会一般人的认知范围,即按照社会一般人的标准,参与者应当知晓某项文体活动具有某些固有风险。如果超出了这一认知范围,则一般不应由受害人自甘冒险。

(二)自愿参与其中

民法最根本的原则之一即意思自治,意思自治反映到人的行为领域即行为自由。[②] 自愿参与其中并承受相应的风险,要求参与者参与文体活动系出于个人自主决定,并未受到欺诈或者胁迫。一般存在两种表现形式,即明示的自甘冒险和默示的自甘冒险。明示自甘冒险是指"自甘冒险行为人以书面或者其他可被他人知晓的方式明确表示自己自愿承担可能产生的风险,并且承担因该风险可能产生的后果,即侵害人无需对因行为人承担的风险而导致受害人的损害承担责任"。[③] 这种情况一般出现在职业文体活动或商业文体活动中,通过签署书面协议或达成口头约定等,提前提示风险并征得参与者同意。默示自甘冒险是指"由于自甘冒险行为人的某种特定行为而使旁人可以推定行为人有自愿承担风险的意思存在"。[④] 在日常的非职业文体活动中,没有一定的组织方,大家自发的参与其中,一般可以推定参与主体同意承受相应的风险,这种情况是较为常见的。

(三)其他参加者不存在故意或重大过失

行为自由并非指人们能够恣意妄为。法律在保护行为人的行为自由的同时又要维护他人的合法权益,所以行为自由亦需要边界加以限制。侵权责任的机能旨在权衡行为自由与权益保护,为行为人的行为自由划定边界,超出行为自由界限的行为则应当承担侵权损害赔偿责任。[⑤] 冯·巴尔指出,进入运动场

---

① 曲伶俐、景年红:《竞技体育暴力行为之法律认知——关于竞技体育暴力行为的调查报告》,载《政法论丛》2009 年第 5 期。

② 孔伟:《体育运动伤害案件中特别免责事由的适用——调和体育自治与司法介入冲突的手段》,载《济宁学院学报》2014 年第 6 期。

③ 程啸:《侵权行为法总论》,中国人民大学出版社 2008 年版,第 327 页。

④ 尹志强:《侵权行为法论》,中国政法大学出版社 2008 年版,第 411 页。

⑤ 孔伟:《体育运动伤害案件中特别免责事由的适用——调和体育自治与司法介入冲突的手段》,载《济宁学院学报》2014 年第 6 期。

参加比赛的人,并不意味着同意他人将自己的腿踢断。[①] 参与主体愿意承担的风险仅仅是文体活动的固有风险或正常风险,故意或者重大过失造成的损害属于衍生风险,已经超越了受害人的容忍界限,此时应适用一般侵权的规则进行认定。如何判断其他参加者是否存在故意或者重大过失,可以从以下两个方面加以考察:

一是客观方面,即其他参加者是否遵守规则。规则是人们在文体活动中形成的决定参与主体行为的一种规范性的文化现象。[②] 同一类文体活动在一定时间、一定区域内往往具有相对统一和固定的规则。严密的具有科学依据的规则不仅能尽可能减少潜在风险,也可以为对行为进行评价提供明确的判断标准。比如,篮球比赛中的抢夺、进攻、封盖,足球比赛中的抢断、带球切入、射门等基本运动行为,虽然存在肢体冲撞的可能,但是应被允许。如果要求参与主体在进行每一项行为之前,都要仔细考虑和精准计算是否可能给其他人员带来人身损害,那正常的文体活动完全无法展开和进行。因此,在文体活动规则的运行下可以明确地区分可为行为和不可为行为,可为行为产生的固有风险,各参与主体都有容忍和承担的义务。

二是主观方面,即考察加害人是否尽到合理的注意义务。对此,应结合参与主体当时具体的身体状态、心理状况及特定环境等作出判断。"其他比赛参与者因轻率和缺乏对其他人的考虑、以超出意料或违反体育道德的方式而导致的伤害的风险",[③]因严重违反注意义务,导致超出固有风险的危害发生,就应当承担相应的侵权责任。需要注意的是,实践中经常存在运动员故意犯规的行为,如故意碰撞、殴打对手,但是其主观目的往往并不相同,有的目的是伤害他人,使被伤害者感到痛苦或加剧对方的痛苦,此种情况常常是因愤怒或敌意情绪而实施的报复行为,主观故意明显,恶性程度较大;而有的目的并不在于伤害他人,而是达到比赛获胜、获得额外奖励或是取得威信等目的,比如,足球比赛中后卫在对方前锋带球越过自己时使用违规铲球技术,[④]此时应看是否属于技

---

① [德]克里斯蒂·冯·巴尔:《欧洲比较侵权行为法》(下卷),张新宝、焦美华译,法律出版社2001年版,第638页。

② 刘飞舟、尹碧昌:《体育竞赛规则的文化审视》,载《体育与科学》2010年第4期。

③ 黄晓林、夏巍鑫:《"自甘风险"法律问题实证》,载《成都理工大学学报》(社会科学版)2016年第2期。

④ 曲伶俐、景年红:《竞技体育暴力行为之法律认知——关于竞技体育暴力行为的调查报告》,载《政法论丛》2009年第5期。

术性犯规的手段,不宜直接认定行为人具有致人损害的故意或者重大过失。

(四)活动组织者的责任认定

对于活动组织者的责任认定,关键是要看其是否尽到了相应的义务,即群众性活动组织者的安全保障义务和幼儿园、学校、其他教育机构的教育、管理职责。需要注意的是,学校文体活动、社会文体活动和职业文体活动,由于专业化程度和风险性不同,活动组织者需要尽到的义务亦有差别,可以综合以下几个因素加以考量:(1)是否明确告知受害人活动可能存在的风险以及风险程度。例如,学校组织学生参加文体教学活动或者校外文体活动,应当对学生进行相应的安全教育和比赛规则教育。(2)举办文体活动的场地和设施是否符合一定的标准或者具有明显不安全因素,组织者是否在可预见的范围内采取必要的安全措施保障活动的顺利进行和参与主体的人身安全。(3)活动组织者在发生损害后是否根据实际情况及时采取了合理的救助措施。

结合本案,司法实践中,正确适用自甘冒险原则处理纠纷时,需要注意厘清与相关概念的关联和区别。一是自甘冒险与过失相抵原则。过失相抵原则分析的是双方主体在侵权纠纷中各自的过错程度,受害主体对于危害后果是否能够预知并不作为承担或免除责任的条件。从法律定性来看,过失相抵原则的适用必须以双方都存在过错为要件,而自甘冒险是以行为人不存在故意或者重大过失为前提,否则应根据一般侵权的理论运用过错责任加以认定。二是自甘冒险与受害人同意。自甘冒险是对一定风险的同意,参与主体意识到危险的存在并愿意承担这种风险,但并不希望危害结果真的发生。换句话说,损害的发生是与受害人的意愿相违背的,其对损害后果秉持排斥的心理状态。受害人同意,是指受害人通过明示或者默示的方式,对遭受某种特定损害作出同意,受害人对于损害系明知状态,损害的发生符合受害人意愿。同时,审判实践中也出现过法院适用公平原则分担文体活动中受害人所受损害的案例,但此次《民法典》第一千一百八十六条规定:"受害人和行为人对损害的发生都没有过错的,依照法律的规定由双方分担损失。"除有法律的明确规定外,公平原则在自甘冒险类案件中已没有适用空间。

一审审判组织成员:叶　莎

二审审判组织成员:章晓琳

编写人:上海市第二中级人民法院　李博雅

# 邢某等诉上海东方肝胆外科医院医疗损害责任纠纷案

## ——《民法典》对医疗机构告知义务的规定

**关键词** | 特殊检查　特殊治疗　医疗风险　替代治疗方案　知情同意权

**裁判要旨**

患方虽然签署了手术知情同意书,但医院作为专业的医疗机构,在术前没有将手术的难度及危险性对患方进行充分的释明,术后患者出现并发症,医院未就治疗方案与患方进行充分沟通,虽然患者最终死亡与手术及诊疗行为无直接的因果关系,但医院未充分尽到医疗机构的告知义务,侵害了患方对病情的知情权及对治疗方案的同意选择权,应当承担相应的赔偿责任。

**法条链接**

《民法典》第一千二百一十九条

《侵权责任法》第五十五条

**案例索引**

一审:上海市杨浦区人民法院(2019)沪0110民初8279号(2019年6月14日)

**基本案情**

邢某等三人诉称:邢某等三原告分别系患者陈某的儿子、丈夫、母亲。2017年12月26日,患者陈某因"B超发现右肝占位8天"入住上海东方肝胆外科医院(以下简称东方肝胆医院),入院诊断:原发性肝癌。2018年1月4日,东方肝胆医院为患者在全麻下行中肝肿瘤切除+胆囊切除+胆道探查T管引流术,术后诊断:原发性肝癌、肝炎后肝硬化。术后第四天患者出现肝性脑病表现,肝功能、肾功能、凝血功能等进行性恶化。1月10日,东方肝胆医院告知家属患者病危。1月12日患者于出院当日死亡。邢某等认为,东方肝胆医院术前准备评估不到位,未做原发性肝癌组织学分级,对手术难度及风险性告知不足。手术记录未标注手术开始及结束时间,时间不具体。手术时间过长,不符合诊疗常规。患者术后肝功能恶化时东方肝胆医院未能及时行血管彩超等相关检查明确原因,未采取必要的治疗措施。东方肝胆医院对术中出血量估计不足,患者术后失血多,输血、血小板不足。门静脉血栓形成后,东方肝胆医院与家属沟通不足。东方肝胆医院术后4天内准备不足,电解质紊乱未纠正,导致患者出现肝性脑病,多器官衰竭,最终死亡。肝损伤患者不宜使用蛋白质流质食物。患者由ICU转入普通病房时机错误。术前东方肝胆医院嘱患者购买8000余元药物未使用。即使东方肝胆医院的过错是导致患者死亡的间接原因,东方肝胆医院也应对患者死亡承担一定的赔偿责任,故请求法院判令东方肝胆医院按20%的责任比例赔偿邢某等各项费用。

东方肝胆医院辩称:东方肝胆医院对患者诊断及手术指征明确,手术操作规范。术后患者出现肝功能恶化,东方肝胆医院根据临床经验判断可能为门静脉血栓形成所致,术后第二天即用低分子肝素钠抗凝治疗。因患者病情重,烦躁,无法检查。东方肝胆医院术后规范治疗,并根据病情变化及时调整用药,与家属沟通,但患者家属拒绝配合,多次干扰医护工作。经两次医学会鉴定,明确患者死亡系由于自身疾病转归所致,与东方肝胆医院的医疗行为之间不存在因果关系,东方肝胆医院不应承担赔偿责任。

法院经审理查明:2017年12月22日患者陈某于苏州大学附属第一医院检查右肝占位,考虑原发性肝癌。2017年12月26日患者入住东方肝胆医院,入院诊断:原发性肝癌。12月28日超声报告显示肝实性占位(恶性可能),肝硬化。12月29日肝增强CT显示中肝叶块状型肝癌,肝右静脉受侵,肝硬化,脾稍大。2018年1月2日肝脏MR显示肝右叶块状型肝癌,肝右静脉受侵可能,肝门区淋巴结肿大,肝硬化,脾大,少量腹水。术前讨论:请第三方行肝脏三维重建。重建报告显示:肝总体积1248.15ml,肿瘤体积176.1ml,右肝静脉被肿块包裹在内,中肝静脉主干右侧壁与肿瘤关系密切,肿瘤底部紧邻第一肝门分叉部,考虑肿瘤与左、右肝管关系密切,肝脏S6段可见粗大右后下肝静脉。手术规划初步定为:保留中肝静脉,行肝脏S7、S8及S4a段切除,主要保留门静脉右后下分支及右后下肝静脉,保留S5/S6/S4b,最大限度保留患者残肝体积,保护肝功能。2018年1月4日东方肝胆医院为患者在全麻下行中肝肿瘤切除+

胆囊切除术+胆道探查T管引流术,术中出血约2000ml,输红细胞悬液7单位,血浆600ml。术后病理显示(肝右叶)肝细胞癌,粗梁型,Ⅲ级,MVI分级=M1,混合结节型肝硬化,(胆囊)慢性胆囊炎。术后给予保肝、利胆、抗感染、抗肿瘤、止血、抗凝、输血等治疗,嘱患者床上适当翻身及活动上下肢。术后患者肝功能恶化,出现肝性脑病症状并加重。2018年1月12日患者死亡。

审理中,上海市杨浦区人民法院委托上海市宝山区医学会对本案进行医疗损害责任鉴定,该医学会于2018年8月1日出具鉴定意见,分析说明为:(1)患者"原发性肝癌"诊断明确,手术方式选择恰当,术前备血充分,术前肝功能评估及肝脏切除体积评估已做,符合肝胆外科手术诊疗规范。(2)本例手术部位特殊,手术创面大,手术时间长,患者术后出现腹腔出血是肝切除术后不可避免的不良反应,东方肝胆医院采取输红细胞、血小板等止血措施,符合诊疗规范。(3)门静脉血栓形成是导致术后肝功能衰竭的主要原因,东方肝胆医院在术后早期治疗腹腔出血的同时,注意了防止静脉血栓形成,但门静脉血栓形成难以完全避免,患者死亡是本身疾病严重所致。(4)东方肝胆医院在医疗活动中存在不足:①术后肝功能恶化时未能及时行相关检查(如血管彩超)明确原因,并采取必要治疗措施;②门静脉血栓形成后,与家属沟通不够充分。鉴定意见为:(1)本例不属于对患者人身的医疗损害。(2)东方肝胆医院在医疗活动中存在术后肝功能恶化时未能及时行相关检查(如血管彩超)明确原因并采取必要治疗措施,门静脉血栓形成后与家属沟通不够充分的医疗不足,与患者陈某死亡无因果关系。

因邢某等不认可宝山区医学会鉴定意见,上海市杨浦区人民法院委托上海市医学会重新鉴定,该医学会于2019年4月19日出具鉴定意见,分析说明为:(1)患者外院CT检查肝右前叶占位,原发性肝癌。2017年12月26日患者因检查发现右肝占位8天入住东方肝胆医院,入院后行肝增强CT检查示右肝癌,肝右静脉受侵,肝硬化。肝脏MR示肝右叶块状型肝癌,肝右静脉受侵可能,肝门区淋巴结肿大,肝硬化,脾大。甲胎蛋白>1210ug/L。东方肝胆医院诊断"原发性肝癌",有明确手术指征,东方肝胆医院术前行三维重建,根据重建报告结果进行术前评估,制定手术方案,手术方案采取Ⅳa、Ⅷ、Ⅶ联合切除,保留右后下支静脉和肝中静脉方案选择合理。(2)患者肿瘤体积大,手术创面大,手术时间长,出血为肝切除手术不可避免的并发症,东方肝胆医院术中术后给予输红细胞悬液、血小板等治疗。并给予抗感染、抗凝、止血、保肝、纠正电解质紊乱,鼻饲营养等治疗,符合诊疗常规。(3)东方肝胆医院的不足:术前东方肝胆医院对手术的难度及危险性告知不足;患者术后出现进行性肝功能衰竭,东方肝胆医院未能尽早检查发现门静脉血栓。门静脉血栓为肝癌手术难以完全避免的并发症,一旦出现预后极差;术后发现门静脉血栓东方肝胆医院与患方的沟通不足,未能使其充分了解其风险。但上述不足与患者死亡无因果关系。(4)肝硬化患者肿瘤部位特殊,手术复杂、创伤大、术后门静脉血栓,导致肝功能衰竭,是患者死亡原因。鉴定意见为:(1)本例不属于对患者人身的医疗损害。(2)东方肝胆医院在医疗活动中存在告知不足及术后未尽早检查的医疗过错,但与患者陈某死亡的人身损害结果无因果关系。

**裁判结果**

上海市杨浦区人民法院于2019年6月14日作出(2019)沪0110民初8279号民事判决:东方肝胆医院应于判决生效之日起10日内赔偿邢某等三人医疗费、营养费、误工费、死亡赔偿金、丧葬费、被扶养人生活费、交通费、住宿费、精神损害抚慰金、律师费共计30,000元。

一审判决后,双方当事人均未提起上诉,本案判决已发生法律效力。

**裁判理由**

法院生效判决认为,公民享有生命健康权。由于过错侵害他人生命健康的,应当承担民事责任。参照宝山区及上海市医学会的鉴定意见,东方肝胆医院对患者“原发性肝癌”诊断正确,行“中肝肿瘤切除+胆囊切除术+胆道探查T管引流术”有明确手术指征,东方肝胆医院术前评估后制定手术方案,手术方案选择合理,术中术后给予输红细胞悬液、血小板,并给予抗感染、抗凝、止血、保肝、纠正电解质紊乱,鼻饲营养等治疗,符合诊疗常规。手术创伤大,术后出现门静脉血栓(肝癌手术不可避免的并发症),导致肝功能衰竭,是患者死亡原因。但东方肝胆医院术前对手术难度及危险性告知不足,术后患者出现门静脉血栓,东方肝胆医院未能尽早行相关检查,也未与患方充分沟通,存在一定的过错。东方肝胆医院理应对其过错承担相应的民事赔偿责任,具体赔偿的数额由人民法院根据本案的实际情况酌情确定。

**案例注解**

《侵权责任法》第五十五条规定了医疗机构的告知义务,《民法典》第一千二百一十九条沿用了该条规定,并针对实践中出现的问题,进行了局部的修改,更加注重对患者知情同意权的实质保护。本案中,东方肝胆医院对患者实施手术不违反诊疗常规,患者死亡与东方肝胆医院医疗行为无直接因果关系,并且在术前患方也签署了知情同意书,但东方肝胆医院在术前没有对手术的难度及危险性对患方进行充分的释明,术后患者出现并发症,东方肝胆医院未就治疗方案与患者进行充分沟通,在履行告知义务上存在瑕疵。法院酌情判决东方肝胆医院承担赔偿责任,体现了《民法典》更加注重保护患者实质知情同意权的立法精神。

## 一、医疗机构告知义务的伦理依据

从历史上来看,告知义务是作为告知同意理论的重要内容而发展起来的。根据告知同意理论,为了尊重患者的自由决定权,在实施侵袭性医疗行为前,医务人员应该向患者提供行使自己决定权所需的医学情报。根据该理论,告知义务是基于患者的自由决定权产生的。① 患者有权知晓自己病情,并自主选择治疗方案。而医疗机构告知义务是与保障患者知情同意权相对应的义务,性质上属于法定义务,医疗机构违反该义务构成侵权的,应当承担侵权责任。

### (一)患者有权知晓自己的病情

患者有权知道自己的病情、诊断和治疗情况。尊重患者知情权,有利于患者及家属正确面对疾病,缓解紧张情绪,更加积极地配合治疗,不仅是尊重患者的表现,也体现了对患者的爱护及人性关怀。而且可以避免患者从非正规渠道取得错误信息,从而对医疗机构产生不信任感。需要指出的是,医疗机构告知病情应当考虑到患者本身的身体情况和承受能力,在不宜或无法向患者告知的情况下,应选择向患者近亲属或其他法律规定的关系人履行告知的义务。在非向患者本人披露病情时,应当注意对患者隐私的保护。

### (二)患者有权了解医疗风险,并自主选择治疗措施

医疗活动具有高风险性,治疗方案选择是否恰当,直接关系到患者的生命健康安全。医疗机构给出专业意见的同时,也应该尊重患者本人的真实意愿和自主选择。尤其是需要实施手术、特殊检查、特殊治疗的,医务人员应当向患者

① 赵西巨:《从知情同意原则的历史渊源和发展轨迹看其所保护之权利及其性质》,载《南京医科大学学报》(社会科学版)2005 年第 4 期。

或其近亲属说明相关治疗的适应征、禁忌征、疗效、危险性、可能发生的其他情况,以及是否有其他医疗替代方案。获得患者或者法定代理人、近亲属的明确同意后,方可实施相关治疗。治疗过程中,因患者病情变化需要改变治疗方案的,如手术过程中临时变更手术内容或方式等,仍应征得患者本人或家属的同意,但应避免对患者不利的影响。在有多种治疗器械、治疗方案的情况下,应当说明并提供建议,患者有权自主进行选择。对医疗机构拟定的检查、治疗方案,患者有权根据自身情况予以同意或拒绝。

## 二、《民法典》修改更加注重从实质上保护患者的知情同意权

《民法典》第一千二百一十九条规定的是患者的知情权,即医生的告知义务。该条与《侵权责任法》第五十五条比较,将"书面同意"修改为"明确同意",增加了"不能"向患者告知的规定,更加符合临床实践,体现了重视实质而不是形式的立法意图。医患沟通贯穿整个医疗过程,不可能每一个告知都签署书面同意,只要患者有明确的同意即可。另外,明确同意也包含了知情同意的基本要求,即理解的同意,患者或者其近亲属的同意是明确理解了告知的内容后的同意。

1. 增加规定医疗机构履行说明义务时应当"具体"

一般情况下,患者并不具备专业的医疗知识,往往需要依赖医疗机构的专业意见才能作出正确的判断。因此,医疗机构履行说明义务时应当"具体",对于"具体"的标准,目前法律没有明文规定。按照通常理解,"具体"说明主要应包括下列内容:(1)患者疾病的名称、病因、病情及发展情况;(2)可能采取的手术或治疗方案,治疗的手段、方法、目的及通常情况下能够达到的预期效果;(3)治疗可能出现的风险,包括检查、用药、手术可能出现的副作用或者不良后果,以及风险发生后的应对措施;(4)是否存在替代医疗方案,以及替代医疗方案的利弊;(5)医疗机构及医务人员的医学专长,是否有必要转院、转诊;(6)治疗费用及出现医患纠纷时的解决方式及程序。[①]

2. 将"书面"同意改为"明确"同意,拓宽医疗机构履行告知义务的方式

《侵权责任法》第五十五条规定医疗机构履行告知义务时应当以书面形式

---

① 参见张西云:《〈民法典〉对医疗损害责任法律的沿用与修改》,载搜狐网,http:sohu.com/a/4006996263_120032,最后访问日期:2020年11月16日。

告知患者，即患者需要实施手术、特殊检查、特殊治疗的，医务人员应当及时向患者说明医疗风险、替代医疗方案等情况，并取得其书面同意；不宜向患者说明的，应当向患者的近亲属说明，并取得其书面同意。《民法典》第一千二百一十九条将“书面”形式改为“明确”，明确医疗机构可以采取电话、微信、电子邮件或者公证多种方式对患者或者其近亲属进行说明告知，不再局限于书面签署“知情同意书”。不仅方便医疗机构以更加直接、灵活、便利的形式与患方进行沟通，而且有利于医务人员及时采取治疗措施，为患者赢得宝贵的治疗时间。

3. 增加“不能向患者说明”作为医疗机构向患者近亲属说明的情形之一

《侵权责任法》规定，法定情形下医疗机构应当向患者本人说明告知，不宜向患者说明的，才向患者的近亲属说明。《民法典》扩大了医疗机构向患者近亲属说明的前提条件，在“不宜向患者说明”的基础上增加了“不能向患者说明”的情形。现实中通常发生的“不宜告知”的情形包括患者年老、年幼、患有凶险疾病、患有危重疾病、心理承受能力差，如向患者说明会导致其情绪波动较大，心理上无法承受，进而加剧病情恶化和妨碍治疗，可能产生难以预料的不利后果。此种情况下，向患者代理人或近亲属进行间接告知并取得其明确同意，目的是保护患者的利益。而“不能说明”主要是指临床上遇到的危急情况，这种情况显然不是“不宜告知”能够包含的。如麻醉手术过程中需要紧急改变手术方案，无法也不可能向患者本人进行告知，此种情况下只能向患者的近亲属进行告知。需要注意的是，患者才是知情同意权的权利主体，医疗决策权属于患者，患者的同意或者拒绝才是医疗行为取得合法性的依据。只有在特殊的情况下，近亲属才能代替患者表示同意或者拒绝。

## 三、医疗机构未尽到告知义务造成患者损害的，应当承担赔偿责任

医疗行为是否构成侵权，主要看是否满足侵权构成要件。医疗机构未履行告知义务，虽然会对患者行使知情同意权造成妨碍，本身已经具备过错和违法行为两个侵权构成要件，但要构成侵权，还需具备发生损害后果，以及违法行为与损害后果存在因果关系。医疗机构未尽告知义务，实际造成损害后果的，才构成侵权并需承担赔偿责任。[①] 损害后果应当包括患者因接受治疗所承受的痛苦及发生的经济损失，且应与医疗机构未充分告知有关。本案中，东方肝胆

---

① 胡庆：《浅析违反医疗告知义务侵权责任的承担方式》，载《楚天法治》2015 年第 1 期。

医院对患者原发性肝癌诊断正确，选择的手术方式合理，术中术后诊疗措施亦不违反诊疗常规。手术创伤大，术后出现门静脉血栓，导致肝功能衰竭，是患者死亡原因。经医学会鉴定，本例不构成对患者人身的医疗损害。但肝癌切除手术操作难度高，患者创伤大，术中术后发生并发症及手术风险的概率也较高，直接关系到患者的健康和生命安全，此外，手术治疗的费用也较高，因此对医疗机构履行告知义务提出更高的要求，医疗机构应当就手术的难度、危险性及可能出现的不良后果向患者进行充分释明，并就治疗方案与患方充分进行沟通。本案中，患方虽然签署了手术知情同意书，但东方肝胆医院作为专业的医疗机构，在术前没有就手术的难度及危险性对患方进行充分的释明，术后患者出现门静脉血栓，东方肝胆医院未能尽早行相关检查，也未就治疗方案与患方充分沟通，最终患者因肝功能衰竭而死亡。东方肝胆医院未能充分尽到医疗机构的告知义务，虽与患者死亡无直接的因果关系，但确实侵害了患方对病情的知情权以及治疗方案的同意选择权，患者也在客观上承受了手术创伤并导致医疗费用增加，即客观上导致了对患者的损害，东方肝胆医院应当承担相应的赔偿责任，故本案酌情判决东方肝胆医院赔偿邢某等三人各项经济损失 30,000 元。

审判组织成员：陈海峰

编写人：上海市杨浦区人民法院　包宇峰

# 要点整理篇

# 《民法典》新规则要点整理(一)
## ——总则编

李迎昌　潘　喆

总则编作为《民法典》的开篇,是其他各编的引领和统摄。依据提取公因式的方法,总则编集中归纳和概括了民法的基本原则、一般规则、概念和制度,为其他各编的体系化奠定了基础。总则编共 204 个条文,在系统总结改革开放成果和实践经验基础上,对民事主体、民事权利体系、民事法律行为、民事责任和诉讼时效等民法基本问题作出了体现中国特色、时代特点的规定,进一步维护了人民群众的切身利益,保证了社会主义市场经济的健康发展。

### 一、基本规定

1. 将弘扬社会主义核心价值观作为立法目的(第一条)

核心价值观是国家的精神支柱,是法治建设的道德基础。中国共产党第十八届全国人民代表大会提出了以"富强、民主、文明、和谐、自由、平等、公正、法治、爱国、敬业、诚信、友善"为内涵的社会主义核心价值观,是中华民族宝贵的精神财富,对于团结全国各族人民实现中华民族伟大复兴的中国梦意义重大。核心价值观本身不具有强制力,故而为了保证全社会能自觉培育和践行社会主义核心价值观,其必须入法入规。

2. 确立绿色原则(第九条)

绿色原则在总则编中的确立,回应了当下社会日益关注的环境问题,为司法活动确立了价值导向。司法机关在裁判相关案件时,要重视民事主体人身权利、财产权利和环境权利的统一,将节约资源、保护生态环境的绿色理念作为一项重要的价值衡量因素。

3. 增加习惯作为民法法源(第十条)

法源是法律适用过程中裁判依据的来源,是裁判所要依循的权威理由。在大陆法系国家,习惯是一项重要的法源。《瑞士民法典》第一条即规定:“(一)凡本法在文字上或释义上有相应规定的任何法律问题,一律适用本法。(二)如本法无相应规定时,法官应依据惯例;如无惯例时,依据自己作为立法人所提出的规则裁判……”《民法典》将习惯引入作为我国法源,有助于丰富民法的裁判规则,降低立法成本,限制法官的自由裁量,保障民众的合法权益。在适用习惯作为裁判依据时,必须注意两点:第一,只有法律、行政法规、地方性法规对某一问题的处理没有明文规定时,才能适用习惯。第二,作为法源的习惯应当基于长期的生产生活实践而产生并具有具体行为规则属性,且不违反公序良俗。

4. 完善了监护人制度(第三十一~三十三条)

(1)不再将未成年人父、母所在单位以及精神病人所在单位作为指定监护人的主体;

(2)新增民政部门作为有权指定监护人的主体;

(3)具有完全民事行为能力的成年人,可以与其近亲属、其他愿意担任监护人的个人或者有关组织事先协商确定自己的监护人;

(4)增设临时监护人制度,弥补监护制度漏洞。

## 二、民事主体

1. 明确胎儿有继承、接受赠与的权利(第十六条)

根据《民法典》第十三条的规定,自然人的民事权利能力从出生时开始。胎儿由于尚未出生,故而不能取得民事权利能力。但在现实生活中,胎儿不仅存在未来需要保护的利益,也存在接受继承等现实利益需要保护。近代民法关于胎儿利益的保护主要有三种模式:(1)认为凡是涉及胎儿利益的保护问题,均视为胎儿已经出生。(2)认为胎儿原则上没有民事权利能力,但在若干例外情形之下具有民事权利能力。(3)认为胎儿在出生之前完全没有民事权利能力。《民法典》选取了第二种模式,承认胎儿在涉及遗产继承、接受赠与等情形下具有民事权利能力。

2. 限制民事行为能力人的年龄由十周岁下调为八周岁(第十九条)

随着教育水平的不断提高,我国儿童的认知能力有很大的提高,原先规定的十周岁的限制民事行为能力年龄标准逐渐不能满足实践需求。《民法典》在结合我国国情的基础上,将未成年限制民事行为能力人的年龄标准从十周岁下调至八周岁,既是对未成年人自主决定自由的尊重,也是对市场交易行为的保护。

3. 扩大了监护对象的范围(第二十一条、第二十二条)

根据《民法通则》的规定,认定成年人为无民事行为能力人或限制民事行为能力人,需满足成年人为精神病人这一要件。然而现实生活中,导致成年人缺乏行为能力的原因多种多样,《民法通则》的规定不利于保护成年人的利益。鉴于此,总则编扩大了无民事行为能力或限制民事行为能力成年人的认定范围,将不能辨认自己行为作为认定的核心要素,保障了弱势群体的合法权益。

4. 丰富了法人的类型(第九十二条、第九十九条、第一百条、第一百零一条)

《民法通则》规定了企业法人、机关法人、事业单位法人和社会团体法人四类法人类型,但随着社会经济的发展,仅有这四类法人类型已无法满足现实需求。为此,《民法典》在总则编中明确了基金会、社会服务机构、宗教活动场所的捐助法人资格,并通过设置特别法人一节,规定了机关法人、农村集体经济组织法人、城镇农村的合作经济组织法人、基层群众性自治组织法人。《民法典》对法人类型的扩展,明确了各市场经济主体的法律定位,完善了法人内部治理规则,推动了社会主义市场经济的健康发展。

## 三、民事权利

1. 确立个人信息保护制度(第一百一十一条)

随着网络的普及,个人信息的泄露和不当使用已逐渐从技术问题上升到社会问题和法律问题,日益受到社会公众的关注。相关网络主体过度搜集个人信息、擅自披露或提供个人信息等现象层出不穷,严重侵犯了民众的利益。早在《民法典》制定之前,我国就已经出台了《全国人民代表大会常务委员会关于加强网络信息保护的决定》《网络安全法》,但这些规定多倾向于借助公权力保护个人信息,未充分发挥民事主体在保护个人信息利益中的作用,因而造成对个人信息的保护未能达到预期效果。

鉴于此,《民法典》在总则编中规定,自然人的个人信息受法律保护。任何组织或者个人需要获取他人个人信息的,应当依法取得并确保信息安全,不得非法收集、使用、加工、传输他人个人信息,不得非法买卖、提供或者公开他人个人信息。

2. 规定了知识产权及其权利客体(第一百二十三条)

知识产权是权利人依法就下列客体享有的专有权利:

(1)作品;

(2)发明、实用新型、外观设计;

(3)商标;

(4)地理标志;

(5)商业秘密;

(6)集成电路布图设计;

(7)植物新品种;

(8)法律规定的其他客体。

3. 明确数据、网络虚拟财产受法律保护(第一百二十七条)

随着信息社会的不断发展,各类数据、网络账户、游戏装备、虚拟游戏币等网络财产的权属问题逐渐成为争议的焦点。《民法典》总则编规定,法律保护数据和网络虚拟财产,回应了互联网时代的现实需求。但《民法典》的规定属于引致性条款,对数据和网络虚拟财产的保护仍需要特别法作出具体规定。

## 四、民事法律行为和代理

1. 调整了民事法律行为的无效事由(第一百四十六条、第一百四十八条、第一百五十三条、第一百五十四条)

(1)"一方以欺诈、胁迫的手段订立合同,损害国家利益"不再作为民事法律行为无效事由。

(2)"以合法形式掩盖非法目的"不再作为民事法律行为无效事由。

(3)"违反法律、行政法规的强制性规定"修改为"违反法律、行政法规的强制性规定的民事法律行为无效。但是,该强制性规定不导致该民事法律行为无效的除外。违背公序良俗的民事法律行为的无效"。

(4)"恶意串通,损害国家、集体或第三人利益"修改为"行为人与相对人恶意串通,损害他人合法权益的民事法律行为无效"。

(5)"行为人与相对人以虚假的意思表示实施的民事法律行为"新增为民事法律行为无效事由。

2. 调整了民事法律行为的可撤销事由(第一百四十七~一百五十二条)

(1)基于重大误解实施的民事法律行为,行为人可以请求人民法院或仲裁机构予以撤销但不得要求变更,且撤销权的行使时间缩短为九十日;

(2)一方以欺诈手段,使对方在违背真实意思的情况下实施的民事法律行为,受欺诈方可以请求人民法院或仲裁机构予以撤销但不得要求变更,同时不再区分欺诈对象;

(3)一方或者第三人以胁迫手段,使对方在违背真实意思的情况下实施的民事法律行为,受胁迫方可以申请人民法院或仲裁机构予以撤销但不得要求变更,同时不再区分欺诈对象;

(4)将乘人之危纳入产生显失公平的一种原因,不再作为与显失公平并列的可撤销情形,规定一方利用对方处于危困状态、缺乏判断能力等情形,致使民事法律行为成立时显失公平的,受损害方有权请求人民法院或仲裁机构予以撤销但不得要求变更;

(5)新增因第三人欺诈实施的民事法律行为可撤销的规定,第三人实施欺诈行为,使一方在违背真实意思的情况下实施的民事法律行为,对方知道或者应当知道该欺诈行为的,受欺诈方有权请求人民法院或者仲裁机构予以撤销。

## 五、民事责任、诉讼时效和期间计算

1. 确立自愿紧急救助行为造成他人损害免责规则(第一百八十四条)

为倡导互帮互助的社会风尚,弘扬社会主义核心价值观,《民法典》在总则编中规定,因自愿实施紧急救助行为造成受助人损害的,救助人不承担民事责任,同时删除了审议稿中关于重大过失除外的条款。

2. 强化了对英雄烈士人格权益的保护(第一百八十五条)

英雄烈士及其背后蕴含的历史故事表达了民族的共同记忆和情感,是中华民族的宝贵财富。但近年来在社会上出现了歪曲历史,侮辱、诽谤英雄烈士的现象。因此,《民法典》在总则编中规定侵害英雄烈士等的姓名、肖像、名誉、荣誉,损害社会公共利益的,应当承担民事责任。

3. 变更了诉讼时效的有关规定(第一百八十八条、第一百九十一条)

(1)普通诉讼时效期间由两年延长为三年;

(2)明确了未成年人遭受性侵害的损害赔偿请求权的诉讼时效起算点为受害人年满十八周岁之日。

# 《民法典》新规则要点整理(二)
## ——物权编

王　伟　沈　宸

### 一、完善业主自治规则

建筑物区分所有权包含专有部分的所有权、共有部分的共有权和共有部分的共同管理权三个方面的内容。相较于《物权法》现行规定,《民法典》物权编主要修改和完善了其中共同管理权部分的规定。

1. 优化表决结构,降低决议门槛(第二百七十八条)

《民法典》确立了业主共同决定事项的双层表决结构,参与表决人数:双二/三——专有部分面积占比三分之二且人数占比三分之二以上的业主参与表决。表决通过人数:特殊表决事项:双三/四——参与表决专有部分面积四分之三以上且人数四分之三以上的业主同意。一般表决事项:双过半——参与表决专有部分面积过半数且人数过半数的业主同意。

相较于《物权法》现行规定(单层表决结构,特殊表决事项要求双二/三同意,一般表决事项要求双过半同意),降低了决议通过门槛,从而避免了实践中因部分业主怠于行使共同管理权导致决议难的问题。

2. 修改部分表决事项的性质(第二百七十八条)

(1)明确改变共有部分用途为特殊表决事项

《物权法》现行规定未将改变共有部分的用途或者利用共有部分从事经营活动列为业主共同决定事项,实践中引发了较多争议。为此,《民法典》明确将其列为特殊表决事项,设置了相对较高的决议通过门槛,强化了业主对共有部分的共同管理权。

(2)将维修资金的使用修改为一般表决事项

《物权法》将维修资金的筹集和使用规定为特殊表决事项,适用双二/三的表决要求。《民法典》在将维修资金的筹集保留为特殊表决事项的同时,将维修资金的使用修改为一般表决事项,降低了实践中维修资金的使用门槛。

3. 确立维修基金使用的特别程序(第二百八十一条)

《民法典》规定:紧急情况下,业主大会或者业主委员会可以依法申请使用建筑物及其附属设施的维修资金。据此,在特殊情形下可越过决议程序,直接申请使用维修资金。但对于"紧急情况"的界定和"依法申请"的程序,尚有待法律法规进一步明确。

4. 明确共有部分产生的收益归属(第二百八十二条)

《民法典》规定:利用业主的共有部分产生的收入,在扣除合理成本之后,属于业主共有。该规定理顺了物业服务企业与小区业主之间的法律关系,共有部分产生的收益(如停车费、广告费)原则上为业主共有,物业服务企业仅能收取相应的管理成本。

实践中,部分小区的物业服务合同中明确约定由物业服务企业从共有部分产生的收益中按约定比例或者约定数额提取酬金(物业服务采用酬金制收费模式),此时,应当尊重当事人的意思自治,依据物业服务合同的约定确定共有部分收益的分配。

5. 明确业主对物业服务情况的知情权(第二百八十五条)

《物权法》规定:物业服务企业或者其他管理人管理建筑区划内的建筑物及其附属设施,接受业主的监督。《民法典》进一步要求:物业服务企业或者其他管理人接受业主的监督并及时答复业主对物业服务情况提出的询问,进一步落实业主知情权。

## 二、新增"土地经营权"

为落实农村承包地"三权分置"改革的要求,《民法典》物权编在集体土地所有权、土地承包经营权之外,分离出独立的土地经营权以适应市场化流转的需要。

1. 土地经营权源于土地承包经营权(第三百三十四条、第三百三十九条)

土地承包经营权人依照法律规定,有权将土地承包经营权互换、转让;土地承包经营权人可以自主决定依法采取出租、入股或者其他方式向他人流转土地经营权。据此,《民法典》确认从土地承包经营权中派生分离出土地经营权,允许依法流转;而土地承包经营权只能依法互换、转让。

2. 土地经营权经登记取得对抗效力(第三百四十一条)

流转期限为五年以上的土地经营权,自流转合同生效时设立;未经登记的,不得对抗善意第三人。据此,流转期限为五年以上的土地经营权具备物权效力,采意思主义的物权变动模式,经登记取得对抗效力。如果土地经营权流转合同约定的流转期限为五年以下,《民法典》未确认其具备物权效力,则应当认为仅具备债权效力。

3. 土地经营权性质上属于用益物权(第三百四十条)

土地经营权人有权在合同约定的期限内占有农村土地,自主开展农业生产经营并取得收益。可见,土地经营权(流转期限五年以上)包含占有、使用、收益权能,构成独立的用益物权。

4. 土地经营权可采取抵押方式流转(第三百四十二条)

相较于《物权法》现行规定,《民法典》第三百九十九条关于禁止抵押财产范围的规定中,删除了"耕地使用权"一项,以适应"三权分置"后土地经营权入市的需要。

## 三、创设"居住权"制度

《民法典》物权编创设"居住权"制度,满足特定人群的居住需求。

1. 居住权的权能

根据《民法典》第三百二十三条的定义,典型的用益物权一般包含占有、使用、收益三项权能。相较而言,居住权不包含收益权能,是一项有限的用益物权。

2. 居住权的特点

居住权具有人身属性,不得转让、继承。居住权属于用益物权中的人役权,即为特定人的利益而利用他人所有之物的权利。对象具有特定性:设立于他人的住宅之上。目的具有特定性:限于满足生活居住需要。

设立居住权的住宅不得出租(不包含收益权能),当事人另有约定的除外。居住权的最长设立期限没有明确限制,故当事人可以约定权利人终身享有居住权。居住权以无偿设立为原则,当事人另有约定的除外。

3. 居住权的设立

《民法典》规定居住权通过合同方式设立,应当订立书面合同。设定居住权应当向登记机构申请居住权登记,居住权自登记时设立。居住权以通过遗嘱方式设立,参照适用居住权书面设定的有关规定。

4. 居住权的消灭

居住权在期限届满或居住权人死亡时消灭。居住权消灭的,应当及时办理注销登记。

## 四、完善担保物权制度

《民法典》物权编在《物权法》现行规定的基础上,进一步完善了担保物权制度,旨在为优化营商环境提供法治保障。

1. 统一动产抵押登记的对抗效力(第四百零三条、第四百零四条)

《民法典》规定:动产抵押自抵押合同生效时设立,未经登记,不得对抗善意第三人。相较于《物权法》现行规定,未就适用的动产类型进行正面列举。《民法典》同时规定:以动产抵押的,不得对抗正常经营活动中已经支付合理价款并取得抵押财产的买受人。据此,即使动产抵押权已登记,亦不得对抗前述特定买受人。根据《物权法》现行规定,仅在浮动抵押的情况下,已登记的抵押权不得对抗前述特定买受人。《民法典》统一动产抵押登记的对抗效力,对动产交易安全的保障和交易效率的提高具有积极意义。

2. 严格在先租赁关系的对抗要件(第四百零五条)

《物权法》第一百九十条规定:订立抵押合同前抵押财产已出租的,原租赁关系不受该抵押权的影响。考虑到动产抵押权自抵押合同生效时设立,不动产抵押权自抵押登记时设立,《民法典》以“抵押权设立”时点替代“订立抵押合同”时点,表述更为精准。

同时,《民法典》还对在先租赁关系增设一项对抗要件,即转移占有。据此,只有在抵押权设立前抵押财产已出租且已转移占有的,租赁权才能对抗抵押权;抵押权设立前抵押财产已出租但未转移占有的,租赁权仍然无法对抗抵押权。

3. 允许抵押人自由转让抵押财产(第四百零六条)

《物权法》第一百九十一条规定:抵押期间,抵押人未经抵押权人同意,不得转让抵押财产。据此,抵押期间,抵押人未经抵押权人同意转让抵押财产的,无法实现物权变动的效果。《民法典》对此进行了实质性修改,规定:抵押期间,抵押人可以转让抵押财产;并明确:抵押财产转让的,抵押权不受影响。据此,抵押权具有追及效力,在抵押财产所有权已经转移至受让人处的情况下,抵押权人仍能够行使抵押权,就抵押财产优先受偿。

同时,根据《民法典》的规定,抵押人在抵押期间转让抵押财产虽无须经抵押权人同意,但仍应当及时通知抵押权人;如果抵押权人能够证明抵押财产转让可能损害抵押权的,可以请求抵押人将转让所得的价款向抵押权人提前清偿债务或者提存。

4. 明确动产担保物权的清偿顺位(第四百一十四~四百一十六条)

第一顺位:留置权。

第二顺位:价款债权抵押权。

买受人通过向出卖人赊购的方式购买动产,并以其受让的动产作为抵押财产担保相应的价款债权,设立的抵押权即为价款债权抵押权。

价款债权抵押权优先于除留置权外的其他担保物权受偿,但需满足条件:动产交付后十日内办理抵押登记。

赋予价款债权抵押权超级优先效力,构成了权利公示原则的一项例外,其目的在于促进融资。但该条规定在学界引起了较大争议,持反对意见的学者认为价款债权抵押权的超级优先效力在较大程度上伤害了交易安全。

第三顺位:动产质权、已登记的动产抵押权。

该顺位内部清偿顺序按照权利公示时间,即动产交付和动产抵押登记的时间顺序确定。

就同一动产既设立抵押权又设立质权的,若动产交付在先,则质权优先受偿;若抵押登记在先,则抵押权优先受偿。

就同一动产设立多个抵押权的,则按抵押登记的时间顺序确定清偿顺序。

该规定删除《物权法》现行规定中“抵押登记的顺序相同”的情形,原因在于:未来建立统一的物权登记制度后将不会再出现登记顺序相同的情况。

第四顺位:未登记的动产抵押权。

抵押权均未登记的,按照债权比例受偿。

5. 修改最高额抵押担保的债权确定事由(第四百二十三条)

《物权法》现行规定将“抵押财产被查封、扣押”列为债权确定事由。据此,抵押财产被查封、扣押后,如果抵押权人在不知情的情况下,与债务人发生了新的债权债务关系,新的债权将不能列入最高额抵押担保的债权范围。而根据该项修改,只有在抵押权人知道或者应当知道抵押财产被查封、扣押的情况下,新发生的债权债务关系才不能被列入最高额抵押担保的债权范围，由此加强了对善意债权人的保护。

## 五、其他要点

1. 新增规定

添附物归属的确定原则（第三百二十二条）

因添附（加工、附合、混合）而产生的物的归属，有约定的，按照约定；没有约定或者约定不明确的，依照法律规定；法律没有规定的，按照充分发挥物的效用以及保护无过错当事人的原则确定。在合理确定添附物归属后，通过损害赔偿、经济补偿等方式平衡当事人之间的利益。

2. 既有规定的实质性修改

（1）因遗赠取得物权的变动规则（第二百三十条）

《物权法》第二十九条规定：因继承或者受遗赠取得物权的，自继承或者受遗赠开始时发生效力。《民法典》对"继承"和"受遗赠"两种情形进行了区分，删除其中"因受遗赠取得物权的，自受遗赠开始时发生效力"的部分。由此明确：遗赠属于法律行为，并不直接导致物权变动。因受遗赠取得物权的，应当适用法律行为导致物权变动的一般规则（第二百零八条），即不动产物权变动自登记时生效，动产物权变动自交付时生效。

（2）遗失物招领的公告时间（第三百一十八条）

遗失物自发布招领公告之日起一年内无人认领的，归国家所有。该条将遗失物招领公告时间由"六个月"更改为"一年"，加强了对私权的保护。

3. 既有规定的进一步完善

（1）明确住宅改变为经营性用房的条件（第二百七十九条）

《物权法》规定：业主将住宅改变为经营性用房，除遵守法律、法规以及管理规约外，应当经有利害关系的业主同意。《民法典》将其中"经有利害关系的业主同意"修改为"经有利害关系的业主一致同意"，强化了对有利害关系的业主的保护。

（2）明确共有物性质、用途的变更条件（第三百零一条）

《物权法》规定：处分共有的不动产或者动产以及对共有的不动产或者动产作重大修缮的，应当经占份额三分之二以上的按份共有人或者全体共同共有人同意，但共有人之间另有约定的除外。《民法典》进一步规定：除处分和重大修缮外,变更共有物的性质或者用途,也适用同样的表决规则。

(3)明确建设用地使用权以有偿续期为原则(第三百五十九条)

《物权法》规定:住宅建设用地使用权期限届满的,自动续期。《民法典》进一步规定:续期费用的缴纳或者减免,依照法律、行政法规的规定办理。由此明确:住宅建设用地使用权的续期原则上应当是有偿的,但可能予以减免,对此尚有待法律法规进一步明确。

# 《民法典》新规则要点整理(三)

## ——合同编

卢薇薇　汪　毅　姜　翌　高　勇

### 一、一般规定

1. 明确有关身份关系的协议在缺乏相应规定时可参照合同编之规定(第四百六十四条)

根据《合同法》的规定,婚姻、收养、监护等有关身份关系的协议,适用其他法律规定,即不适用《合同法》的规定。现《民法典》确认在应当适用的其他法律中没有规定的,可以根据其性质参照适用合同编之规定。

2. 明确非因合同产生的债权债务关系在缺乏相应规定时可适用合同编通则的有关规定(第四百六十八条)

由于我国《民法典》不同于《法国民法典》《德国民法典》设立债法总则来统领债法的体系结构,而是将传统民法典中的债编解构为合同编和侵权编。为了弥补债法总则之缺憾,我国《民法典》通过合同编的第四百六十八条,使合同编通则在一定程度上肩负起传统民法典中债法总则的功能。故除了因合同产生的债权债务关系,法定之债如侵权之债、无因管理之债、不当得利之债在相关具体法律无规定时,可适用合同编通则的有关规定。

### 二、合同订立

1. 新增电子合同成立之规定(第四百九十一条)

根据《民法典》的规定,当事人一方通过互联网等信息网络发布的商品或者服务信息符合要约条件的,对方选择该商品或服务并提交订单成功时合同成立，当事人另有约定的除外。所以通过各电子商务平台购买商品或服务，以买受人提交订单成功的时点为合同成立之时点。出卖方事后不得以商品信息发布有误等理由拒绝履行合同。

2. 新增预约合同规定（第四百九十五条）

《民法典》新增了预约合同作为合同订立的一种方式，并明确了预约合同的法律效力，即当事人一方不履行预约合同义务的，对方可以请求其承担预约合同的违约责任。此前，仅《最高人民法院关于审理买卖合同纠纷案件适用法律问题的解释》第二条对买卖合同订立中的预约合同进行了规定。现《民法典》吸收了上述司法解释的观点，并将适用范围扩展至所有的合同类型。值得注意的是，此处所谓"预约合同的违约责任"应当不包括强制订立本约的责任。

3. 优化对格式条款之规制（第四百九十六条）

关于格式条款提供方的提示、说明义务，依据《合同法》及其司法解释的规定，格式条款提供方应当就合同中免除或限制责任的条款向对方作出提示和说明，如格式条款提供方不能证明其已履行提示或说明义务，则对方当事人可以申请撤销该格式条款。而《民法典》对此作了两个方面的优化：一是将格式条款提供方应当提示或说明的合同条款范围扩展为与对方当事人有重大利害关系的条款，而不限于免除或限制责任的条款；二是免除了相对方须行使撤销权来摆脱格式条款约束的程序要求，直接规定若格式条款提供方未尽提示、说明义务，则相应格式条款不构成合同内容，相对方无须受其约束。

### 三、合同效力

《合同法》关于合同效力的条文，大部分已被《民法总则》、《民法典》总则编中民事法律行为的效力部分吸收整合，故《民法典》合同编中合同效力相关规定的篇幅有较大删减。《民法典》施行后，关于合同效力判断的法律依据，将主要在总则编。目前本部分值得注意的是关于未生效合同效力的新增规定：

确认未生效合同中履行报批义务条款及相关条款的法律效力（第五百零二条）

对于依法应当办理批准或登记等手续才能生效的合同，在未办理批准或登记手续之前处于未生效之状态。此前，由于合同尚未生效，合同条款均不产生拘束力，则一方当事人拒绝办理申请批准等手续时，对方当事人的权益难以有效保障。现《民法典》明确规定，此种情形下，即使合同未生效，其中履行报批等义务的相关条款效力也不受影响。当事人虽然不得诉请履行合同主要权利义务,但可以诉请履行报批等义务,且应当办理申请批准等手续的当事人拒不履行义务的,对方当事人可以要求其承担违反该义务的责任。

## 四、合同履行

如前所述,我国《民法典》合同编通则部分在一定程度上负担着传统民法典上债法总则的功能,因此,《民法典》相对于《合同法》在合同履行章节上予以优化并新增了债权债务履行的具体规则。

1. 新增规定:金钱债务一般应以实际履行地的法定货币履行(第五百一十四条)

2. 新增规定:可选择之债的履行规则(第五百一十五条、第五百一十六条)

《民法典》规定:(1)债务人原则上享有选择权,即当标的有多项而债务人只需履行其中一项的,债务人对于实际履行哪一项标的原则上享有选择权,除非法律另有规定、当事人另有约定或者另有交易习惯。(2)债务人逾期不行使选择权,则选择权转移。债务人如果在约定的期限内或在债务履行期限届满时未作出选择,经催告后在合理期限内仍未选择的,选择权将转移至相对方。(3)当事人行使选择权应通知对方,通知到达对方,则标的确定,非经对方同意,不得变更。(4)如果可选择的标的发生了不能履行的情形,享有选择权的当事人不得选择不能履行的标的,但不能履行的情形是由对方当事人造成的除外。

3. 新增规定:连带之债的具体履行规则(第五百一十九~五百二十一条)

关于连带之债,现有法律规定基本上是概括性地规定连带债权或债务人共享债权、共担债务,超额清偿的连带债务人有权向其他连带债务人追偿。《民法典》则对连带之债的履行作出了具体化的规定:(1)连带之债的份额难以确定时,视为各连带债权人或债务人份额相同。(2)超额清偿的连带债务人,就其超额清偿的部分可以在其他连带债务人未履行的份额范围内追偿。(3)超额清偿的连带债务人享有债权人的权利,即原债权人可以向其他连带债务人主张的权利,该超额清偿的债务人均得主张,相应地,其他连带债务人对债权人的抗辩,亦可以向该超额清偿的债务人主张。(4)超额清偿连带债务人的追偿权,不得损害债权人获得清偿的利益。二者发生冲突时,债权人的债权应优先被清偿。(5)被追偿的连带债务人不能履行其应分担份额的,其他连带债务人应当在相应范围内按比例分担。(6)部分连带债务人履行、抵销债务或者提存标的物的,其他债务人对债权人的债务在相应范围内消灭。(7)部分连带债务人的债务被债权人免除的,在该连带债务人应当承担的份额范围内,其他债务人对债权人的债务消灭。(8)部分连带债务人的债务与债权人的债权同归于一人的,在扣除该债务人应当承担的份额后,债权人对其他债务人的债权继续存在。(9)债权人对部分连带债务人的给付受领迟延的,对其他连带债务人发生效力。(10)连带债权参照适用连带债务的有关规定。

4. 新增规定:利益第三人合同(第五百二十二条、第五百二十四条)

根据《合同法》第六十四条、第六十五条的规定,当事人可以在合同中约定由债务人向第三人履行债务或者由第三人向债权人履行债务。但在两种情形中,第三人都只是履行辅助人的身份,没有独立意义,合同关系仍发生于债权人与债务人之间,相应的法律后果都由债权人或债务人承受。现《民法典》规定,在两种情况下,利益第三人可以突破合同相对性提出独立主张。

(1)法律规定或者当事人约定第三人可以直接请求债务人向其履行债务,第三人未在合理期限内明确拒绝,则第三人对债务人享有履行请求权。如果债务人未向第三人履行债务或者履行债务不符合约定的,第三人可以直接要求债务人承担违约责任。在此,第三人相当于取得了债权人的地位,故相应地,债务人对债权人的抗辩,可以向第三人主张。

(2)债务人不履行债务,第三人对履行该债务具有合法利益的(如在经出租人同意之转租情形下,承租人不履行租金支付义务,而次承租人对履行该债务具有合法利益),第三人享有向债权人代为履行的权利。但是,根据债务性质、按照当事人约定或者依照法律规定只能由债务人履行的除外。债权人接受第三人履行后,其对债务人的债权转让给第三人,但是债务人和第三人另有约定的除外。

5. 新增规定:情势变更原则(第五百三十三条)

情势变更原则最早出现于《最高人民法院关于适用〈中华人民共和国合同法〉若干问题的解释(二)》第二十六条。目前《民法典》规定与上述司法解释规定的不同主要有以下两个方面:(1)未将不可抗力造成的变化排除出情势变更原则的适用范围,即不可抗力也可能构成情势变更的诱因。(2)受不利影响的当事人应先行与对方重新协商,在合理期限内协商不成的,当事人可以请求人民法院或仲裁机构变更或解除合同。

## 五、合同保全

合同的保全是《民法典》相较于《合同法》新增的章节，共7个条文，吸收了《合同法》及其司法解释中涉及债权人代位权和撤销权的有关规定。其中主要的修改表现为：优化债权人代位权规则（第五百三十六条、第五百三十七条）。相对于《合同法》及其司法解释对债权人代位权的规定，《民法典》作了以下两个方面的优化：(1)扩展可代位的权利范围。除了债务人所享有的债权外，还增加了与该债权有关的从权利，即债务人怠于行使其债权或者与该债权有关的从权利，影响债权人到期债权实现的，债权人均可行使代位权。(2)增设债权人紧急代位权。即使债权人对债务人享有的债权尚未到期，但如果出现了债务人享有的债权（或与该债权有关的从权利）诉讼时效即将届满或债务人未及时申报破产债权等影响债权人债权实现的情形，债权人可以提前行使代位权。但此时债权人行使代位权，不能直接要求清偿自己的债权，而只能请求相对人向债务人履行或者采取向破产管理人申报等必要行为。

## 六、合同变更与转让

1. 缓和对债权转让的限制（第五百四十五条）

根据《合同法》的规定，债权人一般可以将合同权利全部或部分转让给第三人，但根据合同性质或当事人约定或法律规定不得转让的权利，则即使转让也不能对债务人发生债权转让的效力。现《民法典》对当事人之间关于债权不得转让之约定的效力进行了限制，对于非金钱债权，当事人约定不得转让的，不得对抗善意第三人；对于金钱债权，当事人约定不得转让的，不得对抗第三人。在非金钱债权转让的情况下，如果受让人不知道或不应当知道债权人与债务人之间存在债权不得转让的约定，则受让人取得债权，得向债务人要求履行；在金钱债权转让的情况下，无论受让人是否知道债权不得转让的约定，受让人均可以取得债权。

2. 明确债权受让人取得从权利不受未办理转移登记的影响（第五百四十七条）

《合同法》规定了债权人转让权利的，从权利一并转让（专属债权人自身的除外）。《民法典》更进一步明确了受让人取得从权利不因该从权利未办理转移登记手续或未转移占有而受影响，即作为从权利的抵押权、质权等随债权一并转让的，即使未进行公示变更登记，受让人依然合法取得该从权利，不受抵押权或权利质权经登记方设立之规则的影响。

3. 增设债务转让时债务人或第三人的催告权（第五百五十一条）

《合同法》规定债务人转移债务应当经债权人同意。《民法典》在此基础上赋予了债务人和第三人一个催告权，也即债务人或者第三人可以催告债权人在合理期限内予以同意，债权人未作表示的，视为不同意债务转让。此举旨在提升债务转让效率，避免法律行为效果长期处于不确定的状态。

4. 新增债务加入制度（第五百五十二条）

关于债务加入问题，此前仅存在法院判例，缺乏明确法律依据。现《民法典》以条文形式固定了实践中形成的规则，即明确第三人自愿加入债务并通知债权人，且债权人未在合理期限内明确拒绝的，债权人可请求第三人在同意承担的债务范围内与债务人承担连带债务。

## 七、合同终止及违约责任

1. 新增规定：以持续履行的债务为内容的不定期合同，当事人享有任意解除权（第五百六十三条）

《合同法》只在租赁合同部分规定，租赁合同对租赁期限没有约定或约定不明的，视为不定期租赁，当事人可以随时解除合同。现《民法典》将这一规则扩展到所有以持续履行的债务为内容的不定期合同，当事人均可以随时解除合同，但应当在合理期限前通知对方。

2. 新增规定：合同解除权的行使期限（第五百六十四条）

对于法律没规定或当事人没有约定的解除权行使期限，《合同法》仅规定经对方催告后在合理期限内不行使则解除权消灭。具体什么是合理期限，若没有催告该如何处理均无明文规定。后来《最高人民法院关于审理商品房买卖合同纠纷案件适用法律若干问题的解释》中规定，经催告后解除权行使的合理期限是 3 个月，没有催告的解除权应当在其发生之日起的一年内行使。现《民法典》吸收了该司法解释的规定，对合同解除权普遍性地设置了一年的除斥期间，也即解除权人知道或应当知道解除事由之日起一年内不行使的，解除权消灭。

3. 新增规定：债务人有权在合理期间内拒绝债务免除（第五百七十五条）

《合同法》规定债权人可通过免除债务人部分或者全部债务使债权债务部

分或全部终止,《民法典》在此之上赋予债务人在合理期限内享有拒绝权,即如果债务人在合理期限内拒绝债务免除,则债权人作出的免除债务的意思表示不产生债务免除的法律效果。

4. 有限承认违约方解除权(第五百八十条)

关于应否规定违约方在特定情况下享有合同解除权,在此次《民法典》编纂过程中争议较大。最终通过的《民法典》未在合同解除部分提及违约方解除权的问题,而是规定如果发生(1)法律上或者事实上不能履行;(2)债务的标的不适于强制履行或者履行费用过高;(3)债权人在合同期限内未请求履行的情形,致使不能实现合同目的,人民法院或仲裁机构可以根据当事人的请求终止合同权利义务关系,但不影响违约责任承担。由此,《民法典》确认非金钱债务的履行过程中如果出现前述三种情形,致使合同目的不能实现,则即使是违约方亦可以请求终止合同,当然这也不影响违约方承担相应的违约责任。

## 八、买卖合同

1. 对分期付款买受人逾期付款时出卖人行使相应权利增设了催告义务(第六百三十四条)

根据《合同法》的规定,分期付款买受人未付到期价款金额达到总价款五分之一的,出卖人可以直接要求买受人支付全额价款或者解除合同。《民法典》则要求此种情形下出卖人应当先进行催告,如果买受人仍未在合理期限内支付已到期价款,出卖人方可要求买受人支付全部价款或者解除合同。

2. 明确试用买卖中,试用期内标的物毁损、灭失风险由出卖人承担(第六百四十条)

对于试用买卖中标的物毁损、灭失的风险由谁负担,司法实践中存在两种意见:一种意见认为我国买卖合同风险承担的一般原则为交付主义,以标的物的实际交付时间作为确定标的物风险负担转移的标准,无论标的物所有权是否移转,均由标的物的实际占有者承担风险,因此在试用买卖中标的物毁损、灭失的风险由买受人负担。另一种意见则认为试用期买卖只有要约,没有承诺,买卖合同并未生效,不发生风险负担转移的问题。因为合同没有生效,所以在试用买卖中,标的物毁损、灭失的风险由出卖人负担。《民法典》明确采纳第二种意见,即规定试用期内标的物损毁、灭失的风险由出卖人承担。

3. 增设所有权保留登记制度,出卖人保留所有权经登记可产生对抗效力(第六百四十一条)

所有权保留登记制度,旨在平衡出卖人取回权与标的物上其他权利之间的冲突,出卖人保留所有权如果经过登记,则可以产生对抗效力。由于动产之担保权利登记的可识别性较弱,故动产所有权保留的登记对抗效力在实践中应如何具体适用,是否可以参照《物权法》中关于"动产抵押不得对抗正常经营活动中已经支付合理价款并取得抵押财产的买受人"之相关规定,还有待进一步的权威解释。

4. 新增规定电、水、气、热力提供者的强制缔约义务(第六百四十八条、第六百五十四条、第六百五十六条)

《民法典》规定,向社会公众供电、水、气、热力的一方,不得拒绝合理的订立合同要求。此外,还规定上述公用服务提供者在依法中止供应电、水、气、热力时,应当就中止供应事宜预先通知相对方。《合同法》仅规定公用服务提供者在特定情况下可以中止供应,但未规定提前通知义务。

## 九、赠与合同

限缩不得撤销的公益、道德义务性质赠与合同范围(第六百五十八条)

根据《合同法》的规定,具有救灾、扶贫等社会公益、道德义务性质的赠与合同均不得撤销。根据《民法典》的规定,具有救灾、扶贫、助残等公益、道德义务性质的赠与合同,须在"依法不得撤销"的前提下,赠与人才不得撤销赠与,即除非依法不得撤销,否则即使是具有公益、道德义务性质的赠与合同,赠与人也可以在财产权利转移之前撤销赠与。但《民法典》并未对构成"依法不得撤销"的具体情形作出规定,只能从其他法律法规的规定中寻找适用情形。例如,根据《慈善法》第三条、第四十一条的规定,捐赠人通过广播、电视、报刊、互联网等媒体公开承诺捐赠,以及捐赠财产用于扶贫、济困、扶老、救孤、恤病、助残、优抚、救助自然灾害、事故灾难和公共卫生事件等突发事件造成的损害等慈善活动并签订书面捐赠协议,捐赠人拒不交付的,慈善组织和其他接受捐赠的人可以依法向人民法院申请支付令或者提起诉讼。据此,可以认定捐赠人公开承诺捐赠或者签订书面捐赠协议的属于前述"依法不得撤销"的情形。

## 十、借款合同

明确规定禁止高利放贷(第六百八十条)

《民法典》明文规定禁止高利放贷,借款的利率不得违反国家有关规定,对遏制高利放贷行为态度鲜明。目前关于“高利”的判断基本还是依循《最高人民法院关于审理民间借贷案件适用法律若干问题的规定》所确立的受保护利率的上限标准。

## 十一、保证合同

1. 当事人约定不明情况下,对保证方式的推定由连带保证更改为一般保证(第六百八十六条)

《担保法》规定保证合同中当事人对保证方式没有约定或者约定不明确的,按照连带责任保证承担保证责任。《民法典》对此予以修改,规定没有约定或约定不明时,保证人按照一般保证承担责任。一般保证与连带保证的区别主要在于,一般保证的保证人享有先诉抗辩权,即保证人在主合同未经审判或者仲裁,并就债务人财产依法强制执行仍不能履行债务前,有权拒绝向债权人承担保证责任;而连带保证的保证人则不享有先诉抗辩权。

2. 当事人约定不明时,保证期间统一为主债务履行期限届满之日起六个月(第六百九十二条)

根据《最高人民法院关于适用〈中华人民共和国担保法〉若干问题的解释》第三十二条之规定,如果保证合同约定的保证期间早于或者等于主债务履行期限的,视为没有约定,保证期间为主债务履行期届满之日起六个月;如果保证合同约定保证人承担保证责任直至主债务本息还清时为止等类似内容,视为约定不明,保证期间为主债务履行期届满之日起二年。现《民法典》统一规定,当事人对保证期间没有约定或约定不明的,保证期间为主债务履行期限届满之日起六个月。

## 十二、租赁合同

1. 新增免除出租人维修义务的情形(第七百一十三条第二款)

《合同法》规定了出租人对租赁物的维修义务,《民法典》在此基础上增加了免除出租人维修义务的情形,即在因承租人的过错致使租赁物需要维修的情况下,出租人不承担维修义务。

2. 修改转租超期限部分的法律效力(第七百一十七条)

《最高人民法院关于审理城镇房屋租赁合同纠纷案件具体应用法律若干问题的解释》规定转租期限超过承租人剩余租赁期限的,人民法院应当认定超过部分的约定无效。而《民法典》对该问题的表述为,超过部分的约定对出租人不具有法律约束力。可见《民法典》并未否定超过承租人剩余租赁期限的转租期间约定在承租人与次承租人之间的效力,只是该约定对出租人不产生法律约束力。

3. 新增承租人享有优先承租权(第七百三十四条第二款)

《民法典》规定租赁期限届满,房屋承租人享有以同等条件优先承租的权利。据此,优先承租权成为承租人的一项法定权利,即使在租赁合同中未明确约定亦将受到法律保护。

## 十三、融资租赁合同

1. 新增规定:以虚构租赁物方式订立的融资租赁合同无效(第七百三十七条)

根据《最高人民法院关于审理融资租赁合同纠纷案件适用法律问题的解释》的相关规定,对于以虚构租赁物方式订立的名为融资租赁合同,实际不构成融资租赁法律关系的合同,应当按照其实际构成的法律关系,如抵押借款关系来认定合同效力及当事人的权利义务关系。现《民法典》则将此类法律关系明确区分为两个层次:一是规定当事人以虚构租赁物方式订立的融资租赁合同无效,因为此时的融资租赁合同属于当事人双方以虚假的意思表示实施的民事法律行为,应属无效;二是对于该虚假的意思表示隐藏的民事法律行为的效力,依照有关法律规定处理。

2. 新增规定:出租人的所有权未经登记不得对抗善意第三人(第七百四十五条)

《民法典》删除了《合同法》中"承租人破产的,租赁物不属于破产财产"的内容,规定出租人对租赁物享有的所有权,未经登记,不得对抗善意第三人。鉴于目前并非所有的动产租赁物都有对应的所有权登记部门,为确保出租人对租赁物的所有权具有对抗善意第三人的公示效力,该规定使我国建立统一的动产所有权登记制度的必要性更为急迫。

3. 新增规定:承租人可向出租人索赔的情形(第七百四十八条第二款)

《民法典》规定出租人有下列情形之一的,承租人有权请求其赔偿损失:(1)无正当理由收回租赁物;(2)无正当理由妨碍、干扰承租人对租赁物的占有和使用;(3)因出租人的原因致使第三人对租赁物主张权利;(4)不当影响承租人对租赁物占有和使用的其他情形。

4. 新增规定:租赁期限届满后租赁物的返还和归属(第七百五十八条第二款、第七百五十九条)

《民法典》规定当事人约定租赁期限届满租赁物归出租人所有,因租赁物毁损、灭失或者附合、混合于他物致使承租人不能返还的,出租人有权请求承租人给予合理补偿。当事人约定租赁期限届满,承租人仅须向出租人支付象征性价款的,视为约定的租金义务履行完毕后租赁物的所有权归承租人。

## 十四、保理合同

1. 明确保理合同的构成:应收账款债权转让+资金融通、应收账款管理或催收、应收账款债务人付款担保(第七百六十一条、第七百六十四条)

保理合同是《民法典》新增的典型合同,根据《民法典》的规定,保理合同的构成首先要存在一个应收账款债权转让关系,即应收账款债权人将现有的或者将有的应收账款转让给保理人;其次保理人要为应收账款债权人提供资金融通、应收账款管理或者催收、应收账款债务人付款担保等服务,具体服务种类至少一项,可以多项。

此外,《民法典》还专门规定,若由保理人向应收账款债务人发出应收账款转让通知的,保理人应当表明保理人身份并附有必要凭证。

2. 规定应收账款基础法律关系不得对抗保理人的两种情形

(1)虚构应收账款一般不得对抗保理人(第七百六十三条)

《民法典》规定,除保理人明知虚构的以外,应收账款债权人与债务人虚构应收账款作为转让标的,与保理人订立保理合同的,应收账款债务人不得以应收账款不存在为由对抗保理人。

(2)无正当理由变更或终止基础交易合同对保理人不发生效力(第七百六十五条)

《民法典》规定,应收账款债务人接到应收账款转让通知后,应收账款债权人与债务人无正当理由协商变更或者终止基础交易合同,对保理人产生不利影响的,对保理人不发生效力。

3. 区分保理的两种类型及其不同法律效果(第七百六十六条、第七百六十七条)

《民法典》将保理的类型区分为有追索权保理和无追索权保理两类,并规定了不同的法律效果。

有追索权保理,保理人享有选择权,既可以要求应收账款债权人返还保理融资款本息或者回购应收账款债权,也可以向应收账款债务人主张应收账款债权。当保理人选择向应收账款债务人主张应收账款债权时,其所得款项如果超出保理融资款本息及相关费用,则保理人应将剩余部分返还给应收账款债权人。

无追索权保理,保理人只能向应收账款债务人主张应收账款债权,但其所得款项无须向应收账款债权人返还。

4. 明确重复保理的效力及清偿顺位(第七百六十八条)

根据《民法典》的规定,应收账款债权人就同一应收账款订立多个保理合同的,各保理合同均为有效。多个保理人主张权利的,其清偿顺序如下:已经登记的先于未登记的取得应收账款;均已经登记的,按照登记时间的先后顺序取得应收账款;均未登记的,由最先到达应收账款债务人的转让通知中载明的保理人取得应收账款;既未登记也未通知的,按照保理融资款或者服务报酬的比例取得应收账款。

## 十五、承揽合同

限制定作人的任意解除权(第七百八十七条)

《合同法》规定定作人可以随时解除承揽合同,其立法本意是避免定作人发生不必要的损失。实践中,若允许定作人在承揽工作完成后行使任意解除权,既不利于交易秩序的稳定和安全,也不符合公平原则。为此,《民法典》对定作人可以随时解除合同的权利作出了时间上的限制,即定作人仅可在承揽人完成工作前随时解除合同。

## 十六、运输合同

1. 明确规定旅客应按照有效客票记载事项履行义务(第八百一十五条第一款)

《合同法》仅规定旅客应当持有效客票乘运,而《民法典》进一步明确旅客应当按照有效客票记载的时间、班次和座位号乘坐。该规定有助于督促旅客依法依规乘坐交通工具，避免“霸座”“霸铺”等不文明行为的出现。

2. 新增规定：实名制客运合同的旅客可免费挂失补办客票（第八百一十五条第二款）

《民法典》规定，实名制客运合同的旅客丢失客票的，可以请求承运人挂失补办，承运人不得再次收取票款和其他不合理费用。据此，承运人不得就飞机、火车及长途汽车等实名制客票的挂失补办收取费用。

3. 新增规定：旅客对承运人安全运输的协助配合义务（第八百一十九条）

《民法典》规定，承运人应当严格履行安全运输义务，并及时告知旅客安全运输应当注意的事项。同时要求旅客对承运人为安全运输所作的合理安排应当积极协助和配合。

4. 新增规定：承运人延迟运输的安置义务和赔偿责任（第八百二十条）

《民法典》规定，承运人迟延运输或者有其他不能正常运输情形的，应当及时告知和提醒旅客，采取必要的安置措施。由此造成旅客损失的，承运人应当承担赔偿责任，但是不可归责于承运人的除外。

## 十七、技术合同

1. 删除对完成职务技术成果的个人给予奖励或报酬的规定（第八百四十七条）

《民法典》删除了《合同法》中“法人或者其他组织应当从使用和转让该项职务技术成果所取得的收益中提取一定比例，对完成该项职务技术成果的个人给予奖励或者报酬”的规定，据此获得奖励或者报酬不再是完成技术成果的个人的一项法定权利，个人只能根据约定或者法人的内部规定获得相应奖励或者报酬。

2. 修改委托人在委托开发关系中免费实施专利的优惠（第八百五十九条第一款）

《合同法》规定，在委托开发完成发明创造的关系中，研究开发人取得专利权的，委托人可以免费实施该专利，权利人对委托人的该项许可是法定的，不可撤销也没有期限。现《民法典》将其中的“免费”修改为“依法”，为后续相关规范的出台预留了空间。

3. 新增规定技术许可合同的内容(第八百六十二条第二款、第八百六十三条第二款)

《民法典》新增技术许可合同的内容,并对技术许可合同的定义和内容进行了明确,规定技术许可合同是合法拥有技术的权利人,将现有特定的专利、技术秘密的相关权利许可他人实施、使用所订立的合同。技术许可合同包括专利实施许可、技术秘密使用许可等合同。

4. 新增规定其他知识产权转让和许可的参照适用(第八百七十六条)

《民法典》规定,集成电路布图设计专有权、植物新品种权、计算机软件著作权等其他知识产权的转让和许可,参照适用技术转让合同和技术许可合同的有关规定。

## 十八、保管合同

新增规定购物、就餐、住宿等场所的物品存放一般视为保管(第八百八十八条第二款)

根据《民法典》的规定,寄存人到保管人处从事购物、就餐、住宿等活动,将物品存放在指定场所的,一般视为保管,但当事人另有约定或者另有交易习惯的除外。

## 十九、委托合同

细化委托合同解除后的损失赔偿范围(第九百三十三条)

《民法典》在《合同法》基础上对委托合同解除后的损失赔偿范围进行了细化,进一步区分了无偿委托合同和有偿委托合同解除后的不同情形,明确无偿委托合同的解除方应当赔偿因解除时间不当造成的直接损失,而有偿委托合同的解除方应当赔偿对方的直接损失和合同履行后可以获得的利益。

## 二十、物业服务合同

物业服务合同是《民法典》新增的典型合同,部分内容来源于《物业管理条例》《最高人民法院关于审理物业服务纠纷案件具体应用法律若干问题的解释》(以下简称《物业服务纠纷司法解释》),部分内容为新增规定。

1. 新增规定:物业服务人对违反有关治安、环保、消防等法律法规的行为的制止及报告义务(第九百四十二条第二款)

《民法典》规定,对物业服务区域内违反有关治安、环保、消防等法律法规的行为,物业服务人应当及时采取合理措施制止、向有关行政主管部门报告并协助处理。

2. 新增规定:物业服务人的公开、报告义务(第九百四十三条)

《民法典》规定,物业服务人应当定期将服务的事项、负责人员、质量要求、收费项目、收费标准、履行情况以及维修资金使用情况、业主共有部分的经营与收益情况等以合理方式向业主公开并向业主大会、业主委员会报告。

3. 新增规定:物业服务人不得以停水停电等方式催交物业费(第九百四十四条第三款)

物业服务人、供水(电)企业与业主间分别成立物业服务合同关系和供水、供电合同关系,两种法律关系是相互独立的。在物业服务合同中,双方当事人约定在业主不交纳物业服务费用的情况下,物业服务企业有权停水停电是不合理的,因为这一约定侵犯了供水(电)企业的权利。在合同法中,这属于涉他合同条款,这种条款必须经过第三人即供水(电)企业的同意。因此,《民法典》规定物业服务人不得采取停止供电、供水、供热、供燃气等方式催交物业费,有效防止了物业服务人利用其对小区管理的便利条件实施侵害业主利益的行为。

4. 扩大业主告知义务的范围(第九百四十五条)

《物业管理条例》仅规定业主装饰装修房屋时应告知物业服务人,而《民法典》增加规定业主转让、出租物业专有部分、设立居住权或者依法改变共有部分用途的,也应当及时将相关情况告知物业服务人。

5. 规范业主对物业服务合同的单方解除权(第九百四十六条)

《物业服务纠纷司法解释》规定业主大会依法定程序决定解聘物业服务企业的,可以解除物业服务合同。《民法典》在认可业主单方解除权的同时,增加规定:(1)业主决定解聘的,一般应当提前六十日书面通知物业服务人;(2)因解除合同造成物业服务人损失的,除不可归责于业主的事由外,业主应当赔偿损失。

## 二十一、中介合同

1. 新增规定:委托人“跳单”时的报酬支付义务(第九百六十五条)

《民法典》将居间合同更名为中介合同,并新增规定委托人在接受中介人的服务后,利用中介人提供的交易机会或者媒介服务,绕开中介人直接订立合同的,应当向中介人支付报酬。“跳单”是中介合同中常见的纠纷类型,最高人民法院1号指导案例即为“跳单”的典型案例，司法实践中判令委托人“跳单”后向中介人支付报酬这一裁判规则已相对成熟，需要注意的是，支付报酬的比例问题，究竟是按照合同约定全额支付还是按一定比例支付，需要结合个案进行具体分析。

2. 新增规定：中介合同可参照适用委托合同的规定（第九百六十六条）

《民法典》规定，中介合同一章没有规定的，参照适用委托合同的有关规定。

## 二十二、合伙合同

合伙合同是《民法典》新增的典型合同，主要内容来源于《民法通则》《合伙企业法》，仅部分内容为新增规定。

1. 新增规定：执行合伙事务的合伙人一般无报酬请求权（第九百七十一条）

《民法典》规定，除非合伙合同另有约定，否则合伙人不得因执行合伙事务而请求支付报酬。

2. 新增规定：不定期合伙及其任意解除权（第九百七十六条）

《民法典》第九百七十六条规定，“合伙人对合伙期限没有约定或者约定不明确，依据本法第五百一十条的规定仍不能确定的，视为不定期合伙。合伙期限届满，合伙人继续执行合伙事务，其他合伙人没有提出异议的，原合伙合同继续有效，但是合伙期限为不定期。合伙人可以随时解除不定期合伙合同，但是应当在合理期限之前通知其他合伙人”。

## 二十三、无因管理

1. 丰富无因管理的构成要件（第九百七十九条、第九百八十条）

从《民法通则》到《民法总则》，无因管理的构成要件均为：(1)没有法定或约定义务；(2)为他人的利益；(3)从事管理他人事务的行为。《民法典》增加了一个重要的构成要件，即管理事务符合受益人的真实意思，除非受益人的真实意思违反法律或者违背公序良俗。

此外，《民法典》还规定，即便管理人管理他人事务的行为不具备前述构成要件，不能构成适法的无因管理，但是受益人实际享有管理利益的，亦应在其获利范围内对管理人的损失承担补偿义务。

2. 明确规定管理人的义务(第九百八十一~九百八十三条)

根据《民法典》的规定,管理人的义务主要体现在三个方面:(1)应当采取有利于受益人的管理方法,如果中断管理对受益人不利,则无正当理由不得中断。(2)能够通知受益人的,应当及时通知受益人。管理的事务不需要紧急处理的,应当等待受益人的指示。(3)管理结束后,管理人应当向受益人报告管理事务的情况。管理人管理事务取得的财产,应当及时转交给受益人。

3. 明确规定经受益人追认的无因管理一般适用委托合同的相关规定(第九百八十四条)

一般而言,若受益人事后对管理行为予以追认,则先前管理人从事管理事务之"无因"即变为"有因",相当于双方成立了合同关系,可适用委托合同的相关规定,不再适用无因管理制度。但管理人另有意思表示的除外。

## 二十四、不当得利

1. 新增规定:不当得利返还之例外情形(第九百八十五条)

根据《民法典》的规定,得利人没有法律根据取得不当利益的,受损失的人可以请求得利人返还取得的利益,但是有下列情形之一的除外:(1)为履行道德义务进行的给付;(2)债务到期之前的清偿;(3)明知无给付义务而进行的债务清偿。

2. 区分善意与恶意受益人的返还范围(第九百八十六~九百八十八条)

《民法典》规定,若得利人为善意,即其不知道且不应当知道取得的利益没有法律根据,且取得的利益已经不存在的,不承担返还义务;若得利人为恶意,即其知道或者应当知道,则得利人应返还所得利益并依法赔偿损失。此外,若得利人已经将取得的利益无偿转让给第三人的,受损失的人可以请求第三人在相应范围内承担返还义务。

# 《民法典》新规则要点整理(四)
## ——人格权编

周　喆　王正阳

《民法典》将人格权独立成编,共设置六章,51 个条文。其中只有 8 个法条系由《民法通则》《婚姻法》《人体器官移植条例》的相关规定修订而来,且均进行了实质性修订,除此之外的 43 个法条均为新增法条。

人格权编顺应智慧社会之发展,紧密关注与回应高科技发展给主体人格保护带来的问题与挑战。从保障公众私生活安宁到构筑个人信息安全防火墙,从全面建立反性骚扰制度防线到及时应对基因编辑等新技术对人格权的挑战,从完善对隐私权和个人信息的保护到利用 AI 等信息技术手段侵害肖像权的规范禁止,从落实宪法上的人格尊严条款到对自然人声音等提供保护,从多个维度强化了对人格的全面保护,使新兴的特殊问题得以更好地被规制和调整。

### 一、一般规定

1. 确立死者人格权益的保护规则(第九百九十四条)

虽然人格权无法继承,但死者人格权益受侵害时,《民法典》明确死者的近亲属可作为请求权人主张权利。同时,还确定了请求权人的范围和顺位。依据《民法典》的规定,第一顺位的请求权人是死者的配偶、子女、父母;第二顺序的请求权人是死者的其他近亲属,这里的其他近亲属是指兄弟姐妹、祖父母、外祖父母。

例如,"荷花女"案中,作家魏某虚构了有损荷花女生活作风、道德品质的情节,侵害了荷花女的名誉。虽荷花女已去世,但其母亲陈某有权提起诉讼。

2. 确立在违约责任中主张精神损害赔偿规则(第九百九十六条)

明确在违约情形下,如果造成了严重的精神损害,受害人可以主张精神损害赔偿。《民法典》出台之前,精神损害赔偿只能在侵权纠纷中得以支持,《民法典》该条规定可避免受害人为了主张精神损害赔偿而刻意选择侵权损害赔偿请求权。

例如,甲委托乙看管宠物猫,但乙看管不善,导致宠物猫丢失。甲因失去爱宠而遭受严重的精神痛苦,甲向乙主张委托看管合同的违约责任时有权请求精神损害赔偿。

3. 在人格权保护领域创设诉前禁令制度(第九百九十七条)

实践中,人格权诉前禁令主要适用于网络传播诽谤侮辱言论,非法传播隐私及个人信息,擅自使用肖像及姓名、名称等情形。由于互联网传播速度快、范围广等特点,侵害人格权的行为一经传播,可能会对权利人造成不可逆的损害,故《民法典》创设诉前禁令制度。

例如,在马某与王某名誉权纠纷案中,王某扬言在网上发布马某的裸体照片,如果马某无法采取措施阻止王某的行为,任由王某将照片上传至互联网,将给马某造成巨大精神压力。此时,马某可提供初步证据并向法院申请采取责令王某停止有关行为的措施,阻断照片在互联网上的扩散传播。

## 二、生命权、身体权和健康权

明确性骚扰的认定标准及防治规则(第一千零一十条)。

明确性骚扰的认定标准:“违背他人意愿”+“语言、文字、图像、肢体行为等方式”。例如,给他人发送色情短信、图片,多频次发送暧昧语言,强行拥抱、亲吻均可构成性骚扰。

明确职场性骚扰的防治:单位应采取预防、调处等相应措施,防止其工作人员利用职权和从属关系实施性骚扰。

## 三、姓名权和名称权

1. 确立选取父母之外第三姓的规则(第一千零一十五条)

(1)可选取其他直系长辈血亲的姓氏;

(2)因由法定扶养人以外的人扶养而选取扶养人姓氏;

(3)有不违背公序良俗的其他正当理由(如冠夫姓、继子女改随继父姓)。

2. 姓名权的扩张保护(第一千零一十七条)

本条就姓名扩张保护限定的条件为:“具有一定社会知名度”+“足以造成公众混淆”+“笔名、艺名、网名、译名、字号、姓名和名称的简称等”。

在实践中,为侵犯他人笔名(如鲁迅)、网名(如红颜静)的纠纷处理提供了法律依据。

## 四、肖像权

1. 利用 AI 等信息技术侵害肖像权的规制(第一千零一十九条第一款)

随着 AI 换脸、P 图、美图等技术的发展,有人会非法利用信息技术手段深度伪造他人肖像,并在此基础上形成高度逼真且难以识别的图片、视频去进行广告宣传,非法牟利,甚至伪造他人的肖像,通过抠图换脸等方式进行侮辱、诽谤性使用。对此,权利人可以通过《民法典》的肖像权保护条款获得相应的经济赔偿。

2. 肖像权侵权无须将“以营利为目的”作为要件(第一千零一十九条第二款)

《民法通则》中,构成肖像权侵权须具备“未经肖像权人同意”+“以营利为目的”两个要素。由此导致实践中被告常以非营利性质主张不构成侵权。《民法典》删除“以营利为目的”这一要素,避免肖像权保护范围的不当缩小,为肖像权侵权行为的认定提供了清晰指引。

例如,摄影爱好者街拍人物照片并将照片上传至个人微博、朋友圈、短视频网站等社交媒体,虽然难以认定其有营利之目的,但未经他人同意仍有可能构成肖像权侵权,所以肖像作品权利人使用肖像权人的肖像须经肖像权人同意。

3. 肖像权合理使用的规则(第一千零二十条)

(1)为个人学习、艺术欣赏、课堂教学或者科学研究,在必要范围内使用肖像权人已经公开的肖像(如美术生临摹他人公开的照片);

(2)为实施新闻报道,不可避免地制作、使用、公开肖像权人的肖像(如使用他人照片播报其英勇事迹);

(3)为依法履行职责,国家机关在必要范围内制作、使用、公开肖像权人的肖像(如公布通缉犯的照片);

(4)为展示特定公共环境,不可避免地制作、使用、公开肖像权人的肖像(如在介绍“某某故居”过程中使用其肖像);

(5)为维护公共利益或者肖像权人合法权益,制作、使用、公开肖像权人的肖像的其他行为(如发布寻人启事中使用他人的照片)。

4. 肖像许可使用规则(第九百九十三条、第一千零二十一~一千零二十三条)

(1)有利于肖像权人的解释规则:许可使用合同中出现争议的,应当作出有利于肖像权人的解释;

(2)不定期肖像许可使用合同中的双方任意解除权规则:需在合理期限之前通知对方;

(3)定期肖像许可使用合同中肖像权人的任意解除权规则:"肖像权人有正当理由"+"合理期限之前通知对方",如因解除合同造成对方损失的,除不可归责于肖像权人的事由外,肖像权人应当赔偿损失;

(4)肖像许可使用的规则具有一般性规则的作用:可以准用于其他人格要素的许可使用。

5. 强调对自然人声音的保护(第一千零二十三条)

声音跟肖像一样,具有人身属性,声音也可成为识别个人身份的重要依据。当声音被冒用或不正当使用,也当然会损害声音主体的人格权益甚至名誉权。

诸如林志玲、郭德纲、李佳琦等明星具有高辨识度的声音特点,并且已经具有一定的经济价值。未经权利人同意,将他们的声音片段剪辑应用就可能损害他们的人身权益或财产利益。

## 五、名誉权和荣誉权

文学或艺术作品侵害名誉权的认定规则(第一千零二十七条)

文学或艺术作品以真人真事或者特定人为描述对象,含有侮辱、诽谤内容,侵害他人名誉权的,受害人有权依法请求该行为人承担民事责任。

文学或艺术作品不以特定人为描述对象的,仅其中的情节与该特定人的情况相似的,不承担民事责任。如并未指明描述对象的姓名且只有部分情节存在相似,不承担民事责任。

## 六、隐私权和个人信息保护

1. 宣示了自然人的隐私权(第一千零三十二条)

《民法典》明确"自然人享有隐私权",并明确隐私的内涵,即私人生活安宁和不愿为他人知晓的私密空间、私密活动和私密信息。

这里突出强调"私人生活安宁",有助于解决实践中出现的以电话、广告、短信、垃圾邮件等干扰他人私生活的案件。

2. 明确了侵害隐私权的具体表现(第一千零三十三条)

除“刺探、侵扰、泄露、公开等”一般性侵害隐私权的方式外,具体列举了实践中典型的侵害隐私权的行为:

(1)以电话、短信、即时通讯工具、电子邮件、传单等方式侵扰他人的私人生活安宁(如夜间的骚扰电话);

(2)进入、拍摄、窥视他人的住宅、宾馆房间等私密空间;

(3)拍摄、窥视、窃听、公开他人的私密活动(如盯梢行为);

(4)拍摄、窥视他人身体的私密部位;

(5)处理他人的私密信息(拆看他人信件、散布他人体检信息等);

(6)以其他方式侵害他人的隐私权。

3. 宣示了自然人的个人信息受法律保护(第一千零三十四条)

(1)明确个人信息的权利主体限于自然人;

(2)个人信息应理解为受法律保护的利益,属于一般人格权的范畴;

(3)个人信息内涵的界定采用“可识别性”规则,即凡是能够直接或间接地识别特定自然人的信息都属于个人信息;

(4)个人信息中的私密信息与隐私权下的私密信息发生交叉时,优先适用有关隐私权的规则。

4. 规范个人信息的处理(第一千零三十五条、第一千零三十六条、第一千零三十八条)

(1)明确应遵循合法、正当、必要原则,并征得权利人同意,以公开、明示的方式进行(例如,刷卡进出博物馆、图书馆就能实现管理,却要求采集人脸识别信息)。

(2)确立免责规则:在该自然人或者其监护人同意的范围内合理实施的行为;合理处理该自然人自行公开的或者其他已经合法公开的信息,但是该自然人明确拒绝或者处理该信息侵害其重大利益的除外;为维护公共利益或者该自然人合法权益,合理实施的其他行为。

(3)确立信息处理者的义务:不得泄露、篡改其收集、存储的个人信息;未经自然人同意,不得向他人非法提供其个人信息,但经过加工无法识别特定个人且不能复原的除外;确保其收集、存储的个人信息安全的义务;个人信息泄露、篡改、丢失后的补救和报告义务。

# 《民法典》新规则要点整理(五)

## ——侵权责任编

周　喆

《民法典》侵权责任编系依据《侵权责任法》、《电子商务法》、《最高人民法院关于审理人身损害赔偿案件适用法律若干问题的解释》、《最高人民法院关于确定民事侵权精神损害赔偿责任若干问题的解释》(以下简称《精神损害赔偿司法解释》)、《最高人民法院关于审理利用信息网络侵害人身权益民事纠纷案件适用法律若干问题的规定》、《最高人民法院关于审理道路交通事故损害赔偿案件适用法律若干问题的解释》等规定修订而来,共10章,95个法条。侵权责任编章节结构与《侵权责任法》大体一致,但内容变动较大,其中实质性修改及新增法条达到全部法条一半以上。

### 一、总则部分

1. 保护范围由"概括+列举式"修改为"概括式",扩大了保护范围(第一千一百六十四条)

侵权责任编调整因侵害民事权益产生的民事关系,不再列举具体的民事权益类型。

2. 增加"损害"作为侵权责任的构成要件(第一千一百六十五条)

《侵权责任法》规定,行为人因过错侵害他人民事权益,应当承担侵权责任,未将造成他人损害作为侵权责任的构成要件。《民法典》增加规定造成损害为侵权责任的构成要件,即一般侵权责任的构成要件包括过错、侵害行为、损害和因果关系,构成一个完整的请求权基础规范。

3. 增加自甘冒险、自助行为作为侵权责任免责事由(第一千一百七十六条、第一千一百七十七条)

“自甘冒险”在之前的审判实践中把握的标准并不统一,现《民法典》明确规定,其他参加者仅因“故意或者重大过失”造成损害的,承担侵权责任。因场地、设施有质量安全问题导致事故发生,活动组织者或器材、场地维护管理者需承担责任。

“自助行为”规则填补了制度漏洞。针对吃霸王餐等情况紧迫的场景,赋予行为人可采取扣留财物等合理措施的权利。通过法律给私力救济留出了一定的空间,是对于公力救济的补充,但行为人紧急私力救济后须立即请求有关国家机关处理。

4. 扩展侵害特定物之精神损害赔偿的范围(第一千一百八十三条)

对物的侵害可以主张精神损害赔偿的条件,由原来《精神损害赔偿司法解释》第四条“具有人格象征意义的特定纪念物品,因侵权行为而永久性灭失或者毁损”,修订为“因故意或者重大过失侵害自然人具有人身意义的特定物造成严重精神损害的”,扩大了特定物的范围,侵权结果也不再要求“永久性灭失或毁损”,且强调“故意或重大过失”过错程度。

5. 新增知识产权侵权惩罚性赔偿规则(第一千一百八十五条)

故意侵害他人知识产权,情节严重的,被侵权人有权请求相应的惩罚性赔偿。

6. 修改公平责任条款,限缩公平责任的适用范围(第一千一百八十六条)

受害人和行为人对损害的发生都没有过错的,《侵权责任法》规定“可以根据实际情况,由双方分担损失”。《民法典》修改为“依照法律的规定由双方分担损失”。强调“以事实为依据,以法律为准绳”的办案原则。

## 二、分则部分

1. 完善委托监护情形下的侵权责任(第一千一百八十九条)

本条系针对《最高人民法院关于贯彻执行〈中华人民共和国民法通则〉若干问题的意见(试行)》第二十二条作出的实质性修订,修订后,监护人的责任不能通过约定排除;受托人确有过错的,由之前承担连带责任改为承担相应责任。

2. 调整了劳务派遣期间，劳务派遣单位的责任形态（第一千一百九十一条第二款）

相对于《侵权责任法》第三十四条第二款的规定，《民法典》对劳务派遣中工作人员致人损害时劳务派遣单位的责任形态由原来的“相应的补充责任”修改为“相应的责任”。从该条文用词的调整来看，对于劳务派遣单位应承担的责任，不宜再理解为是第二顺位的补充责任。但劳务派遣单位承担责任的前提仍然是劳务派遣单位存在过错。如果劳务派遣单位没有过错，则应由劳务用工单位承担全部侵权责任。

3. 完善网络侵权制度（第一千一百九十五~一千一百九十七条）

（1）避风港原则。主张权利被侵害的权利人有权通知网络服务者采取必要措施，通知应当包括侵权的初步证据及权利人的真实身份信息。网络服务提供者接到通知后，应及时将该通知转送相关网络用户并采取必要措施。此时的网络服务平台如同避风港，可以及时遏制侵权行为损害的扩大。

（2）澄清原则。增加了网络用户的声明权，被指实施网络侵权的网络用户接到网络服务者转送的通知后，可以向网络服务提供者提交包括不存在侵权行为初步证据的声明，给网络用户澄清的权利。网络服务者在接到声明后，应及时转送权利人，告知其可以向有关部门投诉或向人民法院提起诉讼，若权利人未在合理期限内予以反馈，网络服务者应当及时终止之前采取的措施。

（3）红旗原则。增加了网络服务提供者对侵权事由“应当知道”的规定，当某些侵权行为显而易见如同红旗招展，网络服务者不得以“不知道”为由免除己方的责任。

4. 完善缺陷产品的召回制度（第一千二百零六条）

（1）增加了停止销售的补救措施；

（2）若产品生产者、销售者未及时采取补救措施或采取补救措施不力造成损害扩大的，其对扩大的损害也应承担赔偿责任；

（3）被侵权人因召回产生的必要费用，产品生产者、销售者亦应予以赔偿。

5. 优化被盗抢机动车发生事故的处理（第一千二百一十五条）

之前基本遵循“谁开车，谁承担”的原则，若机动车被盗抢，仅让车辆使用人承担责任，则无法追究盗抢人责任。现明确了盗窃、抢劫或抢夺人与机动车使用人并非同一人的，承担连带责任。

6. 新增“好意同乘”的规定(第一千二百一十七条)

本条规定为实践中高发的“好意同乘”案件提供了统一的裁判依据,即使因驾驶人的责任发生交通事故,也应当减轻驾驶人对乘车人的赔偿责任,除非驾驶人有故意或重大过失。新增该规定有利于鼓励助人为乐的互助行为。

7. 修改药品缺陷责任条款(第一千二百二十三条)

将“消毒药剂”改为“消毒产品”,扩大了可追责的产品种类;增加“药品上市许可持有人”作为赔偿责任人,扩大了赔偿责任承担者的范围。

8. 将个人信息纳入医疗机构的保密范围(第一千二百二十六条)

医疗机构及其医务人员应当对患者的隐私和个人信息保密。泄露患者的隐私和个人信息,或者未经患者同意公开其病历资料的,应当承担侵权责任。

9. 环境侵权责任条款(第一千二百三十二~一千二百三十五条)

新增污染环境、破坏生态的惩罚性赔偿制度;新增生态环境修复责任,明确了请求修复的权利主体为“国家规定的机关或者法律规定的组织”,且该权利主体在侵权人未修复时可以自行或委托他人进行修复,所需费用由侵权人负担;新增关于公益诉讼的赔偿范围规定。

10. 修改高度危险责任中减轻责任事由(第一千二百四十条)

将减轻责任的事由从《侵权责任法》第七十四条规定的“过失”改为了“重大过失”,即被侵权人仅有一般过失的,不能减轻高空作业经营者责任。

11. 修改饲养动物损害责任规则(第一千二百四十六条)

在未拴狗绳、未给饲养的动物注射疫苗等违反管理规定的情形下,动物造成他人损害的,将原来动物饲养人、管理人承担绝对无过错责任,修改为损害是受害人故意的,可以减轻动物饲养人、管理人的责任。

12. 修改高空抛掷物、坠落物损害责任规则(第一千二百五十四条)

(1)增加规定“可能加害的建筑物使用人”补偿后,有权向侵权人追偿;

(2)增加规定物业服务企业等建筑物管理人的安全保障义务;

(3)增加规定公安等机关的调查义务。

# 后 记

本书由上海市第二中级人民法院民事审判庭及其辖区法院民事审判庭具有丰富审判经验和扎实法学功底的法官及法官助理撰写，编写工作于 2020 年 6 月启动，经多次研讨修改，于 2020 年 11 月完稿。全书由张铮、费鸣负责协调，余艺、李迎昌审稿，郭伟清定稿。

本书各篇作者如下：理论篇第一篇作者郭伟清，第二篇作者张铮、周丽云，第三篇作者玄玉宝、谢牝牝，第四篇作者顾硕、马腾；案例篇第一篇、第十篇作者王晓梅、高勇，第二篇作者刘凯，第三篇作者王媛媛，第四篇作者陈菊芳，第五篇、第十八篇作者梁芳，第六篇作者周晶、周加佳、罗曼，第七篇作者张煜，第八篇作者孔玲，第九篇作者王伟、张文如，第十一篇作者奚懿，第十二篇作者潘喆，第十三篇作者邓珍、罗宇驰，第十四篇作者蒋洁，第十五篇作者卢薇薇、王晓梅，第十六篇作者沈宸，第十七篇作者姜翌，第十九篇作者李博雅，第二十篇作者包宇峰；要点整理篇第一篇作者李迎昌、潘喆，第二篇作者王伟、沈宸，第三篇作者卢薇薇、汪毅、姜翌、高勇，第四篇作者周喆、王正阳，第五篇作者周喆。

本书的编写得到了有关法院领导和同人、法学专家的大力支持。中国法学会民法学研究会会长、中国人民大学一级教授王利明为本书作序推荐，我们深感荣幸。上海市第二中级人民法院研究室黄伯青副主任（主持工作）、荣学磊主任助理参与了全书的策划工作。上海市第二中级人民法院研究室徐芙蓉副科长、张曦法官助理参与了全书的编写工作。上海市第二中级人民法院王冬寅法官、上海市静安区人民法院李彦法官、上海市普陀区人民法院朱骏法官、上海市嘉定区人民法院史建颖法官、上海市虹口区人民法院曹艳梅法官、上海市宝山区人民法院周羚敏法官、上海市黄浦区人民法院徐公允法官助理、上海市第二中级人民法院许力婷法官助理、蔺皓然法官助理、徐丹阳法官助理参与了案例的筛选工作。上海市第二中级人民法院黄皓法官、叶戈法官助理、黄歆雅法官助理参与了案例的修改工作。此外，上海市杨浦区人民法院詹志庆庭长、上海市虹口区人民法院卞良庭长、上海市黄浦区人民法院黄婕庭长、上海市静安区人民法院姚峥庭长、上海市普陀区人民法院王飞庭长、上海市宝山区人民法院汤宇军庭长、上海市嘉定区人民法院徐芬庭长、上海市崇明区人民法院顾硕庭长及上海市青浦区人民法院蔡红兰庭长承担了本书案例筛选和协调工作，在此诚挚致谢！

本书编委会

二〇二〇年十一月

图书在版编目(CIP)数据

民法典新规则案例解析 / 郭伟清主编. -- 北京 : 法律出版社, 2020
ISBN 978-7-5197-5194-4

Ⅰ. ①民… Ⅱ. ①郭… Ⅲ. ①民法–法典–案例–中国 Ⅳ. ①D923.05

中国版本图书馆CIP数据核字(2020)第244008号

民法典新规则案例解析
MINFADIAN XINGUIZE ANLI JIEXI

郭伟清 主编

责任编辑 邢艳萍
装帧设计 汪奇峰

**出版** 法律出版社
**总发行** 中国法律图书有限公司
**经销** 新华书店
**印刷** 三河市龙大印装有限公司
**责任校对** 王晓萍　王语童
**责任印制** 吕亚莉

**编辑统筹** 法律应用出版分社
**开本** 710毫米×1000毫米　1/16
**印张** 18
**字数** 350千
**版本** 2020年12月第1版
**印次** 2020年12月第1次印刷

法律出版社/北京市丰台区莲花池西里7号(100073)
网址/www. lawpress. com. cn
投稿邮箱/info@ lawpress. com. cn
举报维权邮箱/jbwq@ lawpress. com. cn
销售热线/400-660-8393
咨询电话/010-63939796

中国法律图书有限公司/北京市丰台区莲花池西里7号(100073)
全国各地中法图分、子公司销售电话:
统一销售客服/400-660-8393/6393
第一法律书店/010-83938432/8433　西安分公司/029-85330678　重庆分公司/023-67453036
上海分公司/021-62071639/1636　深圳分公司/0755-83072995

**书号:**ISBN 978-7-5197-5194-4
**定价:**80.00元